キリスト教研究叢書

近代日本とキリスト教思想の可能性

二つの地平が交わるところにて

芦名 定道

三恵社

はじめに

　本論に入るに先立って、本書の目的と成立の経緯について、説明を行っておきたい。本書は、著者が近代日本のキリスト教思想という研究テーマについてこれまで公にしてきた諸論考を一つの論集に整理することによって、近代日本のキリスト教研究の研究方法の理論的深化を試みると共に（第一部）、その方法の具体的な適用例を提示することを意図している（第二部）。この意味で、本書は近代日本のキリスト教思想研究に属している。しかし、本書は、従来の日本キリスト教研究に大きく依拠しつつも、むしろ、キリスト教思想史研究、あるいは思想史研究一般における方法論的議論の水準において研究方法を模索しようとするものであって、本書の論述は、通常の日本キリスト教思想研究の範囲を大幅に踏み越えるものとなった。

　こうした問題意識の背後にあるのは、著者のもう一つの研究テーマである自然神学研究にほかならない。自然神学はキリスト教の伝統的な思想分野と言うべきものであるが、著者はキリスト教自然神学の形成と展開（古代から中世）を詳細にたどることによって、自然神学とは本来コミュニケーション合理性の問題であり、その射程は自然科学から社会科学へ、あるいはキリスト教から諸宗教に拡張可能であり、また拡張すべきであるとの理解に到達した。ここに一見すると無関係とも思われる、自然神学研究と近代日本のキリスト教思想研究という研究領域が出会うことになったのである。というのも、もし自然神学がコミュニケーション合理性の問題であるとすれば、それは、古代地中海世界とは異なる日本を含む東アジアの宗教文化的状況においても展開されるべきものであり、キリスト教と諸宗教とのコミュニケーションとも無関係ではあり得ないからである。こうしてキリスト教自然神学は近代の東アジア・日本の思想状況へと関連づけられることになるのである。

　以上が本書の背景にある問題意識であるが、もちろん、本書で提示し得たものは、荒削りの見取り図にとどまっており、議論の精密な展開は今後の課

題とされねばならない。しかし、これから思索をさらに前へと進めるためにも、現時点で到達できた内容を明らかにしておくことは必要な作業であり、これが本論集を刊行する目的にほかならない。

ここで、これまで説明した本論集の背景となった自然神学研究と東アジア・日本キリスト教研究に関して、著者が行った主要な研究を記しておきたい。

まず自然神学研究であるが、これについては、科学研究費補助金の交付を受けた次の諸研究を挙げねばならない。いずれも、著者が研究代表者として行われたものである。

- 平成 10 ～ 11 年度科学研究費補助金基盤研究（C）（2）・課題番号 10610025「近代科学の成立と自然神学の関連をめぐって－ニュートン主義の神学的受容を中心に－」（1,800 千円）。
- 平成 12 ～ 13 年度科学研究補助金・基盤研究（C）（2）・課題番号 12610030「近代科学の成立と自然神学の関連をめぐって―ニュートン主義から進化論へ―」（1,800 千円）。
- 平成 14 ～ 15 年度科学研究費補助金・基盤研究（C）（2）・課題番号 14510031「近代科学の成立とキリスト教自然神学の生命論―エコロジーの視点から―」（1,500 千円）。
- 平成 16 ～ 17 年度科学研究費補助金・基盤研究（C）（2）・課題番号 16520053「現代の生命論・環境論との関わりにおけるキリスト教自然神学の再構築」（1,800 千円）。

以上の科研費による研究によって、キリスト教自然神学・環境思想・生命論に関する多くの研究成果が得られた。その成果は、平成 18 年度科学研究費補助金（研究成果公開促進費）学術図書・課題番号 185016（2,000 千円）の交付を受け、『自然神学再考』（晃洋書房、2007 年）として公刊された。

その後、自然神学研究は、さらに以下の科研費を受けて、キリスト教自然神学を社会科学の領域へと拡張する試みとして継続され、その中で、東アジア・日本における問題との関連性が本格的に意識されるようになった。

- 平成 22 ～ 24 年度科学研究費補助金・基盤研究（C）・課題番号

22520061「社会科学との関連におけるキリスト教自然神学の再構築——環境論と経済学を焦点として——」（2,600 千円）。

・平成 25 ～ 27 年の基盤研究（C）・課題番号25370070「自然神学の言語論的転回とその社会科学への拡張——聖書・環境・経済——」(3,500 千円)。

なお、本論集は、この平成 25 ～ 27 年度の科学研究費による研究成果の一部として刊行された。

本書は、以上の自然神学研究を背景としつつも（第五章は自然神学に関連しているが）、より直接には、次の研究プログラムの中に位置している。それは、著者がこの 15 年ほどの間継続的に進めている、「東アジア・日本のキリスト教思想」に関わる研究プログラムであり、それを具体化するきっかけの一つとして挙げられるのは、京都大学 21 世紀ＣＯＥプログラム「グローバル化時代の多元的人文学の拠点形成」（拠点リーダー、紀平英作。2002 年度から 2006 年度の 5 年間）内の研究班「多元的世界における寛容性についての研究」（当研究班の 5 年間の予算額は、20,774 千円）である。著者は 21 世紀ＣＯＥプログラム内のこの研究班の研究リーダーをつとめたが、この研究班においては、多元的世界において生じる多様な対立状況の中で、寛容性がいかに問われ構築されてきたかを実証的に論じ、現代の寛容論に対して理論的な基盤を提供することが目ざされた（芦名定道編『多元的世界における寛容と公共性——東アジアの視点から』晃洋書房、2007 年）。そこで著者は、特に、東アジアにおける宗教的多元性の状況分析と、公共性との関わりについての研究を担当した。また、このＣＯＥプログラムへの参加と共に、著者が近代日本のキリスト教思想研究を具体的に展開する場となったのが「アジア・キリスト教・多元性」研究会（2015年に会の名称変更）とその研究雑誌である。実際、本論集に収録された論考の多くは、最初に当研究会の研究雑誌（http://repository.kulib.kyoto-u.ac.jp/dspace/handle/2433/57663）に掲載された。

以上の研究を進めるにあたっては、実に多くの方々から助力と協力をいただいた。その方々の名前を逐一挙げることは省略させていただくが、特に、「アジア・キリスト教・多元性」研究会のメンバーの方々には、この場を借りて感謝の意を表したい。

目　次

はじめに..3

第一部　序論的考察 ―視座と方法―

　第一章　「アジアのキリスト教」研究に向けて
　　　　　―思想の解釈学的構造― 8

　第二章　日本キリスト教思想史の諸問題
　　　　　―思想史と社会史、そして民衆史へ―.........................42

第二部　近代日本とプロテスタント・キリスト教

　第三章　海老名―植村のキリスト論論争.....................86

　第四章　海老名弾正と自由主義神学 125

　第五章　植村正久と弁証神学 167

むすび――研究史を展望する.................................199

文献表...209

第一部

序論的考察 —視座と方法—

第一章

「アジアのキリスト教」研究に向けて
—思想の解釈学的構造—

一　はじめに

　本章の目的は、「アジアのキリスト教」、「アジア的キリスト教」あるい
は「アジアの神学」（同様に、「日本のキリスト教」、「日本的キリスト教」
あるいは「日本の神学」）といった仕方で問題とされてきた、アジアや日本
を対象としたキリスト教研究に関して、問題点を整理し、アジア、特に日
本のキリスト教思想研究の可能性を展望することである。

　東アジアや日本に、プロテスタント・キリスト教が伝来して、150 年以
上におよぶ歴史が経過し——ローマ・カトリック教会などの宣教も含めれ
ばさらに長い歴史が存在する——、「アジアのキリスト教」や「日本のキ
リスト教」は本格的な思想研究の対象とされるべき段階に達している。実
際、少なからぬ研究の蓄積がすでになされている。しかし、「アジアのキリ
スト教」をめぐる研究状況は必ずしも満足の行くものではない。多くの実
証的研究が進められてきているにもかかわらず、未だ研究の方法論的基盤
は脆弱なままである。第一部では、「アジアのキリスト教」研究の方法論に
関連したいくつかの問題を論じることによって、本書の方法論的考察とし
たい。

　扱われるのは以下の諸問題である。まず、本章第二節では、「アジアのキ
リスト教」の「の」をめぐる諸論考を参照しつつ、研究の視点の多様性を
明らかにし、日本の土着化論を紹介する。続いて、第三節における土着化

8　　第一部　序論的考察

論の批判的再考を前提に、第四節では、「アジアのキリスト教」研究についての本書の方法論的立場を提示する。そして、最後の第五節において、今後の研究を展望することによって、本章を結びたい。

二　先行研究の検討と視点の多様性

（一）「アジアのキリスト教」の「の」をめぐって

　「アジアのキリスト教」については、様々な視点から研究が可能である。本節では、日本における関連先行研究から、この視点の多様性を確認し、次節における筆者自身の方法論的立場についての考察の導入としたい。まず注目したいのは、「アジアのキリスト教」あるいは「日本のキリスト教」と言う場合の「の」の問題であるが、この「の」を、主格、目的格、与格、奪格のいずれにおいて理解するかをめぐって、北森嘉蔵、大木英夫・古屋安雄、森本あんりの諸氏が、それぞれ議論を展開している。

　まず、大木英夫と古屋安雄から検討を始めよう。両者は、共著『日本の神学』で、北森の議論を意識しつつ、次のように論じている。

　　「『日本の神学』とは何か。それは、……『日本における神学研究』(Theological Studies in Japan) を言うのではない。また、欧米神学を『日本化』して『日本的神学』(Japanese Theology) なるものを苦心してつくり出そうとする試みでもない。『日本の神学』の＜の＞とは、所有格的な＜の＞ではなく、目的格的な＜の＞である。つまり何か『日本が』所有しているような神学ではなく、『日本を』対象とする神学なのである。」（大木、1989、11）

　ここで、「日本を対象にする」とは、「『日本』をトータルかつラディカルに対象化」し、「日本における知性の自立を可能にし、促す」（同所）こと、国家に対する「見張りの役」（同書、17）を果たすことを意味している。この点は、古屋も同様であり、「日本の神学とは日本を神学の視点から

研究し考察し理解する神学」（古屋、1989、34）、「日本とは神学的にみて一体何なのか、という問いに答えようとする神学」、「キリスト教信仰の視点からの日本についての神学的解釈と評価」（同書、35）と述べている。

こうした「属格的ではなく、対格的」（大木、1989、226）という主張に関しては、北森批判あるいは北森からの差異化が意識されている点に留意する必要がある。つまり、大木と古屋において構想された「日本の神学」は、次の引用文が示すように、北森と「一八〇度対極的であると言わねばならない」（同書、229）からである。

　　「このような理解をもって『神の痛みの神学』が『日本の神学』と言われる時、その『日本の』の"の"は属格的意味を持つであろう。このような『日本の神学』はつまり『日本的神学』(a Japanese theology) ということになると思う」（同書、228）、「日本の神学には、北森嘉蔵博士が辿った線、つまり『日本的キリスト教』の方向とそれとは区別されるべきもう一つの線がある。それは『日本を救う』という関心の一線である」、「愛国ではなく、救国である。」（同書、235）

この「の」をめぐる「属格か対格か」の論争は、バルト神学の評価をめぐる争点——「この点でわれわれはバルトに戻ることになるであろう」（同書、233）——を含め、日本においていかなる神学の構築を目指すのか、という基本問題に関わっている。[1] その点で、大木の主張はきわめて明瞭である。つまり、「『教会』をその＜座＞とした神学、教会的神学」であり、「絶対者なる神のもとに自らの存在を神学的相対主義によって自覚的に位置づけ、そこから『日本』を問題にする」（同書、270）。

では、北森嘉蔵の「日本のキリスト教」論とは、いかなるものであったのだろうか。北森著『日本のキリスト教』（1967年）に所収の「日本のキリスト教」（1963年）、「『日本の神学』ということ」（1963年）から、その主張を確認してみよう。

まず、北森は、「日本のキリスト教」が決して自明ではなく——「『日本のキリスト教』というような言いかたそのものが果して成り立ち得るもの

かどうか」（北森、1967、1）——、「外延的な意味」と「内包的な意味」
（同書、2）の二つの意味が区別されねばならないと述べる。「日本のキリス
ト教」の外延的意味とは、それが、「日本におけるキリスト教の現状」とい
う程度の意味で用いられる場合——大木が「日本における神学研究」と述
べたものに相当する——であり、この意味における「キリスト教」と「日
本」の結びつきは、キリスト教とその神学に本質的な寄与を行うものでは
なく、単に偶然的なものと言わねばならない。これについて北森は、この
場合は「日本のキリスト教という言葉よりも『日本におけるキリスト教』
という言葉あたりが適当であろう」と指摘する。

　北森が積極的に論じようとしているのは、内包的な意味における、「日本
のキリスト教」である。内包的な意味での用法が可能になるのは、「単に宣
教対象にとどまらず、キリスト教の主体的な体質形成に参与」（同書、3）
する場合であり、その具体例としては、「ギリシアのキリスト教」と宗教改
革における「ドイツのキリスト教」が挙げられる。古代の正統教義形成期
における、「ギリシア」と「キリスト教」の関係は、「三一神論とキリスト
論」の定式化において確認できるように、単に外延的な意味にとどまらな
い。というのも、「『キリスト教』とは、旧新約聖書のメッセージが正統教
義の媒介によって形成されたもの」であり、「同本質」などの「概念規定
は、典型的にギリシア的」（同書、4）だからである。[2]

　「日本のキリスト教」において問われているのは、こうした「日本」と
「キリスト教」の内包的な関係であって、大木が、「キリスト教」から「日
本」を批判的神学的に問い直そうするのに対して、北森は、「日本」から
「キリスト教」の新しい形成を試みようとしていると言える。方向性として
は、確かに両者は正反対の関係にある。この方向性の違いは、後に論じる
「土着化」との関わりにおいて解釈することも可能であり、実際北森は、次
のように「日本のキリスト教」と「土着化」とを結びつけている。

　　「『日本のキリスト教』や『日本の神学』を積極的に考えようとする立
　　場をいちおう土着主義と呼び、それに対して批判的もしくは否定的な
　　立場を非土着主義と呼ぶことにする。」（同書、21）

土着主義に分類されるのは、植村正久や内村鑑三らであるが、日本における土着主義の立場は、神学的反省という点で、「いまだなお素朴であり」、「土着主義への批判をくぐり抜ける必要がある」(同書、24)。この土着主義に対する必要な神学的批判（非土着主義）の実例として挙げられるが、「ドイツ的」神学（ドイツ的キリスト者）を批判したバルトなのである。[3]バルト神学は、「福音を混合宗教化」し「キリスト教の習俗化」する危険をはらんでいたドイツ的キリスト者を批判し、「内在主義的近代神学への訂正」を行った点で評価できるものの、しかし、北森はバルトが「断絶・超越主義」という「反動化」(同書、27)に陥った点で限界を有していたと考える。北森神学は、素朴な土着主義と批判的非土着主義との双方を、聖書の福音（特殊媒介的普遍性）──「福音は、人間から断絶・超越した神が人間と連帯して人間の世界に内在化することである」(同書、29)、「福音は特定の時間と空間とを占める具体的人間との連帯化として、特殊性によって媒介された真理である」(同書、30)──に立ち戻ることによって克服することを目指すものであり、これが「神の痛みの神学」の構想にほかならない。神の痛みの神学は、「ギリシア的客体主義とゲルマン的主体主義とが、相対立して固定化する傾向」(同書、39)にあるのに対し、それらを克服しキリスト教に本質的に寄与し得るものとして、つまり、内包的な意味における「日本のキリスト教」として構想されたと言えよう。

　以上の、「日本のキリスト教」をめぐる論争を踏まえつつ、近年、「アジアの神学」あるいは「日本の神学」について積極的に発言しているが、森本あんりの一連の論考である。森本の「アジア神学」の構想は、これまで見た「の」をめぐる論争をさらに拡張することによって、「アジアの神学」において問われるべき多様な視点を描き出しており、注目に値する。[4]

　森本あんりは、『アジア神学講義──グローバル化するコンテクストの神学』(2004年)において、「アジアの神学」を「文脈化神学」の一つとして、「アジア的な文化背景を自覚的な文脈としたキリスト教神学」(森本、2004、1)と規定することから、議論を開始する。そもそも神学とは、文脈に規定された営みであり、「『純粋なキリスト教』というものはどこにも存

在しない」(同書、7)。つまり、「神学は常にメッセージと状況という二つの極からの張力を受けつつ営まれる」(同書、9) のであり——したがって、「普遍的神学か文脈化神学か、という二項対立的なアプローチには見切りをつけなければならない」(同書、12)——、「アジアの神学」そして「日本のキリスト教」は、この文脈との関係で論じられねばならないのである。

　アジアという文脈との関連で、まず問われるのは、「『文脈化』の主体は誰か」(同書、21) という神学の担い手の問いである。これは、神学の主体をめぐる「所属性」「非所属性」(部外者) の問題であり、問われているのは、主格的な「の」である。この連関で問題となるのは、たとえば、「日本からタイへと派遣された小山晃佑の存在は、この問題の検討に好例を提供する。日本人宣教師である小山は、タイの『水牛神学』について語る資格をどのようにして得るのであろうか」(同書、203) といった問いである。

　文脈との関連で、次に問われるのは、「『聞き手』について」、「いったい誰のための神学か」(同書、23) という論点である。これは、与格の「の」の問題であり、具体的には、たとえば、神学が書かれ語られる際に使用される言語の問題が挙げられる。[5]

　こうした文脈における神学の「の」をめぐる議論は、2009年に同志社大学を会場に行われた「日中韓神学フォーラム」のために用意された論文「アジアの神学、奪格の場合」("Asian Theology in the Ablative Case," in: Korea-China-Japan Theological Forum 2009.) において、さらに精密な展開が試みられた。[6]森本は、これまでの日本のキリスト教史における問題状況——明治以来なされてきたキリスト教と儒教、民族主義運動、国家神道との総合の努力、いわゆる「日本的キリスト教」の試み、そして北森の「神の痛みの神学」——に触れた上で、それらの試みの欠点として、総合が試みられる文化に対する「批判的距離の欠如」を指摘する。この点で、森本は、大木や古屋と問題意識を共有していると言えよう。また、文化との総合（土着化）が試みられる際に、文化の複合性が無視できないとの主張は、後にピエリスについて論じるときに述べるように、きわめて重要である。たとえば、「韓国文化へのキリスト教の文脈化が論じられる際に、これらの諸宗教（道教、儒教、仏教、シャーマニズム。引用者補足）の何が、

それらのどの組み合わせが念頭に置かれているのか」という点への反省なしに、「韓国の神学」を語ることは、単純な一面化に陥る危険があるだろう。

　こうした議論の後に、森本は、主格の「の」、与格の「の」、属格の「の」、対格の「の」といったそれぞれの場合を検討して行く。しかし、論文の表題にあるように、この論文の特徴は、これらに加えて、奪格の「の」（「奪格的神学」）を取り上げている点である。[7] これは、アジアの神学を「アジアの視点からの神学」として構想しようという提案であり、アジアの視点から「神学」を吟味し直すことによって、これまでは隠れていた「神学」の特性や可能性を発見しようとするものである。これは、北森が「日本のキリスト教」の内包的な意味として論じた問題とも無関係ではない。「アジアの文脈化神学は、重層的な歴史に新たに付け加えられたキリスト教神学の生ける伝統の証である」（森本、2004、214）との認識は、北森と共通のものと言えよう。

　「アジアのキリスト教」（そして「日本のキリスト教」）は、この問いを構成する「アジア」「の」「キリスト教」の三つの要素のいずれに関しても、今後さらなる方法論的な反省を必要としている。しかし、以上の先行研究の検討からも、これらの要素の「の」に関して、主格、属格、与格、対格、奪格の複数の視点が分析できることは、十分に確認できたであろう。先行研究においては、しばしば一つの視点が強調され、他の視点が否定的に扱われる傾向も見られるが、「アジアのキリスト教」の研究は、これらのすべての視点において可能であり、またそれらを必要とすると解すべきように思われる。ここでは、先行研究が基本的に次の見解を共有していることを確認しておきたい。

　①明治期から第二次世界大戦にかけて、様々な仕方において試みられた「日本的キリスト教」のうちに見られるような、日本主義・民族主義への過剰な同化を避ける。

　②「日本のキリスト教」には、単に地理的に日本に偶然位置するというだけでない積極的な意味が求められる。

　しかし、多様な視点が顕わにされたとはいえ、これまでの先行研究にお

いて、「アジア」あるいは「日本」をめぐる分析は果たして十分だったであろうか。もちろん、「『アジア』とは、最終的には地理的な概念にとどまらない、優れて歴史的な概念である。すなわち、『21世紀のアジアはこれまでに経過した二千年の歴史をどのように評価すべきか』という問いに対する答えこそが、彼らが言う『アジア』を定位するのである」(同書、212)と言われるように、森本においても、アジアをめぐり、地理的、歴史的、言語的な内容が問われていた。また、「日本の神学はまず日本の歴史に関心をもつのである。とくにキリスト教と関わり合った日本の歴史に注目するのである」(古屋、1989、40)とあるように、アジアや日本の内実が問われてこなかったわけではない。大木との共著『日本の神学』における古屋の論考は、日本を正面から歴史的に論じた貴重な研究である。しかし、こうした貴重な研究の存在を認めつつも、「アジア」「日本」への反省は、必ずしも十分とは言えないように思われる。それは、森本が「文化の複合性」として指摘した問題を十分に視野に入れた議論が未成熟であると指摘する通りである。[8] あたかも、「日本」が自明の事柄として語られてこなかっただろうか。この点に関しては、次節でピエリスを扱う際に、論じることにし、ここでは、「アジアのキリスト教」がそこから分節化された諸要素と諸視点を包括した問題圏において成立しており、この問題圏に含まれた問題群に関わる研究は、すべて「アジアのキリスト教」研究と解し得ることを確認しておこう。[9]

(二) 土着化論

「日本のキリスト教」あるいは「アジアのキリスト教」について、その積極的意義を問う場合に、まず参照されるべきは、「土着化論」「土着化神学」である。ここでは、明治のプロテスタント・キリスト教において論じられた、「武士道とキリスト教」、「接ぎ木」との関わりにおいて、その要点をまとめてみたい。

明治のキリスト者が、「武士道とキリスト教」の関係に言及することは少なくないが、その際に、武士道を、新約(キリスト教)に対する旧約(ユダヤ教)として位置づける例が見られる。

「私は、神はすべての民族や国民——異邦人であろうとユダヤ人であろうと、キリスト教徒であろうと異教徒であろうと——と『旧約』と呼んで差支えない契約を結ばれた、と信じている。」（新渡戸、1900、29）

「余輩も新渡戸稲造氏がその著書に説きしと伝えらるるごとく、武士道は神が特に日本に賜わりたる旧約なるべきを信ず」（植村、1900、413）、「しかれどもわが国には幸いに武士気質なるものの存するあり。確かにキリスト教を待つの旧約たる資格を保てることを疑わず。」（同書、414）

　キリスト教はナザレのイエスを原点・起点として成立した宗教であるが、決して突如無から開始されたわけではなく、ユダヤ教の宗教文化を母体として誕生した。その意味で、神との新しい契約（新約）であるキリスト教が現実化するには、旧約という場が必要であったと言わねばならない。新しい契約は、「古い」契約に対する「新しい」契約だからである。論理的に考えれば、同様のことは、日本やアジアのキリスト教にも妥当する。[10]日本においてキリスト教が新たに成立し受容されるには、いわば「旧約」に相当する宗教文化が存在しなければならない。上に引用した新渡戸や植村は、この旧約を「武士道」に見たわけである。キリスト教の視点から、旧約と新約の間に設定された関係性（連続性と非連続性の両面を有する）が、日本とキリスト教との間に、類比的に適応されたと言える。この関係について、同じく武士道的キリスト教について言及する内村鑑三は、「接ぎ木」というイメージを重ねている。

「武士道は日本国最善の産物である、然し乍ら武士道其物に日本国を救ふの能力は無い、武士道の台木に基督教を接いだ物、其物は世界最善の産物であつて、之に日本国のみならず全世界を救ふの能力がある、今や基督教は欧州に於て亡びつゝある、而して物質主義に囚はれたる米国に之を復活するの能力が無い、茲に於てか神は日本国に其最善を

16　第一部　序論的考察

献じて彼の聖業を扶くべく要求め給ひつゝある、……世界は畢竟基督
教に由て救はるゝのである、然かも武士道の上に接木されたる基督教
に由て救はるゝのである。」（内村、1916、161-162）

　内村の接ぎ木論は、内村におけるナショナリズムの問題、あるいは内村
の自然理解——「台木—接ぎ木」は、「土壌—種」の場合と同様に、自然の
隠喩的使用の典型例であり、自然理解と深く関わる——など興味深い論点
を含んでいる。しかし本節では、土着化論との関わりに限定して、次節で
この接ぎ木論を検討することにしたい。

三　土着化論再考

　武士道的キリスト教、あるいはその接ぎ木論を含め、「土着化論」に対し
ては、これまで様々な視点から批判がなされてきた。[11] 本節では、この土
着化論に対する批判的論点を検討することによって、土着化論を再考する
手がかりとしたい。

（一）土着化論と解放の神学

　先の森本の指摘にあるように、文化が複合的なものであるとするなら
ば、キリスト教を土着化させ接ぎ木するに際して、伝統的な宗教文化のど
の層、どの領域を選ぶのか、ということが問題とならざるを得ない。たと
えば、武士道の選択は適切であったのかといった、層や領域の選択の適否
の問題である。以下、アジアの解放の神学を提唱するピエリスの議論を参
照しつつ、この問題点の考察を行いたい。

　ピエリスは、解放の神学の立場——キリスト教宣教の主要な使命は富（マ
ンモン）との戦い、「貧しい者」への宣教、解放のメッセージを伝えること
である——から、従来の「土着化神学」に対して根本的な批判を行ってい
る。[12] その要点は、「土着化は自然に生じるものである。それは、人為的
に引き起こすことはできない」ということである。つまり、「アジアの地域

教会になること」は「アジアの諸国を福音化する使命を成就すること」に伴う帰結、「行動プログラムの意識的目標というよりも、むしろ民衆への関与の副産物」(Pieris, 1988, 38) なのである。もちろん、これは、土着化神学を全面的に否定するものではない。なぜなら、「正しく理解される場合に、土着化と解放は同一のプロセスの二つの名」(ibid.,111) と言うべきだからである。つまり、キリスト教の土着化はそれ自体として目的化されるべきものではなく、解放のメッセージの宣教プロセスの中に適切に位置付けられねばならないのである。

　以上のピエリスの土着化神学批判は、従来の土着化論が依拠する宗教理解への問題提起を含意しており、先に文化の複合性という森本の議論を取り上げたが、ピエリスにおいても、同様の問題意識を確認することができる。まず、問題となるのは、キリスト教とキリスト教が土着化を試みる伝統的な宗教文化との関係である。たとえば、日本の伝統的宗教は御利益宗教、偶像崇拝に過ぎないという仕方で、アジアあるいは日本の伝統的宗教文化に最初から否定的に関わること（伝統宗教に対する蔑視戦略）は、キリスト教が土着化を試みる上で、どのように評価できるだろうか。[13] これに対して、ピエリスは次のように論じる。

　　　「この教会はアジアにおいては小さな群、ちっぽけな少数者であり、この使命を独占しているわけではない。キリスト教に先行する偉大な（禁欲的な）諸宗教もまた、アジアの貧しき者に対する解放のメッセージを有していると主張する。……アジアの地域教会 (a local church of Asia) が実現するとすれば、[14] そこにおいてはすでに、それらの諸宗教は共通使命の同労者となっているであろう。」(ibid.,36)

　ピエリスがキリスト教の同労者として挙げる宗教には、仏教やイスラームなどの大宗教だけでなく、民衆の日常的な欲求により密着した宇宙的宗教 (cosmic religion) と呼ばれる諸宗教も含まれている。こうした宗教文化全体が、富との戦い、貧しい者への解放のメッセージを共有しているのであり、「アジアを福音化することは、キリスト教的と非キリスト教的

なアジアの宗教性におけるこの解放的次元を、貧しい者の中に呼び起こすことなのである」(ibid., 45)。この点を正当に扱い得ないキリスト教神学は、いわば少数者キリスト教の秘教的贅沢品に過ぎないのであって、そうした視点から生じるのは、伝統的な宗教文化を土着化のために道具化 (instrumentalization) する態度であり、利用主義である。ピエリスによれば、こうした動向はキリスト教が古代地中海世界に浸透する過程の内に、つまり、ギリシャ・ローマ文化におけるキリスト教の土着化においてすでに確認することができる。「ギリシャ哲学はそれ自身の宗教的文脈から引き抜かれて、教理的表現の道具として教義的キリスト教に役立てられた」(ibid., 52)。これは、伝統文化に対する「神学的な文化破壊行為」(theological vandalism) と言うべきものであり、ピエリスが従来の土着化神学を問題とするのは、この点においてなのである。「アジアのキリスト教」研究は、アジアの宗教文化への正当な評価と敬意に基づいてなされねばならない。

　では、こうした伝統文化に対する道具化が生じるのは、なぜだろうか。その理由としてピエリスが挙げるのは、伝統的な宗教概念がアジアの宗教文化を理解するに不適切であるという点である。それは、ラテン語の religio を通して英語を初めとした西欧の近代諸語に持ち込まれた宗教概念であり、キリスト教と他の誤った宗教とを対立的に捉えることを生じるような狭い宗教理解である——「真の宗教と偽りの宗教」(vera religio, falsa religio) ——。こうした宗教理解の伝統は、近現代の西欧的知に大きな影響を与え続けている。二人のカール (Karl) の宗教理解、すなわち、宗教と革命を対立させるマルクスの弁証法的唯物論も、あるいは、宗教と啓示を対立させるバルトの弁証法神学も、この系譜に属している。[15] こうした宗教理解から帰結するのは、アジアの宗教文化を偽りのものとして切り捨てる態度、あるいは自らの影響力の拡大のために利用する態度にほかならない。こうして、ピエリスの土着化神学批判は、アジアの宗教文化の正当な評価を可能にする宗教理論の構築——さらには、その基礎にある人間理解の再構築——という課題を浮かび上がらせることになるのである。

　以上のようなピエリスの土着化神学批判を念頭におくならば、アジアのキリスト教、日本のキリスト教という問題設定に対しては、次の問いが生

第一章　「アジアのキリスト教」研究に向けて　19

じることになるだろう。「公的な教会はだれの文化を反映しているのか」、「教会は主としてどの社会階層と関係しているのか」(ibid.,40)、と。これは、武士道的キリスト教は「日本のキリスト教」を語るのに適切だったのか、という問いとも密接に関わっている。土着化神学は、文化のどこに定位しているのか。

（二）古代イスラエル史の規範性

これまでは、土着化論とその問題点を、アジアの宗教文化との関わりで見てきたが、次に、「アジアのキリスト教」研究における「キリスト教」に関わる問題点へ、議論を進めることにしたい。ここで取り上げるのは、土着化論においてアジアあるいは日本の宗教文化がゆがんだ仕方で理解される場合に生じる、もう一つの問題、つまり、キリスト教からの逸脱の問題である――この二つの問題は実は相互に連動し合っている――。すなわち、日本への不適切な理解は、日本とキリスト教との不当な同一視における土着化の試みとなり、それはキリスト教からの逸脱を生じるに至るという問題である。

先に、明治のプロテスタント・キリスト教における「旧約としての武士道」という議論を取り上げたが、この議論において、注意されるべき点は、旧約と言われる古代イスラエル宗教史からキリスト教（新約）への展開は、土着化の典型例――古代イスラエルの宗教文化におけるキリスト教の成立は様々な歴史的文脈でキリスト教が土着化する際の原型であるとの理解――であるにとどまらず、キリスト教の全歴史における多様な土着化の規範として理解されねばならないということである。この規範性が否定されるとき、旧約と特定の宗教文化の不当な同一視が生じ、それはその宗教文化の絶対化とそれと接続するキリスト教の側の逸脱を生じる。

その具体例としては、ドイツ的ゲルマン的な宗教的伝統とキリスト教を結合させた「ドイツ的キリスト者」を挙げることができる――北森が論じたように――。とくに、注目したいのは、このドイツ的キリスト者の主張が、キリスト教におけるユダヤ的な要素の否定、旧約としての古代イスラエル宗教の否定において成り立っていたことである。この点を説明するた

めに、ティリッヒの宗教社会主義論を参照することにしよう。[16]

　「人間は、世界に投げ込まれた存在であり、これは、人間の中に『どこ
　から』（自分あるいは自分たちはどこから来たのか）という起源の問
　いを生み出す。この起源の問いに対しては、古代から様々な起源神話
　によってその答えが物語られてきたが、『この起源神話的な意識が、
　政治におけるあらゆる保守的でロマン主義的な思惟の根なのである』
　(Tillich, 1933, 291)。起源神話では、共同体の起源・由来は血縁と地
　縁の自然的な絆として象徴表現されるが、これこそが民族意識あるい
　は民族主義の根本をなすことに注目しなければならない。
　　しかし、この起源への意識がすべてではない。なぜなら、人間は世界
　に投げ込まれたあり方を超えて、未来に向けて新しいあり方を決断的
　に選び取る存在者だからであり、それは、『どこへ』の問いとして、
　実現すべきものへの要請・責任性の意識を生み出す。ここに起源神話
　的な思考の絶対化は崩壊させられることになる。これが、『政治にお
　ける自由主義的、民主主義的、そして社会主義的な思惟の根なのであ
　る』(ibid.)。この未来への要請の意識は、起源の神聖化・絶対化を批
　判する精神性の基盤であり、自由主義・民主主義の根本をなすわけで
　ある。」（芦名、2007、7）[17]

　人間存在に根ざす起源と要請の二つの問いが、一方における起源神話
と、他方における起源神話批判を生み出し、それらは、政治的ロマン主義
と自由主義・民主主義という二つの政治思想の類型において展開される。
ナチズムは、この前者の政治類型に属し、古代イスラエル宗教における預
言者の思想は、起源神話の絶対化を突破するという点で、政治的ロマン主
義と対立している。ティリッヒによれば、古代イスラエルの宗教（とくに
預言者的精神）は、キリスト教にとって、政治宗教の自己絶対化（デーモ
ン化）を批判する上で規範的な意義を有しているのであり、したがって、
この古代イスラエル宗教史との連関を失うとき、キリスト教自体がその本
来のあり方から逸脱する危険に陥ることになる。これが、ナチズムを支持

第一章　「アジアのキリスト教」研究に向けて　　21

するドイツ的キリスト者において顕在化したのであった。

　エリクセンは、ドイツ的キリスト者、とくに著名な神学者の事例を論じる中で、次のように指摘している。[18]「ヒットラー支持者を批判する前に、我々はワイマール時代にドイツ人が直面した危機の複雑さを認識しなければならない。さらに我々が認識すべきことは、合理主義も、知的能力も、そしてキリスト教的価値も、キッテル、アルトハウス、ヒルシュをヒットラー支持から守らなかったということなのである」(Ericksen, 1985, 27)。起源神話と政治的ロマン主義への逸脱は、ドイツ的キリスト者だけの問題ではなく、それは、古代イスラエル宗教史との連関を見失ったときに、いずれのキリスト教にも起こりうる事態なのである。我々は近代世界におけるそのもう一つの実例を、明治日本の「日本的キリスト教」の試みの中に見いだすことができる。

　海老名弾正は、明治時代における「日本的キリスト教」の提唱者の一人とされ、その主張は、神道的キリスト教と解釈されている。[19]たとえば、吉馴明子は、海老名弾正「予を慰むる五種の魂」の次の一節を引用しつつ、「こうして『ロゴス』による日本帝国膨張の根拠付けが、彼の帝国膨張論の第一の特質であったとすれば、『ロゴス』＝理想による、国家の普遍価値的存在への転換の主張が彼の膨張論の第二の特質となる」（吉馴、1982、195）と分析している。

　　「此の五箇の魂（クリスチャン魂・日本魂・教会魂・人類魂・宇宙魂）
　　はたしかに一つである。何れも生命と勝利と進歩の魂である。其根本
　　をいへば是れ実に神の霊である。……『太初に道あり』」……其『こと
　　ば』道、即ちロゴズである。……之に生命あり……万物を生かし天地
　　人生を指導す。」（『新人』1905 年 1 月）

　日本魂とキリスト教的魂との同一化は、旧約と新約の連続的統合の一形態であって、このような日本宗教史とキリスト教史との接続を神道的キリスト教と呼ぶべきかは別にしても、これが、キリスト教による神道（国家神道）の正統化と帝国主義的膨張政策（進歩）の承認とを帰結したことは

明らかである。こうした海老名の「日本的キリスト教」は、「生涯一貫して海老名の弟子をもって自ら任じていた」渡瀬常吉による朝鮮伝道論へと具体化されることになる（飯沼・韓、1985、74）。海老名における古代イスラエル宗教論は、本書の範囲を超える問題ではあるが、「予を慰むる五種の魂」の議論を古代イスラエル宗教と整合的に関連づけることの困難さは明かであろう。[20] 実際、1903年の海老名『基督教本義』では、キリストの宗教意識（＝キリスト教の神髄）を論じる上での必要性から、古代イスラエルの宗教を扱ってはいるものの——「ナザレの耶蘇のそれを産み出すべき内容を有するものなれば、吾人は浅からぬ興味を以て之を研究せんと欲する」（海老名、1903、12）——、「古代の基督教が猶太教の誤謬弊害を脱却するに、幾許の労力を費したるかは勝て言ふべきからず」（同書、4）と述べるなど、海老名がユダヤ教をキリスト教の「本流の清さ」を汚すものとして否定的に評価していることは明白である。

　以上より確認すべきは、「日本的キリスト教」「土着化論」が、その逸脱を免れるためには、古代イスラエル宗教史とキリスト教との間の連関の有する規範性によって制約されねばならないという点である。古代イスラエル史は、キリスト教のデーモン化・逸脱に対する外的な批判基準——これはしばしば「正義」と表現される——なのである。これは、先行研究の一致点の一つとして指摘した、「明治期から第二次世界大戦にかけて、様々な仕方において試みられた『日本的キリスト教』のうちに見られるような、日本主義・民族主義への過剰な同化を避ける」という見解に密接に連関している。

（三）接ぎ木と相互変革

　土着化論に対して指摘すべき第三の問題点は、とくに、接ぎ木論と関わるものである。本節では、先に内村鑑三の接ぎ木論を紹介したが、接ぎ木という表現（台木—接ぎ木）については、検討の余地があるように思われる。それは、土着化論でしばしば用いられる「土壌—種」という表現についても指摘できる問題、つまり、こうした表現は、「日本」や「アジア」とキリスト教との間に成立する相互変革の可能性を十分に捉え得るかという

問題である。ここでは、内村自身の議論を取り上げるのではなく、この相互変革を積極的に提唱するカブの議論を紹介しつつ、土着化論の有する問題点を論じることにしたい。

　カブは、『対話を超えて——キリスト教と仏教の相互変革の展望』（1982年）において、従来の宗教間対話論を批判しつつ、「真性の対話」とはいかなるものであるかとの問題を提起している。問われるのは、もし対話が、対話の当事者——カブはこれを「共同体」と捉えている——の双方において、何の変化も生み出さないとすれば、それは対話の名に値する対話なのかという論点であり、カブは、「真性の対話は、必然的に我々を対話自体を超えて進ませるだろう」(Cobb, 1982, 47)、それは「相互変革を目標とする」(ibid., 48) と主張する。土着化論がしばしば陥る問題は、この相互変革を十分に表現できない点にある。新しい枝を接がれることによって台木は生まれ変わるのか、新しい土壌は種に新しい可能性をもたらすのか。先に紹介した北森の議論では、内包的な意味における「日本のキリスト教」とは、「単に宣教対象にとどまらず、キリスト教の主体的な体質形成に参与」(ibid., 3) するものであると述べられていた。キリスト教が日本を批判的に変革すると共に、「日本にある」ことがキリスト教に本質的な何かを生み出すものとなること——これがその裏面に先の（二）で指摘した危険性を伴うことに留意しなければならない——、この両面が、土着化論でも、本来問われねばならなかったのではないだろうか。

　もちろん、相互変革については、多くの論じるべき問題が指摘できる。たとえば、相互変革という主張は、具体的にどのような事態を意味しているのか、それは、伝統的にキリスト教宣教や回心と呼ばれてきた事柄といかなる関係にあるのか、といった問いが問われねばならない。

　　「対話とより伝統的な証言の形式との間の相違は、対話が共同体の個々のメンバーをキリスト教に回心させることに関連するのではなく、宗教共同体そのものに貢献することに関わる点にある。」(ibid., 51)

　対話は、宣教とは異なって、他の宗教共同体に属する個人をキリスト教

へ回心させることを目指すのではなく、むしろ相互に学び、自らの自己理解を深め、それを通して、対話の相手が、たとえば仏教徒が仏教自体の観点からよりよい仏教徒になることを助け、自らがよりよいキリスト教徒となることなのである。キリスト教と仏教が、それぞれの共同体的伝統に即して自己を変革すること、これが対話の目的であり、宣教との違いなのである。しかし、対話を通して目指される自己変革は、さらに先に進むことを要求する。

> 「仏教の聖者や東アジア全体における仏教拡大の物語はキリスト教徒の有効な歴史的記憶の一部とはなっていない。また、パレスチナの出来事の歴史は仏教徒の有効な歴史的記憶の外部にとどまっている。もし、仏教とキリスト教を結合することができるとするならば、両者はグローバルな記憶を養わねばならない。両者は自らを普遍的な宗教的伝統と理解しているのであるから、同時にこれは、両者の内的な成就へ導くにちがいない。」(ibid.,52)

　こうしたキリスト教的伝統と仏教的伝統との統合のヴィジョン——これはカブのプロセス神学の構想に基づく[21]——については、賛否があり得るだろうが、それが可能になるために、物語の統合とそれによる記憶の共有が必要であることは、神話形成を通した「民族」(共同体) の生成をめぐる諸研究が示唆するとおりである。[22] またカブが指摘するように、「キリストが真理である」(Christ as Truth) とするならば、それは相互に対立する諸真理のレベルを超えた普遍性のレベルに位置するはずであって、こうした普遍的真理こそがキリスト教と仏教がそれぞれ内在的に目指すものであると言うことも可能であろう。

　以上は、宗教間対話についての議論であるが、土着化において目指されるべき事柄にとっても参照に値するのではないだろうか。自己変革の深化を通して相互変革に進み、そして、共通の何か——ピエリスならば、貧しい者の解放——を目指し、共有可能なものを構築すること。これは、「アジアのキリスト教」がアジアの宗教的伝統において選ぶべき一つの選択肢で

あるように思われる。こうした動的展開を記述する上で、従来の土着化論が限界を有していることは明らかである。

四　「アジアのキリスト教」研究と地平モデル

　前節における土着化論の再考は、次のようにまとめられる。まず、「アジアのキリスト教」研究は、アジアの宗教文化の正当な理解とそれを可能にする宗教論とを必要とする。アジアあるいは日本についての適切な理解なしに、「アジアのキリスト教」研究は不可能だからである。また、「アジアのキリスト教」研究には、キリスト教的伝統が伝承してきた古代イスラエル史の規範性の理解を正当に取り扱うことが要求される。これは、「アジアのキリスト教」自体がキリスト教からの逸脱・デーモン化する危険と対決するのに必要な批判的視点を確保するためである。さらに、「アジアのキリスト教」研究は、キリスト教とアジアの宗教的伝統双方の自己理解の進展から相互変革までを含む動的プロセスを展望するものでなければならない。

　問題は、こうした諸条件を満たしうる「アジアのキリスト教」研究のモデルをどのように構築するかである。本節では、それを「アジアのキリスト教」研究の地平モデルとして提示し、その概要を説明することにしたい。

　「アジアのキリスト教」研究における地平モデルは、「アジアのキリスト教」の解釈学的構造に注目した研究モデルである。ここでの解釈学とは、文献の解釈方法・解釈技術というよりは、むしろ、対象の存在様態（＝時間性・歴史性）の問いに関わっている。キリスト教思想研究におけるこうした議論は、ブルトマンとブルトマン学派における一連の研究に遡るものであり、ガダマーの解釈学的哲学の影響を受けている。[23] 議論の骨子は、事象の意味理解（理解するという作業）が、先行理解（先入見）を前提としていること、そしてこの先行理解は、事象の意味に関わる問いと答えを規定する「伝統」に帰属しつつ、歴史的・動的に展開してゆくということである。ガダマーは、この意味の理解を可能にする深層構造としての先行理

26　第一部　序論的考察

解の「伝統」を「地平」(Horizont) と名付け、過去の地平との対話（事象についての問いと答え）によって新たにそのつどの「地平」が形成されるプロセスを「地平融合 (Horizontverschmelzung)」と呼ぶ。こうした「地平」「地平融合」という理解の構造は、キリスト教的事象、とくに聖書解釈を核とした伝統形成を論じる上で、きわめて有効であり、[24]エーベリングの教会史の構想——「聖書解釈の歴史としての教会史」(Kirchengeschichte als Geschichte der Auslegung der Heiligen Schrift) ——は、[20]その典型例と言える。本書で、「アジアのキリスト教」研究において地平モデルを導入しようとする際の根拠の一つは、「アジアのキリスト教」という事象が、なによりも先ず一つの歴史的事象であって、その理解には、解釈学的アプローチを必要とするということにほかならない。

「地平モデル」は次の三つの要素によって構成される。

①地平自体の歴史的発展（マクロレベルでの地平融合）

「地平」は歴史的過程の中で形成され、他の地平と融合することによって、新しい地平の生成へと展開していく。これは、過去と現在の歴史的地平の関係性として考えられたガダマーの地平融合概念を変形・拡張したものであるが、さらにあえて単純化するならば、「アジアのキリスト教」は、「アジア」と「キリスト教」という二つの地平の融合において形成されたものとして、図式的に理解することが可能であり、たとえば、「日本のキリスト教」は、日本の近代化（近世から近代へ）の歴史的連関の内部で、「日本」と「キリスト教」との地平融合の過程において、形成されたものと解することができるだろう。[25]したがって、「アジアのキリスト教」を研究する際には、それに先行する「キリスト教」と「アジア」双方の地平についての分析が要求されるのである。これまでの「アジアのキリスト教」研究における問題点の一つは、この「アジア」の地平への考察が不十分であったということにほかならない——そもそも「アジア」「日本」といった対象への反省が欠如している——。[26]

「地平」概念の導入には、いくつかの利点が指摘できる。地平は事象の意味理解との関わりで導入されたものであるが、地平モデルの場合、「アジア」の地平（地平としてのアジア）という表現が示すように、それは、「ア

第一章　「アジアのキリスト教」研究に向けて　　27

ジア」を歴史的時間的構造と同時に地理的空間的構造において捉えることを可能にする。しかも、地理的空間的構造は、研究対象に応じて、「アジア」「東アジア」「日本」と重層的に設定できるのである。地平モデルは、研究対象が歴史的地理的事象であり、その意味理解が問われる場合には、きわめて有効なものであると言えよう。また、地平はそれ自体が動的なものであることによって、諸伝統相互の影響関係、とくに相互変革を捉える上でも有効である。古い地平は地平融合によって、新しい地平を生み出すものとなるのである。

②地平内部での諸動向の相互作用

地平はそれ自体が動的であるだけでなく、その時間空間的構造の内には、様々な歴史的諸動向とそれらの相互作用を書き込むことができる。たとえば、諸教派の対立・論争や合同の試み、キリスト教的規範からの逸脱とった多様な動向は、「日本のキリスト教」という地平内部の動的プロセスとして記述されることになる——しかも、「日本」の地平の外部との影響関係も重ねることができる——。とくに、地平融合の歴史的動的過程の中に、キリスト教の規範的ライン（古代イスラエル宗教史からキリスト教へ）を明示し、それと地平内部の個々の動向とを比較することは、キリスト教の逸脱現象を分析する上で重要な意味を持つであろう。なお、地平自体の動的展開と地平内部での動的諸動向とは、地平自体の重層構造のどの層、どの範囲を視野に入れるかによって変更可能な、いわば相対的な区別である点に留意したい。

③地平（平面）と交差する垂直の次元

第三の要素は、地平と交差する垂直の次元である。地平が有する空間的イメージ、つまり、平面性は、それと交差するもう一つの次元を予想させる。この点については、本書では触れることはできないが、垂直の次元（高さあるいは深み）は、宗教思想で問題となる超越や永遠といった事柄を表現する際に重要になる。[27]

ここで、「地平モデル」の実例を挙げておきたい。ジェームズ・コーンは、黒人神学で知られる神学者であるが、『抑圧された者の神』（1975年）において、次のように述べている。

28　第一部　序論的考察

「黒人神学の二つの資料（黒人の経験と聖書）を記述する場合、これらの資料とその主題あるいは本質であるイエス・キリストとを区別することが重要である。神学の主題とは、神学言語の厳密な性格を創造するものであり、それによって、神学言語は他の語り方から区別される。それに対して、神学の資料は神学の主題が正当な仕方ではっきりと表現されることを可能にする素材である。イエス・キリストが黒人神学の主題であるのは、それが黒人たちの希望と夢の内容だからである。」(Cone, 1975, 32)

　黒人神学が黒人の抑圧と解放の経験に基づいていることと、それと同時に、それがキリスト教神学であることに関して、コーンが問題にしているのは、これら二つの事柄をいかに整合的に説明するのかという問いにほかならない。コーンが解釈学的問題を念頭に、自らの神学の方法論を展開していることは、『抑圧された者の神』より容易に確認可能であるが、[28] 引用文中の「二つの資料」は、黒人神学が二つの地平の融合において成立していることを示している。すなわち、一方には、聖書に遡るキリスト教の伝統的な意味世界の地平が存在し、他方には、アメリカにおける黒人の経験によって構成された意味世界の地平が存在している。この両者が重なる（融合する）ところに、黒人神学は成立するのである。これは、先に、武士道的キリスト教について確認した、「旧約から新約へ」の接続（接ぎ木）と同一の構造をなしている。しかし、資料が存在するだけでは、神学思想は成り立たない。[29] キリスト教神学が具体的な形態を取るには、つまり、多様な資料を「キリスト教」へと集約するためには、資料を「キリスト教的」に解釈する焦点が必要である。コーンが神学の主題と述べているのは、この焦点を意味しており、本書の表現を用いるならば、それは神学の規範に相当する。これは、次のように、主題としてのイエス・キリストが「キリスト教的」と「異端的」とを区分する機能を果たしていることからも確認可能である。

第一章　「アジアのキリスト教」研究に向けて　　29

「イエスを抑圧された者の解放者として解釈することに失敗する福音
　解釈は、どの時代のものであっても、すべて異端的である。」(ibid.,37)

　本節では、古代イスラエル宗教史とキリスト教との歴史的連関が規範性
を有することについて論じてきたが、コーンの黒人神学における「主題」
は、土着化を判定する基準・規範性に対応していると言えよう――規範性
を「正統と異端」といういわば神学的枠組みで理解すべきかは別にして[30]
――。

　これまでの議論によって、本書の「地平モデル」の概要については一応
の説明がなされたが、さらにいくつかの補足説明を行っておきたい。補足
の第一点は、ガダマーの地平融合において言及された「問いと答え」の弁
証法に関してである。ガダマーが『真理と方法』で展開する「問いと答え
の論理」は、テキスト解釈・理解を対話として説明するという文脈に位置
している[31]が、これは、「アジアのキリスト教」研究の地平モデルにおいて
は、テキスト解釈を超えて拡張されることになる。ヒックを手がかりに、
この点について簡単に触れておきたい。

　「このように、基軸時代以降の宗教はそれぞれ、我々人間の有限性、
　苦しみ、可死性を、そして個人的また集団的に相互に傷つけ合う根深
　い傾向性を認め、実にそれらを強調している。またそれぞれは、限り
　なくより善い存在が本当に可能であり手が届くことを主張し、それに
　至る道を示している。私がここで使用している一般的な用語の意味に
　おいて、それぞれの宗教は救済を提示しているのである。しばしば、
　それぞれの信仰は異なった問いに対する答えであると言われる。しか
　し、これは誤りである。概念や経路は異なっているが、しかし、それ
　ぞれの信仰にとって、基本的な問いは、私が『救済』の一般的意味と
　して指摘してきたもの、つまり、わたし／わたしたちは救われるため
　に何をすべきか、ということなのである。」(Hick,2006,150)

　多様な諸宗教が「基本的な問い」を共有しているとのヒックの指摘は示

30　第一部　序論的考察

唆的である⁽³²⁾——この「問い」の共通性や同一性に関しては、さらなる議論が必要ではある——。なぜなら、地平融合において相互に影響し合うことになる諸思想を「宗教」という仕方で比較し関係づけることが可能になるには、それらが共通に関わっている「問いと答え」に注目することが必要だからである。宗教が対話を超えた相互変革に進むには、この「問いと答え」の共有が必要であり、ピエリスが、キリスト教とアジアの伝統的な諸宗教に関して、「共通使命の同労者」と述べたのは、「貧しい者の解放」という「問いと答え」の共有を前提としたものであった。確かに、答えは多様である。しかし、「アジアのキリスト教」が、アジアの伝統的な宗教文化の地平とキリスト教の地平との有意味な融合であるとするならば、そのためには、この「問いとしての宗教」「問いの共有」——あるいは「問いの類似性」——から議論を始めることが必要なのではないだろうか。

　補足の第二点は、複合的な文化のどの層どの領域への土着化を目指すのか、という先に論じた問題点に関連している。先の議論で、「だれの文化」「どの社会階層」（ピエリス）が問題となったのに対して、ここでの問題は、一つの地平を成す「アジアの宗教文化」のどの時点に注目するのか、ということである。アジアや日本におけるキリスト教土着化に関しては、しばしば、アジアの伝統宗教（仏教、儒教、神道、あるいは伝統文化）とキリスト教との比較や関連づけが論じられてきた。しかし、問題は単純ではない。ハンス・キュングは、ジュリア・チンとの共著において、中国のキリスト教史における「歴史的な出会い」を7つのモデルに整理して論じているが（Küng,1988, 252-296）、その7番目の「文脈的な土着化」モデルを説明する中で、次のように述べている。

　　「テキスト、それは単一でどこにおいても同一の福音自体であるが、中国文化の文脈内に存在する。すなわち、それは、キリスト教を中国社会に外面的に適応させ同化させるだけでなく、深く根付かせ土着化させることである。このモデルは、キリスト教を外から宣教活動によって導入することでも、中国的な思考様式に西洋神学を単純に翻訳することでもなく、キリスト教信仰を内側から、つまり、現代中国の社会

文化的文脈において、自立した（自治、自養、自伝的な）教会の枠組みにおいて、反省し実現しようとする。この場合、文化とは何か。過去の文化か。第一義的にはそうではない。……そうではなく、現代の文化が意図されている。」(Küng, 275)

　現代の文化の基礎に過去の伝統文化が存在するのは疑いもない事実であるが、現代の宗教的状況から切り離された「過去」をもっぱら論じるような土着化論が、現実の土着化に寄与できるかははなはだ疑問である。「アジアのキリスト教」研究において、アジアという宗教文化的地平を論じる場合、研究者は自らが地平の現時点に制約されていることを忘れてはならない。つまり、世俗的な近代社会との連関において「伝統」を自覚的に問う、という問題意識が求められているのである。

五　むすび

　これまで、本章では、「アジアのキリスト教」研究に向けて、研究の方法論に関わる諸問題を論じてきた。先行研究を参照することによって、研究の「地平モデル」が提出されたが、それは、「アジアのキリスト教」という研究対象を、その対象の解釈学的構造に即して、複数の地平と地平間の融合において研究することを目指すものである。「アジア」と「キリスト教」という二つの歴史的地理的地平をそれぞれにふさわしい仕方で取り扱い、関係の「の」が含意する多様な視点を包括する試みである。こうした議論から、アジアや日本の「宗教文化」に対して適切な宗教概念の形成、また、宗教（伝統）と文化（世俗）との関係性の明確化などの諸課題が明らかになった。

　本節では、以上の議論とは別のポイントから「アジアのキリスト教」研究を展望することによって、本章の結びとしたい。それは、「アジアのキリスト教」の研究主体をめぐる問題であり、とくに次の二つの点について指摘することにしよう。

①地平融合と相互変革はいかなる「自己」を生み出すか。

アジアの宗教的伝統に土着化するキリスト教は、そこに成立する「自己」に関しても、基本的な問いを投げかけることになる。たとえば、キリスト教徒でありかつ仏教徒であるような自己、あるいは、二つ（複数）の宗教に等しくコミットする人格は可能か。また、このような自己について、その唯一性と自己同一性はいかに理解すべきか。自己をめぐっては、ポスト近代の思想状況という観点からも問われるべき問題は少なくないが、「アジアのキリスト教」という問題との関わりにおいて、次のような議論がなされている。

> 「私の人格的同一性は、私の存在を構成する複数の要素あるいは要因の知解可能な統一性ではなく、むしろ、それらの要素や要因の共属性(the belonging together)の自覚である」(Panikkar,1999,37)、「要するに、私は自分自身をキリスト教的─仏教的─ヒンドゥー的なものとして見いだしているのである。」(ibid.,46)
> 「以上に言及した神学者らの思想にとって、アジアの宗教としての仏教は、単にキリスト教の『外にある他者』ではなく、彼らの信仰にとって『内なる他者』であった」（金、2006、164）、「アジアの諸宗教は、アジア人のキリスト教信仰にとって単なる外部的付加物ではなく、アジア人のキリスト教信仰を内的に構成している『内なる他者』として把握されねばならない。アジアにおける宗教史は、アジアキリスト教信仰の深層と周縁を形成しているため、アジアのキリスト教者にとって他宗教との対話とは、自分の中の他者を発見し、自分の信仰の奥底を掘り出す作業に当たる、ということである。要するに、アジアのキリスト教者においてアジアの他宗教は、認識の対象ではなく、存在の範疇として位置づけられる。」(同書、166)

こうした複合的な「自己」のあり方は、伝統的で近代的な実体的自己という自己論の改訂あるいは再考を要求するものであって、[33]「アジアのキリスト教」という研究テーマは、そこに生成する自己の多元性や内なる他

者の問題を通じて、現代人の変貌する自己の問いにも関わっているのである。

②宗教研究の担い手について。

「アジアのキリスト教」研究、とくにアジアの文脈における宗教間対話の可能性については、すでに多くの議論がなされてきた。しかし、その一方で、宗教間対話自体が制度化を経ることによって、いわば「ルーティンとしての対話」に陥っていることも否定できない。また、「アジアのキリスト教」という研究テーマが内包する多様な視点と課題を考えれば、この研究が個人レベルでの研究を超えた共同研究を要求することは容易に理解できるであろう。つまり、問われるべき問題は、ルーティン化された対話を超えて、それとは別の仕方での共同研究をいかに構築するのか、その意味で、「アジアのキリスト教」研究の主体は誰か、ということになる。

この問いに対しては、大学やそれに関連した研究所、一定の地域において繋がった比較的小規模な学会・研究会、また特定の宗教団体を基盤とした研究センターなど、様々な共同研究の場を指摘することができる。[34] 実際、こうした形態の研究が、今後の「アジアのキリスト教」研究をリードするものとなることは疑いもない。しかし、忘れてならないのは、ここで問われているのが、新しい形態の知の大胆な創出とそれを担いうる主体の構築であるという点である。それには、いくつかの条件が考えられる。共同研究の主体のサイズは、緊密な討論を可能にする大きさ、つまり、大きすぎずまた小さすぎず、おそらくは、十名程度から数十名程度の規模になるだろう。また、特定の宗教の研究者だけでなく、多様な宗教あるいは無宗教の立場の研究者にも開かれていると同時に、専門性を有する研究者が継続的な討論を行うだけの恒常性も必要となる。こうした条件を満たす研究の場が日本においてどのように構築可能になるかは今後に待たねばならないが、「アジアのキリスト教」自体の中に、そのヒントが示唆されているように思われる。たとえば、ピエリスは、ラテン・アメリカの解放の神学における「基礎的共同体」に相当する場を、アジアの解放の神学の担い手として取り上げている（Pieris,1988,112）。それは、インドのキリスト教から始まり、日本にも伝えられている、キリスト教アシュラムに重ねるこ

34 第一部　序論的考察

とも可能であろう。[35]

「アジアのキリスト教」研究については、その研究方法をめぐる諸問題だけでなく、その研究主体をめぐっても論じるべき事柄が多く存在しており、こうした論点を踏まえた着実な議論の踏み上げがなされねばならない。

注

(1) バルト解釈を含め、大木神学の基本構想については、次の文献より明瞭に読み取ることができる。この中で、神学から見た日本の状況（神学なき近代）についても議論がなされている（29-42 頁）。
　　大木英夫『組織神学序説——プロレゴーメナとしての聖書論』教文館、2003 年。
なお、この著書について筆者が行った書評として、次のものも参照いただきたい。
　　芦名定道「大木英夫著『組織神学序説——プロレゴーメナとしての聖書論』」（日本基督教学会『日本の神学』43、2004 年、198-203 頁）。

(2) 「神の痛みの神学」の構想は、キリスト教神学思想上の位置づけを自覚することによって展開されている。この神学構想は、基本的に聖書解釈（福音の解釈）を基盤としているが、『神の痛みの神学』の「十一、神の痛みと福音史」（北森、1981、197-213）で、北森は「福音自身が歴史をもつ」との意味における「福音史」の中に、ギリシャ的精神とゲルマン的精神による神学形成と匹敵する意義を有するものとして「日本のこころ」「日本精神」を位置づけている。また北森自身が、講談社版『神の痛みの神学』（1981 年）の「解説」で説明しているように、この神学構想が 20 世紀後半に様々な仕方で提起された「苦しむ神」「弱い神」をめぐる神学思想と多くの問題意識を共有している点に留意すべきであろう。なお、筆者による「神の痛みの神学」の簡単な解説として、『宗教学文献事典』（弘文堂、2007 年）所収の文献解題も参照（119 頁）。

(3) バルト神学、ドイツ教会闘争に関しては、海外においてはもちろん、日本でも多くの優れた研究がなされている。次の諸研究を参照。雨宮栄一『バルメン宣言研究——ドイツ教会闘争史序説』1975 年、『ドイツ教会闘争の展開』1980 年、『ドイツ教会闘争の挫折』1991 年、以上は日本基督教団出版局刊行、宮田光雄編『ドイツ教会闘争の研究』創文社、1986 年。

(4) 森本の著書に関連しては、筆者による次の短い書評も参照。
　　芦名定道「森本あんり著『アジア神学講義——グローバル化するコンテクストの神学』」（『創文』No.470、2004.11、創文社、1-5 頁）。
　　なお、「アメリカにおけるアジアの神学」については、次の論考も示唆的である。
　　栗林輝夫「アメリカのアジア神学と日系神学（上）——オリエンタリズムからポ

第一章　「アジアのキリスト教」研究に向けて　　35

ストコロニアルへ」(『関西学院大学キリスト教と文化研究』第 11 号、2010年、59-90 頁)。

(5) 与格の「の」における「聞き手」の問題は、最近の文学批評やテキスト解釈学おける「読者論」を参照した展開が求められるが、キリスト教思想の連関では、近代聖書学が問題にしてきた「最初の聞き手」「語りの元来の状況」を含めた議論が必要になる。なお、キリスト教思想における多岐にわたる言語の問題については、次の拙論をご覧いただきたい。芦名定道「キリスト教思想と宗教言語—象徴・隠喩・テキスト—」(京都大学キリスト教学研究室『キリスト教学研究室紀要』第 3 号、2015年、1-18 頁)。

(6) 日中韓神学フォーラムにおける森本の口頭発表自体は、事前に配付された原稿(本稿で扱われた文献)をそのまま読み上げる形では行われなかったため、実際の発表と配付原稿とは内容的に違いがあることをお断りしておきたい。なお、日中韓神学フォーラムについては、芦名定道「東アジアのキリスト教研究とその課題」(日本基督教学会『日本の神学』53 号、2014 年、172-177 頁)を参照。

(7) 奪格(casus ablativus)は、ラテン語に特徴的な格変化の一つであり、起点・分離(「から」)を基本にして、多様な用法において用いられる。「の」に関する主格、属格、与格、対格、奪格という諸格に応じた諸観点をめぐる議論は、認識論としての展開が必要かもしれない。

(8) 「文化の複合性」とは、近代以前はもちろん、近代化以降の文化がきわめて複雑な現象として存在していることに関わっている。近代以降の国民文化、文化ナショナリズムの形成過程が、単純化した理解を許さない点については、たとえば、次の文献を参照いただきたい——なお、武士道に関しても、同書136 — 140 頁で論じられている——。

鈴木貞美『日本の文化ナショナリズム』平凡社新書、2005 年。

(9) 本書がこのように包括的な視野に立つのは、本書が神学という立場を前提にしていないことに関わっている。本稿で「アジアのキリスト教」研究の先行研究として取り上げた研究者においては、北森から、大木、古屋、そして森本に至るまで、神学が前提とされ、その立場から議論が行われており、神学的な規範性が議論を制約しているように思われる。こうした神学をめぐる最近の学問論としては、次の文献を参照。

神代真砂実他『神学とキリスト教学——その今日的な可能性を問う』キリスト新聞社、2009 年。

(10) 旧約と新約との連関(連続と不連続)という問題は、古代以来、キリスト教の自己理解の中心に置かれた根本的な問いである。したがって、このテーマには、様々な視点や領域から考察することが可能であるが、「啓示の歴史性」という観点からこの問いを扱ったものとして、ティリッヒの「啓示史」の議論を参照いただきたい。

Paul Tillich, *Systematic Theology.* Vol.1, The University of Chicago Press, 1951, pp.126-144.

(11) 例えば、古屋安雄は、「武士道ではなく平民道と結び付いたキリスト教」という観点
からこれまでの武士道的な日本キリスト教の限界を論じている（古屋安雄「武士道
とキリスト教」（『日本のキリスト教』教文館、2003 年、78 頁））。

(12) 「貧しい者」、「富」（マンモン）という問題は、新約聖書の福音書に描かれたイエス
に遡る（当然、さらにヘブライ語聖書に遡る）ものであり、ピエリスのアジアの解
放の神学は、この「貧しさ」を議論の中心に据えて展開されている。とくに、注目
すべきは、ラテン・アメリカの解放の神学者ボフに依拠しつつ、「貧しさ」という複
合的な現象について、「強いられた貧しさ」(forced poverty) と「自発的な貧しさ」
(voluntary poverty) とを区別して、議論がなされている点である (Pieris, 1988, 20-
23)。この貧しさの区分は、従来しばしばなされてきた、「物質的な貧しさ」と「精
神的な貧しさ」の区分を乗り越えるものとして注目すべきであろう。また、「貧困」
や「格差」がいまだ人類が直面する大問題であることは、近年の世界と日本の状況
が示すとおりである。

(13) 日本の宗教的伝統に対する御利益、迷信といった態度がもつ問題性に対しては、
野呂芳男『キリスト教と民衆宗教——十字架と蓮華』（日本基督教団出版局、1991
年）において批判的な議論が展開されている。この野呂の議論については、芦名定
道「キリスト教にとっての仏教の意味——近代日本・アジアの文脈から」（日本近代
仏教史研究会『近代仏教』第 20 号、2013 年、7-19 頁）を参照。

(14) 本稿第二節で見た、「アジアのキリスト教会」と「アジアにおけるキリスト教会」と
の区別、つまり、「of」と「in」をめぐる議論は、ピエリスにおいても、問題とされ
ている。しかし、ピエリスでは、キリスト教のアジアにおける土着化が自己目的化
することが批判されていることからもわかるように、「in」に対して単純に「of」を
肯定するような議論は見られない。「私の見解は、アジアにおける地域教会（local
churches in Asia）の直接の課題がアジアの地域教会 (local churches of Asia) にな
ることであるとか、またこのことがアジア諸国の福音化の不可欠の条件であるとか
ということを正当化しない。」(Pieris, 1988, 36)

(15) ピエリスが提起する伝統的な宗教概念の再検討は、現代の宗教論の重要課題の一つ
である。これに関連した日本の宗教研究における動向については、島薗進、鶴岡賀
雄編『〈宗教〉再考』ぺりかん社、2004 年）に所収の論考を参照。ピエリスは、大
きな世界宗教にのみ注目する宗教理解に対して、彼の言う「宇宙的宗教」の重要性
を主張しているが、これは、世界宗教に議論を限定するヒックの宗教論を修正する
上でも、注目に値する。

(16) ティリッヒの宗教社会主義論をめぐる最近の研究動向については、拙論（芦名、
2007）をご覧いただきたい。また、この関連で、次の拙論も参照。
芦名定道「近代キリスト教と政治思想——序論的考察」（京都大学基督教学会『基
督教学研究』第 28 号、2008 年、175-197 頁）、「キリスト教政治思想の可能

第一章　「アジアのキリスト教」研究に向けて　　37

性」（現代キリスト教思想研究会『キリスト教思想と国家・政治論』2009 年、3-26 頁）。

(17) ここにおけるティリッヒからの引用は、次のテキストから行われる。

Paul Tillich, *Die sozialistische Entscheidung*, 1933, in: *Paul Tillich. MainWorks* 3(Writings in Social Philosophy and Ethics). de Gruyter, 1998, S.273-419.

(18) Ericksen (1985, 26) は、ワイマール時代からナチス時代にかけて、ドイツの神学者が、一方におけるバルト、ティリッヒ、ボンヘッファーと、他方におけるキッテル、アルトハウス、ヒルシュとに分かれることになった理由を、とくに後者のグループの神学者のテキスト分析によって解明しようとしている。バルト、ティリッヒ、ヒルシュの三者の比較研究は、ティリッヒ研究においても注目されている研究テーマであり、この点については、Web 上に公開された拙論（博士論文『P．ティリッヒの宗教思想研究』1994 年。特に「第 5 章：カイロスと歴史解釈」の「第 1 節　バルト・ティリッヒ・ヒルシュ」http://tillich.web.fc2.com/sub6.htm）を参照いただきたい。

(19) この「神道的キリスト教」の問題は海老名研究の争点の一つである。金文吉の研究とそれに対する關岡一成の批判を参照。

金文吉『近代日本キリスト教と朝鮮──海老名弾正の思想と行動』明石書店、1998年。

關岡一成「海老名弾正の『神道的キリスト教』とは何か──金文吉氏の近著に接して」（『福音と世界』1999 年 3 月号、54-57 頁）。

問題は、「神道的キリスト教」の概念規定と、海老名の「基督化」（「日本化」に対する）をテキスト（とくに『新人』所収の諸論考）に即してどのように解釈するか、ということである。なお、「神道的キリスト教」をめぐる海老名研究の現状について、洪伊杓は、「（1）岩井文男の「伝統的キリスト教」としての解釈（積極的弁護）、（2）土肥昭夫、関岡一成などの「日本的キリスト教」としての解釈（中間的批判）、（3）金文吉などの「神道的キリスト教」としての解釈（急進的批判）」という三つの立場によって研究状況を整理している（洪伊杓「海老名弾正の神道理解に関する類型論的分析」（現代キリスト教思想研究会『アジア・キリスト教・多元性』第 12 号、2014 年、1-17 頁））。

(20) 海老名─渡瀬ラインで推進された日本組合教会の朝鮮伝道に関しては、前注の金文吉の論考のほかに、次の文献を参照。

飯沼・韓（1985、65-174）の第二章「日本組合教会の朝鮮伝道」。

徐正敏『日韓キリスト教関係史研究』日本キリスト教団出版局、2009 年。

本章で議論した、古代イスラエル史の規範的意義を否定する土着化論の問題性については、次の引用にあるように、渡瀬において明確に確認することができる。

「渡瀬は朝鮮のキリスト者を『ユダヤ教的な形式と偏狭な愛国心』を持った者たちと酷評し、『ユダヤ的アイデンティティ』こそが 3・1 独立運動に積極的

に参与させた背景にあるとした。渡瀬の論旨によれば『ユダヤ的アイデンティ
ティ』とは『徹底されていない』、『キリスト教の精神とはほど遠い』否定的な
特性を持つものとして解釈されている。」(徐、2009、191)

(21) カブのプロセス神学の立場からの「宗教的多元性」に関する論考として——ヒック
の宗教多元主義に対する批判に留意すること——、次の文献を参照。

John B. Cobb, Jr., Beyond"Pluralism," in: Gavin D'Costa (ed.),*Christian
Uniqueness Reconsidered. The Myth of a Pluralistic Theology of Religions*, Orbis
Books, 1990, pp.81-95.（G．デコスタ編『キリスト教は他宗教をどう考え
るか——ポスト多元主義の宗教と神学』森本あんり訳、教文館、1997 年。）

(22) 神話、民族、記憶という問題は、キリスト教神学を含む現代思想において、重要な
問題群を形成している。この点については、リクールの大著『記憶・歴史・忘却』
（久米博訳、新曜社、2004 年。Paul Ricoeur, *La Mémoire, L'Histoire, L'Oubli*, Seuil,
2000）はもちろん、本稿で論じたコーンの論考からも確認可能であるが、さらに、
次の文献も参照。

芦名定道『宗教学のエッセンス——宗教・呪術・科学』北樹出版、1993 年、57-65
頁。

小坂井敏晶『民族という虚構』東京大学出版会、2002 年。

(23) 本章で言及したガダマーの議論については、塚本正明『現代の解釈学的哲学——ディ
ルタイおよびそれ以後の新展開』世界思想社、1995 年、などを参照した。

(24) この問題は、水垣渉が日本基督教学会・第 62 回学術大会（関西学院大学、2014 年
9 月 9 日）で行った、講演「聖書的伝統としてのキリスト教——「キリスト教とは
何か」の問いをめぐって」において取り上げられた。

(25) このエーベリングの教会史の構想については、次の論集の諸論考を参照。

Gerhard Ebeling, *Wort Gottes und Tradition*, Vandenhoeck & Ruprecht, 1964.
キリスト教神学における解釈学の意義、とくにブルトマンとブルトマン学派の思想
については、次の文献が有益である。

Wolfhart Pannenberg, *Wissenschaftstheorie und Theologie*, Suhrkamp, 1977. 3.
Kapitel. Hermeneutik als Methodik des Sinnverstehens, S.157-224.（W．
パネンベルク『学問論と神学』教文館、2014 年、177-248 頁。）

森田雄三郎「解釈学的教義学の構成について——エーベリンクのモデル」(153-
175 頁)、「キリスト論の視点」(51-73 頁)、「『史的』とは？——キリスト論
の前提」(74-95 頁)（森田雄三郎『現代神学はどこへ行くか』教文館、2005
年、所収。）

(26)「日本」という事象の自明性をめぐる問いは、ガダマーの解釈学にイデオロギー批
判を結びつけることを要求するが、この問題は、本稿の範囲を超えている。なお、
「日本」という問題の複雑さについては、次の拙論を参照。

芦名定道「日本的霊性とキリスト教」（『明治聖徳記念学会紀要』（明治聖徳記念学

会）復刊第四四号、2007 年、228-239 頁）。

(27) 深みあるいは高さとして表現される「垂直の次元」は、ティリッヒの宗教論の中心テーマの一つであるが、これに関しては、次の拙論を参照。

芦名定道『ティリッヒと現代宗教論』（北樹出版、1994 年）、「深みの次元の喪失」（村上陽一郎・細谷昌志編『宗教——その原初とあらわれ』ミネルヴァ書房、1999 年、75-92 頁）。

(28) コーンの黒人神学が解釈学的問題を自覚しつつ展開されていることは、たとえば、次の引用が端的に示す通りである。

「解釈学の問いに対する黒人神学の答えは、簡潔に述べるならば、以下の通りである。つまり、聖書釈義の解釈学的原理は、抑圧された者を社会的抑圧から政治的闘争へと解放する解放者としてのキリストにおける神の啓示である。その中で貧しい者は、貧困と不正義に対決する彼らの戦いが福音と首尾一貫しているだけでなく、それがイエス・キリストの福音であることを認識する。」(Cone, 1975, 81)

なお、黒人神学の最近の動向については、次の文献を参照。

Anthony B. Bradley, *Liberating Black Theology. The Bible and the Black Experience in America*, Crossway, 2010.

Anthony G. Reddie, *Black Theology*, SCM Press, 2012.

(29) 組織神学における資料と規範の関係について、ティリッヒは『組織神学・第一巻』（1951 年）で詳細に説明しているが、その点については、次の拙論を参照。

芦名定道「キリスト教学の理念とその諸問題」（『「キリスト教学」再考』（日本基督教学会北海道支部・公開シンポジウムの記録）、日本基督教学会北海道支部、2009 年、52-71 頁）。

(30) 森本（2004、31-36）は、本章における「規範」に相当する問題を、「正統性」という観点で論じているが、「神学において」という限定を付したとしても、「正統—異端」という枠組みを予想させる「正統性」が現代のキリスト教研究において適切な論点であるかは、批判的な検討を要するであろう。

(31) ガダマーの『真理と方法』(Hans-Georg Gadamer, *Wahrheit und Methode*, J.C.B.Mohr, 1960) において、「問いと答えの論理」は、コリンウッドの歴史認識における「問いと答えの論理」(Logic of question and answer) を手がかりに展開されている。これがキリスト教神学における解釈学と緊密な関わりにあることは、随所で言及・引用される神学者の名前だけからでも明らかである。とくに、シュライアマハーは決定的に重要である。

(32) ヒックの宗教論で問題となる「真実在」(the Real) に関しても、諸宗教が共有する問いから多様な答えへの動性を導く「インデックス」と解することによって、本質主義的ニュアンスを回避すべきかもしれない。

(33) 現代思想における自己の問題は、以下の文献が示すように、リクールの哲学的自己論 (Paul Ricoeur, *Soi-même comme un autre*, Seuil, 1990. ポール・リクール『他

者のような自己自身』久米博訳、法政大学出版局、1996 年）以降も、さらなる展開が確認できる。

Anthony C. Thiselton, *Interpreting God and the Postmodern Self. On Meaning, Manipulation and Promise*, Eerdmans, 1995.

Kenneth J. Gergen, *The Saturated Self. Dilemmas of Identity in Contemporary Life*, Basic Books, 2000.

Rita Carter, *Multiplicity. The New Science of Personality*, Little, Brown, 2008.

また、神学や宗教哲学においても、H・リチャード・ニーバーの信仰論（芦名定道「H・リチャード・ニーバーと信仰論の射程」、『人文研究』（大阪市立大学文学部紀要）第 45 巻第 3 分冊、1993 年、107-126 頁、を参照）以降、ガスタフソン、シュヴァイカーらの議論に至る展開の中に、自己論についての継続した取り組みが確認できる。とくに、本章で論じた自己の複数性の問題については、次の文献も参照。

花岡永子『「自己と世界」の問題――絶対無の視点から』現代図書、2005 年。

(34) 日本においても、宗教倫理学会、東西宗教交流学会、南山宗教文化研究所、ＮＣＣ宗教研究所、現代における宗教の役割研究会（コルモス）など、様々な形態の共同研究の場を挙げることができる。

(35) キリスト教アシュラムについては、次の拙論を参照。

芦名定道「南アジアのキリスト教の諸問題」（亜細亜大学アジア研究所『アジア研究所紀要』第 27 号、2001 年、191-218 頁）。

第二章

日本キリスト教思想史の諸問題
―思想史と社会史、そして民衆史へ―

一　キリスト教研究からキリスト教思想研究へ

　近代日本のキリスト教思想はいかなる視点あるいは方法によって研究されるべきか、どのような仕方で研究することが生産的で適切な成果を生み出しうるものとなるのか。こうした問題については、多くの論点が存在しており、おそらく、研究者の間でも容易に合意に至ることは困難であろう。本書でも、すでに第一章において、次のような議論が行われた。

　　「あえて単純化するならば、『アジアのキリスト教』は、『アジア』と『キリスト教』という二つの地平の融合において形成されたものとして、図式的に理解することが可能であり、たとえば、『日本のキリスト教』は、日本の近代化（近世から近代へ）の歴史的連関の内部で、『日本』と『キリスト教』との地平融合の過程において、形成されたものと解することができるだろう。したがって、『アジアのキリスト教』を研究する際には、それに先行する『キリスト教』と『アジア』双方の地平についての分析が要求されるのである。これまでの『アジアのキリスト教』研究における問題点の一つは、この『アジア』の地平への考察が不十分であったということにほかならない――そもそも『アジア』『日本』といった対象への反省が欠如している――。」[(1)]

42　第一部　序論的考察

この近代日本のキリスト教についての議論がキリスト教思想にも妥当するとすれば、近代日本のキリスト教思想も基本的に次のように仕方で研究されねばならないであろう。すなわち、近代日本のキリスト教思想研究は、キリスト教思想（その主要な部分は、西欧キリスト教思想であり、それに連関した西洋哲学史も合わせて問題になる）と近代日本という二つの地平を視野に入れ、それらの地平融合が個々の研究対象においていかなる仕方で確認できるのかという視点から、つまり思想史的視点から研究されねばならないのである。しかし、問題は決して単純ではなく、さらに議論を重ねるべき論点が存在している、たとえば、この二つの地平の融合として成立する「思想（史）」（近代日本のキリスト教思想史）について、具体的にどのような方法論に基づいて研究がなされるべきであろうか。特に、この二つの地平融合という仕方では解釈が困難に見える思想の場合に、どのような仕方で研究を進めることができるであろうか。こうした点について考察を行う上で適切な事例と思われるのが、日本における独自の宗教哲学を構築したことで知られる波多野精一である。本章は、波多野宗教哲学を具体例とすることによって、近代日本のキリスト教思想研究の方法論について考察を深めることを目的としている。もちろん、扱われる問題が限定された範囲にとどまることは最初にお断りしておかねばならない。

　まず、本章第一節（一）では、思想史研究全般をめぐる問題状況をラカプラの論考によって確認し、特に評伝研究の意義について論じる。[2] 続く（二）では、ラカプラが論じるハイデッガーの「未思惟の思惟」あるいはデリダの「脱構築」による思想史研究を取り上げ、（三）では、それを波多野に適用することを試みる。そして（四）において、以上の考察を、ティリッヒを参照しつつまとめることによって、思想史研究の可能性について若干の展望を示したい。

（一）思想史研究の現在と評伝研究

　「思想史」は、すでに確立された研究分野であり、これについては参照すべき優れた研究が存在している。[3] しかし、思想史が思想研究にとっていかなる意味をもつのか、あるいは思想研究はどうして思想史研究を要求す

第二章　日本キリスト教思想史の諸問題　　43

るのかなどについては、さらなる論究が必要である。[4] ここでは、ドミニク・ラカプラを参照しつつ、思想史研究の現在とその中における評伝研究の意義を確認することにしたい。ラカプラは1983年に出版され日本語にも翻訳された論文集『思想史再考』（以下の引用は邦訳から行う）において、現在の思想史研究の現状を概観しつつ、その問題点を論じている。

> 「この十年間思想史家たちは、自分らの専門領域が、改めてその本質や目標を問い直さねばならないほど、重大な危機に直面していると信ずるようになってきた。……いったい自分たちのやっていることはどういうことであり、またそれはなぜなのかに関してはっきり言明するように迫った。」（ラカプラ、1993、22）

　思想史研究の危機とは何であろうか。この点を明らかにするために、まず、思想史研究についての多様な見方に注目してみよう。思想史研究は、思想とその表現としてのテクストを基盤にしているが、思想あるいはテクストに集中（限定）して思想史を構想する場合と、テクストと外的なコンテクストとの関連性に定位する場合に大きく分けるができる。前者の典型的例としてはＡ・Ｏ・ラヴジョイの観念史の構想が挙げられるが、[5] 後者については、コンテクストをどのように設定するかによってさらに様々な立場を区別することができる。ラカプラは、「意図、動機、社会、文化、作品群、構造」（同書、34）という6つの「コンテクスト」に対応して、思想史研究について、「著者の意図とテクストとの関係」、「著者の人生とテクストとの関係」、「社会とテクストとの関係」、「文化とテクストとの関係」、「テクストと作者の作品群との関係」、「言説形式とテクストとの関係」という6つの研究領域を取り上げている（同書、34-60）。その詳細は、ラカプラ自身の論述を検討いただく必要があるが、コンテクストを論じる際には、テクストに対する「唯一固有のコンテクスト」といったものは存在しないということ、またコンテクストは実体化すべきものではないということに留意する必要がある。思想史研究において、テクストとの関連で考慮されるべきコンテクストとは、研究者の視点において多様であり、また通

常複数のコンテクストが問題されねばならないのである。

　このような思想史研究の区分からわかるのは、思想史研究が、内的と外的、あるいはテクストとコンテクストという両極に分裂する傾向を孕らんでいるという点である。それは、テクストの「史料的傾向」と「作品的側面」の区別として現れる（同書、29）。

　　「『史料』も『作品』もともに史料的な要素と作品的な要素との相互作用をともなうテクストなのであって、その相互作用は、批判的歴史記述の中で検討されなくてはならないものである。」（同書、30）

　テクストにおける史料と作品という二つのものは本来統合されるべきものであるとしても、実際の思想研究においてこれら二つの要素はしばしば分裂に陥ることになる。そして、これは、1960年代から70年代にかけての思想的状況から明確に読み取れる事態なのである。つまり、19世紀以来の思想（史）研究の主流を形成してきたテクストへの歴史主義的アプローチに対してなされた反歴史主義としての構造主義による批判である。[6]一方に、歴史的コンテクストを再構成する史料としてもっぱらテクストを読もうとする史料主義を含む歴史主義が存在し、他方には、テクストを自己完結した構造体として読むテクストの構造分析が位置する。しかし、構造主義的な文学批評も哲学思想も還元主義を完全に脱却していたわけではない。

　　「テクストというものがそれ自体閉じられた宇宙であり、また偉大な芸術は自己目的的なものであるという概念と容易に結びついた。歴史家がテクストを単なる史料に還元したように、文学批評家や哲学者は歴史を背景的情報に還元した。」（同書、11）

　本書で参照しているこのラカプラの思想史再考の試みは、こうした70年代の分裂状況の次の時代に位置するものであり、このラカプラ時代以降の思想史研究に大きな影響を及ぼすことになるのが、観念あるいは思想の

社会史的研究である。「その厳密化と方法論的洗練性において古い形態の
コンテクスト主義をのり越えて」おり、「また現代の社会史の瞠目すべき成
果へと思想史を接近させることを約束している」(同書、23)と述べてい
るように、ラカプラも社会史的研究の可能性に注目していることは疑いな
い。[7] しかし、社会史的研究も万能ではない。思想史は、「諸学横断的な学
問」であり、思想史と社会史とは密接に連関し合っているものの、「とは
いえ思想史を、単なる社会史の関数とみてはならない」(本書、23)ので
ある。思想史が社会史に支えられつつも、それに還元されないという主張
は、思想とは何か、あるいは思想の主体としての人間とは何者か、という
問いに遡る考察が必要であって、本節の範囲を遙かに超えている(次節も
参照)。ここにおいては、テクストとそのコンテクストの複数性という先に
挙げた論点についてのみ指摘しておきたい。

　テクストあるいは思想にとって、コンテクストがいかなる関係にあるか
については、テクストの意味理解がコンテクストを必要とするという視点
から考えることができる。[8] 構造主義的なテクスト理解が示すように、テク
ストは一つの自律的で閉じた意味連関を有しており、構造分析の対象とな
りうる存在である。しかし、そのテクストの意味連関を理解する作業は、テ
クストを一定のコンテクストに置くことを要求する。これは、テクストの
意味了解の解釈学的な構造と言うべきものであるが、先に史料還元主義と
の関わりで述べたように、ここで問われているコンテクストは、単一の実
体的なものと理解すべきではなく、コンテクスト自体がその都度の解釈作
業において複数的流動的に理解されるべきものなのである。この点から、
テクストに基づいた思想史研究において問われるのは、次のようなテクス
トとコンテクストとの関係であることがわかる。

　　「わたしが活性化したいと思っている問題関心の中心は、複雑なテクス
　　ト──使用の伝統に属するいわゆる『偉大な』テクスト──の読みと
　　解釈の重要性、ならびにこれらのテクストを、これに関係するさまざ
　　まなコンテクストに関連づけるという問題を定式化することの重要性
　　ということである。」(同書、24)

46　第一部　序論的考察

社会史は思想史に不可欠の一つのコンテクストを与えてくれるとしても、それは唯一のコンテクストでも最重要のコンテクストでもない。社会史還元主義的な思想史研究があるとすれば、それに対しては、「いったい自分たちのやっていることはどういうことであり、またそれはなぜなのか」という問いを投げかける必要がある。問われているのは、思想とテクストの意味の豊かさを正当に扱いうるような思想史研究なのである。

本節では、思想史研究の多様性とその問題性について、思想史研究の基盤となるテクストとは何であるのかという観点から検討を行ってきた。ポイントは、テクストの「内部」と「外部」との、あるいはテクストとコンテクストとの関係をいかに再考するのかにあると言えるが、この点で、思想史研究の観点からも注目すべきものの一つとして挙げられるのが、評伝研究である。

> 「内的な見方と外的な見方との統合をめざすもので、たいていのばあい『人と思想』の物語というかたちをとっているもの。」（同書、23）

もちろん、評伝研究には、思想史研究にしばしばつきまとう問題、つまり、「ますます些末化していく問題をとりあげ、これに内的方法を適用することによって狭義の専門化に陥ったり、時には好古家的にさえなったりする傾向」、あるいは「『人と思想』の冒険を物語ることによって、ほとんど無限に、啓蒙的・入門的レベルに固着しつづける傾向」が指摘されねばならない。こうした評伝研究の問題性に留意しつつも、良質の評伝の存在が思想史研究にとってきわめて重要な意味をもつことは否定できないであろう。[9]

近年、賀川豊彦、植村正久、高倉徳太郎、井上良雄の評伝研究を公にした雨宮栄一は、[10]『若き植村正久』（2007年）の「序に代えて」の中で、石原謙の「植村先生伝記の編纂を切望して」の一文を引用しつつ、次のように述べている。

「正久のキリスト教伝道の働きが日本の自立した教会の形成にあったことは当然であるが、同時にその過程においてなされた言論界におけるキリスト教弁証論的な活動は、明治大正の日本の精神文化に対しても、深い影響を与えている。従って、正久の伝記を編むということは、即、日本の精神文化を論ずることになるし、またそれによって日本の教会の位置を自覚的に把握することが可能になると述べている。これは正久の明治大正期における歩みをつぶさに考察するなら、まさに至言と言うべき言葉であろう。」(雨宮、2007、14)

このように伝記・評伝研究は、入門的通俗的な紹介にとどまらず、思想を歴史のコンテクストに位置づける上で重要な役割を果たしているのである。また雨宮は、『評伝　高倉徳太郎　上』(2010年)の中で、自らが叙述する評伝について、次のように説明している。

「この書物は高倉徳太郎の評伝である。単なる伝記でもなく、さりとて各論的な思想研究でもない。徳太郎の伝記や神学的研究は少ないが、筆者がここで記そうと願っているものは、徳太郎の信仰的・神学的な評伝である。彼のおかれた日本キリスト教史上の位置とその具体的な歩みに即しながら、あわせてその思想の展開を論ずる。」(雨宮、2010、13)

以上の点を念頭におきつつ、思想史研究の観点から評伝研究の課題をまとめれば、次のようになるであろう。
①思想家と時代状況、思想史的文脈との関わりを叙述する。
②思想家の生涯・伝記的事実を実証的に確定しつつ思想形成と思想の発展史を描く。その意味における思想家の全体像の再構成を試みる。
③思想家の思想的意義と時代的限界を明らかにする。
優れた評伝研究の存在は、思想研究あるいは思想史研究の確実な基盤となり、思想史研究がテクストの内と外に分裂することを防ぐ役割も果たし得るものなのである。

（二）思想史研究とテクストの脱構築

優れた評伝研究が思想史研究にとって有する意義についてはある程度了解できるとしても、評伝研究が可能になるためには、「歴史的な理解」の条件となる「対象との間の」「一定の時間的・歴史的な距離感」、「対象を客観化・相対化する作業」が要求される（雨宮、2007、22）。しかし、評伝研究が成り立つには、そもそも評伝の素材となり得る資料が一定以上存在することが必要不可欠である。19世紀のイエス伝研究において明らかになったように、[11] 資料が不足する場合、伝記・評伝を著すことは不可能になるからである。

では、過去の思想家とその時代とを媒介し両者の関わりを物語る資料が不十分な場合、思想史研究はどのようなものとなるのであろうか。その思想家の思想は、観念史といった仕方以外に、歴史のコンテクストにおいて理解することはできるのだろうか。この点を考えるために、次に波多野精一を取り上げることにしたい。

宮本武之助——波多野の研究者であり、自身が波多野に影響された思想家——は、1965年に『波多野精一』（日本基督教団出版部）を刊行したが、これは「人と思想シリーズ」の一冊として書かれたものであり、本来、波多野の評伝に基づく思想紹介を意図したものであった。しかし、次の宮本の言葉からわかるように、波多野の評伝を叙述することには、大きな困難が伴っている。

　　「波多野は平生自分について語ることを欲しなかった。彼は大げさな芝居がかったことが大嫌いであった。そして自分の本領や使命について人前で公言することをはばかった。またその書き残したものの中にも自叙伝風のものは、ほんどないと言ってよいであろう。したがって彼自身の記録によって彼の生涯を叙述することは不可能である。」（宮本、1965、9）

これは、波多野に洗礼を授けた植村正久にも当てはまることであり——「どうもこの人は、自らについて公的な場所で記すことも語ることも、どう

第二章　日本キリスト教思想史の諸問題　　49

やら好まなかったのではないかと想像する」(雨宮、2007、18)――、そこに両者に共通する人生観あるいは美意識を指摘することができるかもしれない。宮本は、「Ⅰ　生涯と思想的発展」(宮本、1965、9-38) を記し、波多野が様々な人々との間に残した書簡 (かなりの書簡が『波多野精一全集』第六巻に収められている) や、関係者の証言を資料として用いているが、宮本による比較的短い記述内容が波多野の生涯について確実にわかることの主要なるものと言ってよいであろう。たとえば、波多野が植村から洗礼を受けたことはわかるとしても、その具体的経緯は不明であり、信仰生活の内実などについてはわずかに推測できるだけである。[12]

では、波多野宗教哲学を思想史的に研究することはどのような仕方で可能になるのであろうか。まず行われるべきは、波多野の著作 (テクスト) の内容からコンテクストを確定することである。その場合、研究者は波多野を西洋哲学史あるいはキリスト教思想史のコンテクストに容易に位置づけることが可能であって、波多野についての思想史研究は、それで成功したかに見える――実際、これで波多野研究としては十分であると考える研究者も存在するであろう――。しかしこれは、本章の冒頭で記した一文に即して言えば、「アジアのキリスト教」を論じるのに、キリスト教の地平は視野に入れられたものの、「アジア」の地平は無視された、に等しくはないだろうか。確かに、書簡を別にすれば、[13] 波多野のテクストから、近代日本のコンテクストへ迫ることはきわめて困難である。しかしこれがすべてであるとすれば、「日本における独自の宗教哲学」は近代日本の状況とほとんど何の接点ももたないということになる。

この困難を念頭においた上で、本節ではテクストの過去と未来という視点を導入することによって、波多野宗教哲学を近代日本の地平に位置づける別の可能性を探ることにしたい。そのために、改めて、テクストの過去に話を戻して議論を進めよう。テクストの過去として通常考えられるのは、本節 (一) で言及した史料主義的テクスト読解が目指すものであろう。評伝で問われる「過去」はまさにこの意味での過去である。しかし、思想史研究で問題になる過去は、この「史料にもとづく知識」としての過去だけではない。本章冒頭の一文で問われているのは、テクストを介して生成す

50　第一部　序論的考察

るいわば対話的関係における過去であり、解釈学的哲学において問われる
過去（地平）にほかならない。

　　「過去とは単に、語られるべき、完結した物語ではなく、個々の歴史
　　家が語りを行っている時代と結びついた過程である・・・。」（ラカプ
　　ラ、1993、16）

　テクストの過去をテクストが生成した時代とそこで意味され理解された
事柄に限定するのではなく、読解する研究者が生きる現在にとってそれが
意味することとの連関でテクストを理解しようとする試みは、いわば、他
者との「対話」に類似した作業であり、この対話が実りあるものとなるか
どうかは、研究者が「正しい」問いを投げかけるか、またテクストから自
らが問われていることをどれほど意識するかにかかっている。ここで、注
目すべきは、この「正しい」問いについて確認されるべき次の特性である。

　　「ハイデッガーが強調しているように、これらの問いそのものが、決し
　　て全面的に対象化することも、充分に認識することもできないある『コ
　　ンテクスト』とか『生活＝世界』の中に位置づけられるのである。そ
　　ればかりではない、ハイデッガーにしてみれば、過去の思想家が意識
　　的に、あるいは意図的に思考することはなかったが、それでも依然と
　　して問うに値する彼の『未思惟』を構成しているものを探究すること
　　によって初めて過去との対話が、その思想家の思考のうちでも現在と
　　未来にきわめて強い影響を及ぼすような領域に入ってくるのである。」
　　（同書、30）

　このハイデッガーの言うテクストの「未思惟の思考」[14]あるいはデリダ
の「脱構築」が提示するものを視野に入れることによってはじめて、テク
ストの過去との対話はそれにふさわしい問いを獲得したと言えるのであり、
この問いが向けられた思考は、思想家自身が顕わには思惟しなかったもの、
つまり、テクストの表層にそのままの形で存在するのではなく、いわば読

第二章　日本キリスト教思想史の諸問題　　51

み手の問いがそこに覚醒させるべきものなのである。それは、テクストの過去の地平に顕在化していないにもかかわらず、テクストがその未来として保持していた可能的な思惟であり、テクストの未来と言うべきものであろう――これは、過去自体の未決の未来であり、社会史的研究によってはしばしば見落とされるものなのである――。[15] この意味における可能的思惟を手がかりにして、波多野を近代日本の地平に位置づけること、これが本節で試みたいことなのである。またこれは、歴史的伝統への批判を可能にする点で、解釈学的哲学を補完するものと言えるかもしれない。

> 「歴史的伝統の中で隠蔽されたり抑圧されたりしているものを復権させ、さらに、これら隠蔽され抑圧されているものを、現在支配的形態をもって有害な働きをしている諸傾向ともっと対等に『競わせる』ことによって、あの歴史的伝統の行き過ぎを夢遊病者的に反復するのを回避しようとする批判的探究である。」（同書、29）

（三）波多野精一の脱構築的読解

波多野宗教哲学は、日本人による本格的な宗教哲学と評価されるが、すでに見たように、波多野宗教哲学と近代日本との関わりは、残されたテクストからはほとんど確認することができない。以下の論述は一つの試論という言うべきものであり、波多野宗教哲学に脱構築を施すことによって、近代日本の地平との関連性を波多野における「未思惟の思考」として取り出すことが試みられる。しかしその前に、波多野における近代日本の状況へのかすかな言及あるいは証言について、若干の確認を行っておきたい。

波多野の刊行された著作の中で「日本」について言及されることはほとんどない。皆無といってもよいであろう。むしろ、当時流行の日本精神などに言及しないことが波多野の特徴と言うべきものなのである。しかし、この点に関して、次の田中美知太郎の証言は興味深い論点を提示している。[16]

> 「先生が老年になられても、戦時中のあの思想的雰囲気のなかにあっ

52　第一部　序論的考察

ても日本精神とか、東洋思想とかいふことを、ほとんど話題にされな
かったのも、やはり同じやうな抵抗のあらはれであつたやうに思ふ。
（しかし無論これは、日本思想や東洋思想の研究に、同情も理解ももた
れなかつたといふ意味ではない。岩手県の疎開地からの手紙で、なく
なられた村岡典嗣氏の日本思想研究について、特にその名著『本居宣
長』について、いろいろ教へていただいたことがある）」[17]

　この証言にしたがうならば、波多野がその著作において日本精神に言及
しなかったのは、日本への無関心無理解からではなく、日本精神に迎合す
る風潮への批判的距離、あるいは波多野の批判的な学問スタイルによると
いうことになる。以下においては、波多野宗教哲学自体から、この近代日
本に対する批判という「未思惟の思惟」を読み取る試みを行ってみたい。
　波多野宗教哲学の哲学的基礎をなしているのは、哲学的人間学と名づけ
られた理論であるが、その中心に位置するのが、「文化的生」をめぐる議論
である。
　波多野によれば、文化的生とは自然的生を前提にして、自然的生の問題
性——実在者相互の対立衝突と流動推移、直接性への没頭・埋没——を文
化（意味世界）という「中立地帯」の設立によって克服するところに成立
する。その基本的特性は、活動による自己実現にある。哲学はこの文化的
生の自覚であり、イデアリスムこそがこの哲学の真の徹底化として位置づ
けられるものなのである（波多野、1935、251）。[18]
　注目すべきは、この文化的生の自己実現が、主体（自我）による他者の
質料化・手段化を生じ、それは他者の支配という形態を取ると端的に述べ
られている点である。

　　「文化の立場においては『他者』としての客体世界は一般的に可能的
　　自己を意味し、更にその一般的可能世界のうちに狭義の可能的自己即
　　ち形相とそれの他者たる質料との区別乃至分離を生じることは今や明
　　らかになった。……文化は形作る働きとして、優秀なる可能的存在が
　　低級なる可能的存在を規定し支配するはたらきである。その際質料は

第二章　日本キリスト教思想史の諸問題　　53

手段として、形相は目的として成立つ。『目的性』は文化的存在の最も基本的なる範疇に属する。しかも客体世界に目的手段としての意味を与へるは主体（自我）の自己実現である故、この世界聯関は一切が主体の勢力範囲内に入り、それの所有に帰しそれの状態と化することによってはじめて究極の目標に到達する。処理と支配とは享楽において完きを得るのである。」（同書、340-342）

　問題は、こうした文化的生の試みが、実在的他者のみならず主体そのものの自己崩壊に至らざるを得ないという点である。なぜなら、文化的生は自然的生の克服の試みであるにもかかわらず、その存立は常に自然的生に依存しており、他者の否定は、その自然的生という自らの基盤自体の解体とならざるを得ないからである。

　　「かくの如く他者としての客体が自我のうちに全く取入れられることは、後者にとっては、かえってたしかに自滅である。実在は主体の共同において成立ち、共同はいつも他者を必要とする以上、自我の独舞台は実はあらゆる実在の、従って自我そのものさへの没落を意味する。」（同書、342）

　イデアリスムはこの文化的生の自覚的展開であり、波多野はその近代における到達点をヘーゲル哲学において確認しているのである（同書、344）。以上の波多野の議論は、それ自体は西洋哲学史についての一つの独自の解釈であったとしても、またその自然と文化の対立図式を含めても、そこに近代日本との接点を見出すことはできない。しかし、この文化的生とその自滅をめぐる議論は、文化的生の歴史的社会的現実形態が「近代」であることを思い起こすならば、そこから単なる哲学史の解釈にとどまらない含意を読み取ることは不可能ではない。一切を客体化＝物化し自己の勢力圏に編入し処理支配しようとする精神性とそれに規定された歴史的世界、他者を解体しつつ自身をも物化するにいたる崩壊過程が進行する社会的現実、波多野が描く文化的生の行き着くところは、まさに近代の運命そのもので

54　　第一部　序論的考察

はないだろうか。これは、レヴィナスが『全体性と無限』において、[19] 西欧哲学を支配する全体性の概念を批判的に取り出し、それに「他者の顔のうちで閃光を放つ外部性あるいは超越」「無限」を対峙したことを思い起こさせる。波多野とレヴィナスにとって、西欧哲学を規定する文化的生の全体性要求は、他者、超越、無限と対立するものとして位置づけられるのである。そして、レヴィナスにおいてそうであるように、全体性は学説としての哲学の事柄にとどまらない。「戦争において顕示される存在の様相を定めるのが全体性の概念である」（レヴィナス、1989、15）といわれるように、問われているのは「戦争の存在論」とそれに対する「メシア的平和の終末論」だったのである（同書、16）。この視点から波多野の議論を振り返るならば、波多野宗教哲学は、文化的生への批判を介した、あるいはそこに含意された徹底的な近代批判——自己実現から全体主義への道を辿り、他者と世界を巻き込みつつ自己崩壊へと至る——であったと解することが可能になる。そして、近代日本がこの「近代」をモデルとして追求し、それを極限化するという道を選択してきたとすれば、どうなるであろうか。波多野の近代批判の射程は近代日本に及ばないのであろうか。波多野の文化的生への批判は、表面的には、近代日本との接点をもつことなく展開しているかに見える、しかし、波多野のテクストを脱構築することによって、そこに、近代日本の没落の運命への指し示しを、未思惟の思考、テクストの未来として読み取ることは、一つの思想史研究として成り立つのではないだろうか。この視点から見るならば、次の『時と永遠』の一節は、戦争批判として理解可能なものとなるであろう。

　「すべての純真なる悔いは神聖者の愛によつて成立つ故、死の覚悟もまた恵みの賜物であり罪の赦しの発現である。人は決死の尊さについて語る。しかしながら死の決心をなすことそのことが尊いのではない。例えば、この世の苦悩を遁れんがための決死は、死を生の存続となす前提の上に立つものとして、自己矛盾を含む愚挙であるが、更に自己の責任を遁れようとする卑怯の振舞でさえある。総じて軽々しく死を決するは、他者に委ねらるべきものを自ら処理しようとするもので

あって、神聖者に対する冒瀆である。これに反して、神聖者の言葉・神の召しに応じての、責任と本分との自覚よりしての決死は、真の永遠の閃き、神聖なる愛に答える純真なる愛の輝きである。ここまで達すれば、人は更に一歩を進めて死そのものをも恵みとして受けるであらう。罪の赦しの背景のもとには、生がすでに恵みであり、死はまた更に恵みである。滅ぶべきものが滅びるのは、生くべきものが生きるための前提として、無より有を呼び出す永遠者の発動でなくて何であろうか。」（波多野、1943、225-226）

　『時と永遠』が刊行された 1943 年は、日本全体が「決死の尊さ」に染まり、若者を死へと駆り立てた時代であった。キリスト教界も、1941 年の日本基督教団の発足に象徴されるように、「全体主義国家の要望」としての「精神総動員」の一翼を形成しつつあった——波多野も日本基督教団に属する教会の会員である——。[20] 一見、波多野宗教哲学はこの嵐の外に超然と立つかに見えるが、近代日本への批判的視点をそこに読み取ることは決して不可能ではないように思われる。むしろ、思想史研究の一つの役割は、過去のテクストを再度新たな仕方で読み直すようにと促し、テクストの未完の未来を現代において生きる可能性として提示することにあるように思われる。波多野の場合に限らず、近代日本のキリスト教思想は、こうした読解が適用されるべき分野と言えるかもしれない。

（四）本節のむすび——思想の現在を問うとはいかなることか

　思想（史）研究において、テクストは研究者の前に、つまり研究者の生きる現在というコンテクストにおいて存在し、研究者によって読解される。しかしこれまで本章で論じてきたように、テクストはそれ自体の過去、現在、未来を有しており、それが解釈者の時間性と交差することによって、そこに実に多様な思想史研究が成立することになるのである。したがって、思想史研究は、その存立基盤を思想とテクストの時間性に負っていると言わねばならない。そこで、ティリッヒの『現在の宗教的状況』を参照しつつ、[21] この思想の時間性に若干の考察を付け加えたい。

56　　第一部　序論的考察

「現在について語ろうとする者はだれでも、より遠いあるいはより近い過去について、またより遠いあるいはより近い未来について不可避的に語らざるをえない。……現在についてのわれわれの問いに対しては、次のように三つの答えがあるだろう。すなわち、現在とは過去である、現在とは未来である、そして現在とは永遠である。」(Tillich, 1926, 28)

　これは宗教的状況の「現在」という問題に対するティリッヒの答えであるが、思想の「現在」に対しても同様の議論が成り立つのではないだろうか。なぜなら、「現在を認識するとは、過去に対するその肯定と否定とを捉えること」、「現在的なものにおける生はすべて、未来的なものに向けられた緊張である」(ibid., 29) という論点は、思想自体にも妥当する事柄だからである。思想とはその都度の現在の生の営みでありつつも、常に「過去から未来への歩み」の中に位置しており、ここに思想は思想史を前提として存立する。もし、思想が現在・過去・未来の時間性において存在するものであるとすれば、思想の解明を目指す思想史研究が、これらの時間性のどこにどのような仕方で定位するかによって多様な形態を取ることも当然であって、それに関して、さらに問うべき問題も少なくない。[22] しかし、ここでは、近代日本キリスト教思想との関わりから、思想史研究をめぐる議論の要点をまとめることによって、結びとしたい。
　①思想には思想固有の時間性が存在する。
　思想とその表現としてのテクストとは、それ自体で意味を分析しうる一つの完結した構造体であるとしても、同時にそれ固有の時間性にしたがって、歴史的地平へ接続されている。本章の冒頭で確認した、近代日本キリスト教思想を規定する二つの地平が意味しているのは、この点にほかならない。つまり、近代日本のキリスト教思想研究は、一方におけるキリスト教思想史の連関と、他方における日本思想史の連関とを同時に視野に入れることによってはじめてその思想の固有性に即した議論が可能になるのである。これは、思想史研究が恣意的な読み込みや解釈者の思想の投影に終

わらないための前提とされねばならない。

②思想の担い手は社会あるいは共同体である。

近代日本キリスト教思想は、その焦点をなしている著名な思想家のテクストを中心的な資料としつつも、常に近代日本の歴史的社会的連関を視野に入れた分析がなされねばならない。ここから様々なタイプの社会史的な思想史研究の必要性が帰結し、また同時に、評伝研究が思想史研究にとって有する意義が明らかになる。評伝は、テクストとコンテクスト、思想家と歴史的社会的状況とを接続するものと位置づけられる。

③思想は完結せざる生の表現である。

近代日本のキリスト教思想が歴史的地平を有することは先に取り上げた論点であるが、思想の時間性は過去の連関に限定されるものではなく、思想はそれ固有の未来を有している。つまり、思想が未思惟の思考として志向していた事柄は、思想の未来としていまだ実現されざる可能性として存在しているのである。このしばしば抑圧され中断されてしまった未完の未来との関わりで思想を論じることは、その思想としての限界と意義を明らかにするものとなる。思想の歴史的地平との関わりもこのテクストの未来から新に解釈され得るものであって、本節における波多野の解釈は、その一つの試みであった。

④思想の現在と研究者の現在との接合。

思想史研究の条件の一つが研究対象に対する適切な距離であることはその通りであるが、同時に、思想（史）研究が、研究対象としての思想の地平と研究者を含む現代人の地平との融合を必要としていることも忘れてはならない。問うに値する思想の条件の一つがその普遍性にあるとすれば、普遍的意義を有する思想とは、繰り返し解釈者の現在の生の地平への接続が可能なものであるはずであって、思想解釈は、現実に対する思想の適応によってはじめて完結するに至る。[23] 近代日本キリスト教思想の研究は、現代日本の状況へと接合されるところまで進まねばならない。思想の未思惟の志向、テクストの未来が決定的な役割を果たすのは、この地点においてなのである。

58　　第一部　序論的考察

二　思想史と社会史、そして民衆史へ

（一）日本キリスト教思想史研究を振り返る

　日本キリスト教思想史は、キリスト教史というより包括的な学問分野の中に位置するものであるが、その中ではやや特殊な研究領域と言える。[24]しかしそれは特殊な研究領域であると同時に、ほかの研究諸領域との様々な連関性において存在しており、それらと緊密な相互の影響関係にある。つまり、日本キリスト教思想史は特殊ではあるが孤立した研究領域ではなく、ほかの研究領域の研究者にとっても参照可能な内実を有するものと考えられねばならないのである。この参照可能な内実をいかにキリスト教研究全体にとって有意味な仕方で展開できるのか、あるいはそのための研究の方法論はいかなるものであるべきか、これが、本節の問題意識である。すでにほかの研究領域で大きな実績を残した研究者の余技、あるいは補足的な周辺的研究ではなく、日本キリスト教思想研究を、キリスト教研究の中に固有の位置を占める研究領域として、明確で確かな方法論的基盤を有する研究分野として確立することが、現在この分野に携わる研究者の共通課題と言えよう。[25]

　こうした課題の一端に取り組むために、まず、本節では、これまでの日本キリスト教史研究を振り返り、そこから方法論を論じる上での問題点を取り出してみたい。日本キリスト教史という研究分野においてはすでに多くの研究成果が公にされており、その研究史に関してもいくつかの論評がなされている。ここでは、日本キリスト教思想史との関わりという観点から、代表的な議論を取り上げることにしよう。

　『日本神学史』の序論で、編者である古屋安雄は、「日本人の手による日本教会史や日本キリスト教史は、すでに書かれているのに、なぜ日本神学史は書かれなかったのであろうか」（古屋、1992、8）との問題を提起している。古屋は、『日本キリスト教神学思想』（『熊野義孝全集』第十二巻、新教出版社）を著した熊野義孝と日本におけるキリスト教史研究の最長老であった石原謙の議論に言及しつつ、その理由を次のように説明して

いる。熊野も石原も、日本における「厳密なる意味での神学の確立を見ることを期待し」ていたものの、現在の日本キリスト教の現状では、「日本神学史について語ることには非常に慎重」（同書、12）であった。熊野によれば、日本キリスト教会は厳密なる意味での「神学」を確立する以前の段階にとどまっており、その神学的未熟さゆえに、日本における「神学思想史」を語ることは可能であっても、「神学史」は困難である。これは、石原が「日本において教会概念はまだ不明確である」（同書、10）と述べた事態にほかならない。これに関連して、隅谷三喜男は次のように述べている。

　　「石原・熊野的神学史的視点からみれば、明治の教会、ないしその指導者の発言は、厳密な《教会》的発言ではなく、キリスト教思想の表白にすぎないということになる。そこで、キリスト教史研究のひとつの方法は、思想史的接近となるのである。この分野では神学史の視点を考慮に入れ、教派史を重視し、各教派の神学思想から社会倫理への展開を考察した、大内三郎「日本プロテスタント史」（海老沢・大内『日本キリスト教史』1970年）や、日本の伝統的思想とキリスト教との対決と統合とを執拗に追究した長清子『人間観の相剋』（1959年）、同『土着と背教』（1967年）などが、代表的な著作と言えよう。」（隅谷、1983、175-176）

　以上からわかるのは、日本キリスト教思想史の成立は、厳密な神学史の不成立という事態をいわば補完（代替）するものと位置づけられてきたという点であり、したがって日本キリスト教思想史を論じるには、日本における神学史あるいは神学思想史との連関を視野に入れることが必要になる。
　しかし、日本キリスト教思想史についての方法論的な議論はさらなる考察を要求する。隅谷の思想史への言及の文脈はすでに確認したとおりであるが、隅谷自身は、その一方で社会学的あるいは社会史的な研究に関心を寄せ、むしろこの研究分野で重要な論考を著している。日本キリスト教あるいはキリスト教史への社会史的アプローチは、隅谷三喜男や工藤英一ら

によって開始された研究方法であるが、その成立は、工藤が「日本のキリスト教史とりわけプロテスタント史を、社会科学的視座から考察しようとする試みは、第二次世界大戦後にはじめて行われたものである」（工藤、1980、5）と述べる通りである。その後、社会史的方法は日本キリスト教史研究にとって不可欠の研究方法としての地位を確立し、森岡清美『明治キリスト教会形成の社会史』（東京大学出版会、2005 年）などに結実するにいたっている。前節で確認したように、思想あるいは思想史を方法論的に論じる際にも、社会史的研究方法との関わりを無視することはできない。そもそも思想は社会と無関係に成立するものではないはずだからである。

　こうした研究状況の中で、「社会的な方法と問題意識から出てきた教会史の姿と、神学史的な問題意識から構成される教会史の姿とを統合する視点を確立しなければならない」（隅谷、1983、183）との課題が意識されるにいたることは当然の展開と言えよう。この課題は、土居昭夫によって次のように表明されている。

　　「日本キリスト教史というのは、日本という特定の地域に生まれ、育ったキリスト教の歴史である。それはキリスト教史の地域的研究といえよう」（土肥、1980、2）。それゆえに、「キリスト教史を学ぶものはこのような歴史的教会の歩みをとらえ、教会を通して神のことばとわざにふれ、その神のさばきとゆるしの下にある教会を問いただしていく課題を負っているのである」（同書、213）。しかし同時に、「神のことばとわざは歴史的な教会が占有することができず、その教会の外からもとらえること」が求められているのであって、キリスト教史は、「神の摂理と支配、あるいは救済の歴史の下において」、「世界とのかかわりに生きた教会を考え、その歴史を検討する」ものでなければならない。したがって、「教会は信仰の対象であると同時に社会的分析の対象でもある」。つまり、「教会は神学的な吟味と共に社会科学的な分析も可能になる。この二つの研究方法はキリスト教史の研究においては相互に媒介し合い、交渉するものである。」（同書、3）

本節では、日本キリスト教思想史研究の方法論を吟味するという目標に向けて、次の順序で考察を進めたい。まず、続く（二）では、思想・思想史と社会との関わりについて、現実という観点から理論的考察を行い、（三）では、そこまでの方法論をめぐる議論について土肥昭夫の日本キリスト教史研究を手がかりとして、その具体的な論点を確認する。そして（四）において、今後の日本キリスト教思想史研究についての若干の展望を指摘することによって、本節の結びとしたい。

（二）現実との関わりにおける思想—アーレント、リクールを手がかりに—

　日本キリスト教史においてすでに重要な方法論として位置づけられている社会史的研究方法は、思想史研究においても、その重要性を増しつつある。これは、思想と歴史、思想と社会という「思想」自体の基本的特質に関わっており、様々な論点を視野に入れた十分な論究が求められる。[26] もちろん本節での議論は限定された内容にとどめざるを得ず、ここでは、思想と歴史あるいは社会との関わりを、思想と現実の関係として論じ、そこから思想のイデオロギー性へと議論を展開し、日本キリスト教思想史の問題を検討したい。

　まず、思想史という研究テーマに関して確認するべきことは、思想史研究がその対象である思想固有の実在性に基づいている点である。これは、思想あるいは「心」が生物学的基盤に依拠し社会的コミュニケーションと接続しているにもかかわらず、それらには還元されない独自性を有することを意味し、[27] 思想史が社会史に接しつつもそれに解消できないと考える際の根拠となる。ここでは、こうした思想あるいは思惟の特徴を明確に指摘した思想家として、ハンナ・アーレントを参照することにしよう。[28]

　アーレントは、思考すること（Thinking）を、意志すること、判断することとならぶ、「三つの基本的な精神活動」——三者は相互に独立しており共通項への還元も不可能である——として位置づけ、思考という活動の固有の性質を論じている。まず、思考の行為は、ほかの精神行為と同様に、外界より与えられた所与のものに満足せずそれを乗り越え、特殊なものに対立した一般的なものへ向かう志向性（一般化の傾向）を有している——

62　　第一部　序論的考察

この思考のプロセスについては、波多野精一の文化的生の議論が参照できる[29]——。アーレントの議論で興味深い点は、このプロセスが、世界が感覚に現前しているという状態（現象）からの「退きこもり」(withdrawal)という事態に結びつけられていることである。この場合に、思考はいわば外界との感覚的な繋がりとは独立して進行するイメージの連鎖という仕方で活動しており、それを可能にするのが、「現にないものを現前させる」という構想力の働きであって、以上に基づいて、人間は世界の「観察者」たり得るのである。

　ここで注意すべきは、この思考の活動を特徴付ける「退きこもり」が、自己関係を含むすべての関係性を奪われた状態としての「孤立」(loneliness)から区別されねばならない点である。[30] それどころか、退きこもることにおいて活動する思惟は、複数性を前提にした対話的性格を有しているのである。さらに言えば、「複数であることはこの世における人間生活の基本的実存的条件の一つ」（＝人間の条件）であって、ここに、アーレントがソクラテス解釈において提示する、「一者のなかの二者」(The two-in-one) という思考の基本的特性が明らかになる。「この自分自身との二者性があるからこそ、思考が真の活動たりうるのであって、私が問うものであると同時に答えるものにもなる」（アーレント、1994、215）。自らの内で問答し、また他者と問答する対話性こそが、思考の基盤であり、思想の存立の場であると言えよう。[31]

　こうして、思想はその固有の場を「一者の中の二者」への「退きこもり」に持つことが明かになり、思想史は社会史に還元できないとの主張が可能になるのである。

　しかし、この思考の特性は、思想史が社会史から独立した問題圏を構成するということを根拠づけるものであっても、思想史が社会史から遊離したものであることを意味しない。むしろ、逆である。「一者の中の二者」とは、自己の内的な対話の特性であるに止まるものではなく、さらに他者との対話を成り立たせるものと考えられねばならないからである。この自己の内面から他者へと広がる複数性こそが思想の成立基盤となるものなのであるが、この思想が現実のものとなるには、さらに対話の現実の場として

第二章　日本キリスト教思想史の諸問題　　63

の歴史、つまり思想史という地平——伝統はこの視点から論じることができる——が必要となる。このように、思想が思想史と連関するのは思想自体の本質からの帰結なのである。では、こうした観点から思想史と社会史との関係はいかに考えることができるであろうか。これに関しては、歴史が第一義的には個人の歴史であるに先だって共同体の歴史である点を指摘しなければならない。[32] 歴史は共同体を前提としており、この意味で、思想史（思想の歴史）の物的存立基盤は社会史に求められる。こうして思想をその現実との関係性において論じる場合、それは社会史との関連における思想史的考察を要求するのである。

　では、現実との関わりにおける思想、思想史という点から、どのような研究が可能であろうか。「現実」という事柄の理解にもよるが、研究の可能性は広範にわたるものとなる。たとえば、思想史と社会史との関連を十全に論じるためには、個人と共同体との相互連関——共同体で生きられた思想を個人が語る（＝言語にもたらす）など——という思想の空間的広がり（＝空間性）の理論的考察から、具体的な事例研究までを包括することが必要であり、さらにこれは文献研究とフィールド調査との統合という研究方法の展開までを視野に入れるものとならねばならないであろう。また、思想と思想史との関わりという思想の時間性については、従来の思想史研究の方法論的議論や個別事例研究をさらに詳細に展開すると共に、思想の時間的動態（＝時間性）を解釈学的な地平融合という視点から思想の空間性に接続することが試みられねばならない——この点について、本書「むすび」も参照——。

　以上の多岐にわたる問題連関を念頭におきつつも、ここで、現実との関わりにおける思想の問題として取り上げたいのは、イデオロギーとユートピアという論点である。というのも、リクールが指摘するように、近代以降の思想状況で、宗教的信仰はイデオロギーかユートピアかの二者択一的な問題状況に曝されており、[33] 日本のキリスト教思想研究も、この問題状況を免れることはできないからである。イデオロギー論と言えばマルクス主義のイデオロギー批判がまず問題にされねばならないが、リクールは『イデオロギーとユートピア』という表題で行われ出版された講義におい

64　　第一部　序論的考察

て、従来のマルクス主義的なイデオロギー批判から出発しつつも、イデオ
ロギー概念をさらに掘り下げることを試みている。[34] すなわち思想の表層
に現れた現実の歪曲としてのイデオロギー概念から、ウェーバーが問題に
した正統化の層へと辿り、そしてさらにその深層にギアーツにおいて問わ
れた自己同一性としてのイデオロギーの存在に至ること、これがリクール
のイデオロギー論の中心的主張に他ならない。この三層構造におけるイデ
オロギーは現実を別様に見る能力であるユートピアと弁証法的に絡み合い
つつ、社会的構想力の力動性を構成している――「イデオロギーとユート
ピアの間の社会的領域における、想像力そのものの弁証法」（リクール、
2011、445）――。少し長くなるが、リクール自身の言葉によって、以上
の論点を確認しておこう。

　　「ギアーツについての議論は、三つの主要な段階からなる分析の最後の
　　ステップである。われわれはまず、歪曲としてのイデオロギーという
　　表層的概念から出発した」、「この最初の段階では、イデオロギーの概
　　念は体系的な歪曲であると認識し、最初の概念 [歪曲としてのイデオ
　　ロギー] に接近するためには、利害――階級の利害――の概念を考慮
　　し、懐疑的態度をもって、これらの歪曲の因果的な分析作業をしなけ
　　ればならないことを理解した。ここでの範例的モデルは、上部構造と
　　下部構造との関係であった。次の段階では、階級構造のような構造に
　　起因した歪曲的思考を持つということはどのような意味をもつのか、
　　という問いを立てた。そして支配階級と支配的観念という概念のなか
　　に合意されているものを問うよう導かれた。その答えは、権威の問題
　　だ、というものであった。これは、二番目のイデオロギー概念である正
　　統化としてのイデオロギーという概念を明るみに出した。ここでマッ
　　クス・ウェーバーの議論を導入したが、これは範例的事例が、もはや
　　階級の利害ではなく、あらゆる形の権威によって行われる正統性の要
　　求だったからである。」（同書、374）
　　「最後にギアーツに助けを求めるのは、統合あるいはアイデンティティ
　　としての第三のイデオロギー概念を打ち立てるためである。この段階

において、われわれはシンボル化のレベル、すなわち歪曲を被ることがありうる何か、正統化の過程がその内部にあるような何かのレベルへと到達する。」(同書、375)

　こうした社会的構想力の動態から見るとき、思想は、その都度の所与として前提される社会的現実の中でそれを別様に見る構想力の営みを基盤としそれとの連関の中で生成し、思想の主体（共同体と個人）の自己同一性を構成することが明らかになる——たとえばペンテコステとはこのような事態・出来事と言えるだろうか[35]——。この構想された自己同一性は、既存の社会的現実の中で、その正統性を共同体内外に対して明らかにする作業を生み出すとともに、それはしばしば現実の歪曲としてのイデオロギーや空想にふけるだけのユートピアに帰着することになる。近代日本の歴史的状況において再度到来したキリスト教は、形成途上にあった明治の国家秩序のなかで、日本の状況に根ざしたキリスト教共同体の構築をめざし活発に活動を開始した。ここに確認すべきは、自己同一性としてのイデオロギーのレベルでのキリスト教の出現である。このキリスト教は、歴史的状況の中で、自らの自己同一性を自らと外部の日本社会に向けて正統化するという課題に直面する。[36]一連の日本的キリスト教の提示は、こうした正統化の試みとして解釈できる。そして、この日本的キリスト教の諸思想の中から、後にキリスト教からの逸脱あるいは歪曲とも批判されるものが生まれたのである。[37]日本キリスト教思想史研究は、こうしたイデオロギーとユートピアの弁証法が、イデオロギーの三層構造において展開する経緯を社会史を視野に入れて明らかにするという課題を有しているのであって、これが、現実との関わりにおける思想として、日本キリスト教思想史を論じる意義にほかならない。

（三）土肥昭夫の歴史研究から

　これまで本節では、日本キリスト教思想史に関わる方法論的問題を論じてきたが、次に日本キリスト教史研究における具体的な事例に即した形で、以上の方法論をめぐる問題について考察を行ってみたい。取り上げる

のは、日本キリスト教史研究を代表する研究者の一人である土肥昭夫の研究である。土肥は日本キリスト教史の実証的研究を数多く行っているだけでなく、その方法論についても貴重な論考を著しており、この観点から、いくつかの議論を取り出してみよう。

　まず、日本キリスト教思想史においては、研究対象としての「教会」をどう位置づけるかが重要な問題になる。つまり、日本キリスト教思想史と日本教会史との関係の問題である。先に見たように、土肥によれば、日本キリスト教史は日本という地域のキリスト教の歴史であって、教会史をその中に含む。したがって、歴史的教会はキリスト教史の中心的な研究対象と言わねばならない。しかし、これは神のことばと教会とが単純な仕方で同一視されることを意味しない。というのも、「神の働きかけはそれを知らない世界を通してもなされ得る」（土肥、1980、3）、つまり、神のことばとわざは制度的教会内部に制限できるものではないからである。こうした教会とその歴史の理解には、神学的方法論に加え、社会科学的な分析も必要になるというのが、土肥の主張であった。

　このようにキリスト教史が二つの研究方法の適応可能な教会史を内に含むものであるとしても、その際に、教会とは何かについてさらに論究することが必要になる。土肥は『日本プロテスタント・キリスト教史論』において、本節で見た古屋や隅谷と同様に、隅谷が『近代日本の形成とキリスト教』で提示した日本キリスト教史の社会経済史的方法による分析と、石原や熊野における、「もっと明確な教会概念やキリスト教理解」による日本のキリスト教の考察との対照について論じることによって（土肥、1987、13）、次の点を確認している。つまり、石原においては、「キリスト教の源流の一頂点」とされたアウグスティヌスによる「一つの聖なる公同の国家教会」がキリスト教史の本流であるとされ、そこに成立する「福音にふさわしい信仰内容と秩序ある組織」に基づくキリスト教こそが、日本キリスト教史を論じる規範的規準として位置づけられている、と。これに対して、土肥は次のように自らの立場を主張する。

　「石原氏のように、ヨーロッパ・キリスト教史をモデルとして日本キ

リスト教史を批判的に論述していくのではなくて、日本キリスト教史は、それ自身のコンテキストにおいてくみ立てられねばならない、というのが筆者の基本的立場である。」(同書、15)

　確かにキリスト教史またキリスト教思想史において、教会は重要な位置を占めてはいるが、問題は、その教会をいかに理解するのか、いかなる教会概念が日本キリスト教史の分析に適切か、という点である。トレルチの有名な教会、分派、神秘主義、あるいはニーバーがそれに付け加えた教派、いずれが日本キリスト教史の分析にとって有効であろうか。日本キリスト教史においても、こうした諸概念が複合的に使用されねばならないと思われるが、いずれにせよ、類型としての「教会」(Kirche) をそのままの形で日本において見出すのは困難であろう。[38] しかし、これは日本におけるキリスト教の未熟ということに尽きるのであろうか。こうした論点も含めて、土肥が日本キリスト教史の論述のために日本キリスト教史自体のコンテキストから提出するのは、次のような方法論的理解である。

　キリスト教史は、「教会の機構や活動を考える狭義の教会史、教会の教義あるいは教理の成立と展開をみる教義史あるいは教理史、キリスト教の神学や思想の歩みをとらえる神学史やキリスト教思想史、キリスト教の伝道のあとをさぐるキリスト教伝道史などを包括する概念である。そこには、ある種の曖昧さをまぬがれないが、歴史としてのキリスト教を考える場合に適切な方法ではないか、と思われる。」(土肥、1980、4)

　こうした包括的なキリスト教史理解は、思想史や民衆史の方法と神学的分析とを結び付けることを要求するものであり、[39] この民衆史を通して、近代日本に対するイデオロギー批判とキリスト教史との関連づけへと展開することが可能になるのである。次に、土肥の日本キリスト教史におけるイデオロギー批判の論点へと考察を進めよう。

　本節においては、先に思想と現実との関係という視点から、イデオロギー、特にイデオロギー批判を取り上げたが、土肥のキリスト教史におい

て、この問題は天皇制との連関で確認できる。それは、「日本のキリスト教は、歴史的にも本質的にも、日本の社会と文化にとって異質的なものであった。その故にこれに衝撃を与える可能性を内包していた」（土肥、2012、68）にもかかわらず、「天皇制がつきつけた挑戦に苦慮し、苦闘し、自己弁護と自己規制をするうちに、みずから進んで天皇制に奉仕する宗教になっていった」（土肥、1980、111）という問題である。明治の日本国家の形成過程において、日清日露戦争の勝利と、大日本国憲法と教育勅語とは、天皇制国家としての基本的方向性を、文字通り確立するものとなったが、その際に近代憲法という体裁を可能にするものとして登場したのが、「神道＝非宗教」論であった。[40] マルクス主義的なイデオロギー批判からすれば、この論理はイデオロギーの典型にほかならない。しかし、日本のキリスト教界はこのイデオロギー性を批判的に捉えることができないままに、むしろ、このイデオロギー性を補完する役割を果たすことになる。[41] まさに、土肥が、「天皇制の精神的、政治的構造の中に自己を位置づけ、それに対する自己の有効性を弁護し、そのうちにこの支配体制にのみこまれていった」（土肥、2012、68）と指摘する通りである。近代日本の現実との関わりにおけるキリスト教思想のイデオロギー性を、歴史的視点から批判的に分析することが、土肥の日本キリスト教史研究の中心テーマであったと解釈することができるであろう。

　しかし、すでに指摘したように、イデオロギーという問題は、現実の歪曲・隠蔽というレベルにとどまらず、そのさらに基層にある自己同一性のレベルに達するものであり、日本キリスト教におけるイデオロギー分析は、この自己同一性にまで迫るものでなければならない。次に、この基層としての自己同一性イデオロギーに関わる土肥の議論を検討することにしよう。

　自己同一性が状況適応性と相関関係にあることに注目するならば、この基層のイデオロギーへと迫る道が見えてくる。すなわち、自己同一性は状況適応性といわば両極構造にあり、一方で状況適応性と緊張関係にあるわけであるが、状況適応性が失われるとき自己同一性自体も喪失せざるを得ない。[42] 土肥は、「地域教会史論」（『歴史の証言――日本プロテスタント・キリスト教史より』）において、これに関連したキリスト教の二つの課題を

次のように論じている。

「一つはキリスト教あるいは教会の自己同一性の問題である。ある地域に導入され、受容され、理解されたものがキリスト教でないならば、その歴史はキリスト教史にならない。そこで、そこにあるキリスト教あるいはそれを担う教会の内実が問われる。」（土肥、2004、10）、「地域教会史のもう一つの課題は地域性である。」（同書、11）

　この地域性の課題とは日本を構成する諸地域の多様性に関わっており、それぞれの地域における現実のキリスト教は「日本というワン・パターンな地域像」を超えてこの多様な状況に適応することが要求される。したがって、日本キリスト教史は、近代よりも遙かに長い歴史の中で形成された伝統や慣習を有し伝統的な価値観と近代が層をなしている諸地域の教会史、つまり、たとえば「東北、北陸、山陰といった地域の教会史」（同書、12）を包括するものとして構想されねばならないのである。[43] この地域教会史においては、「キリスト教ないし教会の自己同一性と地域性」が交錯しており、ここに見出されるキリスト教的な自己同一性は地域的状況適応性との相関性において理解されねばならず――これは、文化形成力を有する「習俗としてのキリスト教」（土肥、1987、70）という問題にも関連している[44]――、そのためには、「人文科学、社会科学を駆使し、これに神学的な検討を加えた研究が必要になるのである」（土肥、2004、12）。こうして解明された、地域的多様性に相関するものとしてキリスト教の基層を形成する自己同一性イデオロギーは、歪曲としてのイデオロギーを批判する上でも重要な視点を提供するものなのである。[45] 次に、土肥のキリスト教史研究を手がかりとして、この歪曲としてのイデオロギーを超える論点について、さらに考察を進めることにしよう。

　土肥は、『日本プロテスタント・キリスト教史論』において、キリスト教史の方法論を主題的に論じているが、その一つが「日本キリスト教史を民衆史の視点より問いなおす、という問題」（同書、16）である。

70　第一部　序論的考察

「民衆史といっても、たとえば思想史と同様に、一定の方法があるわけではない。それは民俗学、文化人類学、社会学などさまざまな学問的方法を用いて、民衆（Folk）、人民（People）、群衆あるいは大衆（Crowd）といったニュアンスでとらえられる人たちの生活意識や思想を分析し、その歴史的位置づけや意味をさぐり出すことであろう。」（同書、17）

　キリスト教は明治期に地方農村へと入り込んでいったが、「それを受容したのは、豪農・豪商層、地方の名望家であった」、「彼らはたしかに村の旦那衆であるが、天皇制国家の中央集権的官僚体制が形成される状況のもとでは、被支配的な民衆的階層の人たち」（同書、18）であり民衆的感覚を共有していた。[46] ここにキリスト教は民衆との接点を形成するチャンスを有していた。しかし、明治期後半から大正期にかけて、「キリスト教はやがて都市の中産階級、知識人の中に入っていった。それに応じてキリスト教は、彼らの精神的煩悶や自我の葛藤を解消する精神的支柱となり、彼らの人生観を確立するうえで思想的教養となった」（同書、19）のである。[47] 都会の中間階級・知識層に受容されたキリスト教は、「民衆の伝統的な宗教感情をきり捨てるような役割を果たし」（同書、18）、キリスト教指導者たちは士族的指導者意識を再認識し、その意識においてキリスト教界をリードすることになったのである。[48] ここに決定的になったのは、「キリスト教と民衆意識のずれ」であり、このプロセスは、先に見たキリスト教が近代日本における歪曲のイデオロギー的機能を担うに至る過程にほかならない。

　このように民衆史と結びついたキリスト教史研究は、日本キリスト教に対するイデオロギー批判のために重要な視点を提供することがわかる。土肥においては、「キリスト教と天皇制」という問題は民衆史との関わりで具体化され、次の引用にあるように、先に見た地域教会史とも結びつくことによって、「従来のキリスト教史を問いなおす作業」として展開されているのである。

第二章　日本キリスト教思想史の諸問題　　71

「民衆史を日本の地域社会との関連でとらえるならば、地方、さらには辺境に生きる民衆の問題があり、そして地方キリスト教史の意味が考えられるであろう。」（同書、20）

なお、民衆、民衆史、民衆宗教といった問題については、日本史・日本思想史研究において参照すべき研究成果が公にされている。日本キリスト教史における二つの重要時期と言えば、当然キリシタン時代と明治以降の近代とが挙げられるが、前者との関係では網野善彦の中世研究が、また後者との関係では安丸良夫の思想史研究が、土肥が提起した民衆史との関わりにおける日本キリスト教史の構築にとって示唆的であろう。[49] こうした観点から見るとき、近代日本キリスト教史においては、「天皇制―民衆―戦争」という問題など、[50] 問われるべきテーマは少なくない。今後の研究の進展に期待したい。

(四) 展望あるいは課題

本節では、日本キリスト教思想史研究の方法論的な問題として、教会概念あるいは社会史との関連性について、また思想と現実との関わりに基づいた思想のイデオロギー性について検討を行い、土肥のキリスト教史研究において、これらの論点がいかに展開されているかを確認した。最後に、こうした方法論に関連して、日本キリスト教思想史研究の若干の展望を述べることによって、結びとしたい。

まず、方法論という視点からの検討を通して明らかになるのは、日本キリスト教思想史研究は、土肥が包括的に設定したキリスト教史に含まれる錯綜した歴史的連関に位置しており、それだけに十全な研究を展開するには多様な研究方法や視点を有機的に関連づけねばならないということである。つまり、こうした問題の広がりにふさわしい研究を具体化するには、個人としての研究者単独による研究を超えて、さまざまな問題領域や研究方法を専門としている研究者によって構成される共同研究が不可欠になる。実際、これまでの日本キリスト教史研究は、共同研究の場を基盤に展開されてきたのである。[51] しかし思想あるいは思想史研究においては、隣接の

72　　第一部　序論的考察

研究領域と比べても、共同研究の方法論的確立は不十分であって、今後意識的な取り組みが必要になると言わねばならない。[(52)]

　では、こうした共同研究を実現するために、具体的に、どのような研究テーマが考えられるだろうか。たとえば、筆者自身の研究の関心から言えば、「東アジアにおける聖書翻訳」は日本キリスト教思想研究において、さまざまな専門研究に関わる研究者による共同研究のテーマとして設定するにふさわしいものの一つであるように思われる。というのも、聖書翻訳は、キリスト教史（古代〜現代）から近代政治史にまでおよぶ歴史的連関の中に位置し、[(53)] また神学から哲学、言語学、文学、社会学などの諸学問領域による解明を必要とするからである。東アジアの聖書翻訳は、キリスト教と東アジアの宗教文化との地平融合の中心的なポイントをなし、まさにその中に日本における聖書翻訳の問題は存在している。聖書翻訳という観点から日本キリスト教思想についての理解を深めることについては十分に実りある議論を期待することができるであろう。今後、さまざまな研究テーマをめぐる共同研究を進めることによって、日本キリスト教思想史研究のさらなる展開を試みてみたい。[(54)]

注

(1)　本書第一章 27 頁。

(2)　ラカプラ『思想史再考』平凡社、1993 年。(Dominick Lacapra, *Rethinking Intellectual History. Texts, Contexts, Language,* Cornell University Press, 1983.)

(3)　思想史という研究領域の成立とその多様性については、次の文献を参照。
　　　安酸敏眞「「思想史」の概念と方法について──問題史的研究の試み」（北海学園
　　　　　大学人文学会『北海学園大学人文論集』46 号、2010 年、97-145 頁）。
　　　この安酸論文は、いわば学問史的研究と言うべきものであるが、こうした問題意識
　　　は、現在の諸学問領域で共有されている動向と言えるかもしれない。本章の問題に
　　　関わりのある範囲においても、たとえば、次のような問題提起がなされている。
　　　　磯前順一「〈日本の宗教学〉再考──学説史から学問史へ」（日本思想史懇話会編
　　　　　『特集──近代日本と宗教学：学知をめぐるナラトロジー』（『日本思想史』
　　　　　no.72、2008.）ぺりかん社。）

(4)　思想研究がなぜ思想史研究を要求するのかについては、本節「(四) むすび」でも若

干の点を指摘したが、根本にあるのは、思想と歴史の本質的関連性、思想の歴史性という問題である。つまり、思想研究が思想史研究を求めるのは、そもそも思想とは歴史的実在であるからにほかならない——これまでの思想史研究がこれをカバーできているかは別にして——。しかし同時に、思想は社会史を含めた一般史に還元できない思想独自の展開プロセスを有しており、そこから、思想史研究が独自の研究領域として要求されることになる——思想を「プラトニズム」的な実在と考えるかは別にして——。これは本書の基本的な主張の一つである。

(5) 観念史・概念史の理念を典型的な仕方で実現した例として、次のような辞典を挙げることができる。

> Joachim Ritter, Karlfried Gründer und Gottfried Gabriel (Hrsg.), *Historisches Wörterbuch der Philosophie*. Bd.1-13, Schwabe AG Verlag, 1971-2007.

また、松山壽一は概念史的研究方法について、次のように説明している。

> 「本書の以上のような諸解釈を方法論的に支えているのは概念史的研究法である。ここに概念史的研究法とは、主題とする概念を含んでいるオリジナルな諸テクスト、一次諸文献を直接研究し、それらを比較照合しつつ、テクスト間の連関、つながりを推測し、それに基づいてテクストの文言を解釈し、当の文言、概念の成立、変遷、発展を跡づけるものである」。(『ニュートンとカント——力と物質の自然哲学』晃洋書房、1997 年、iv)

(6) こうした動向は、現代思想あるいは文学批評の分野において典型的に見られるものであり、その点については、たとえば、次の文献を参照。

> Terry Eagleton, *Literary Theory. An Introduction*, Blackwell, 1983. (イーグルトン『文学とは何か——現代批判理論への招待』岩波書店、1985 年。)

また、キリスト教研究との関わりで言えば、現代聖書学はまさにこの動向に緊密に連関していることが分かる。たとえば、次の文献を参照。

> 大貫隆『福音書研究と文学社会学』岩波書店、1991 年。

(7) 思想(史)研究にとっての社会史研究の意義については、近年、キリスト教思想研究でも意識されるようになってきており、その貴重な成果として次の研究が挙げられる。

> 深井智朗『十九世紀のドイツ・プロテスタンティズム——ヴィルヘルム帝政期における神学の社会的機能についての研究』教文館、2009 年、『思想としての編集者——現代ドイツ・プロテスタンティズムと出版史』新教出版社、2011 年。

「ヴィルヘルム帝政期の神学思想史の研究は、既に述べた通り、単なる宗教思想のテクストの解釈問題として取り扱われてきただけで、それらのテクストが生み出されてきた社会的なコンテクストの研究はほとんど切り捨てられてきたので、正しい評価がなされてきたとは言いがたい面がある。本書はこのような状況をいくらかでも改善するためのささやかなる試みである。それはヴィルヘルム帝政期の神学及び

教会について、その社会史的なコンテクストを踏まえて解明する、ということである。」(深井、2009、29)

(8) 「テクストがしばしば極度に還元主義的な解釈の対象となってしまう」(ラカプラ、1993、24)、「歴史的理解なるものについての史料主義的なとらえ方が支配している」(同書、25)。このような史料主義的テクスト解釈が優勢となった背後には、コンテクスト自体についての固定的な理解が指摘できる。つまり、コンテクストが「社会的連関」に過度に一元化されるとき、「テクストはたかだか時代を示す指標、あるいはまた、テクストよりもなにかもっと大きな現象が直截的に表現されたという程度の代物になってしまうのである」(同書、11)。

(9) 評伝研究のもつ意義は、次の現代の神学者についての代表的な評伝から明らかであろう。

Wilhelm and Marion Pauck, *Paul Tillich. His Life & Thought Vol.1: Life*, Harper & Row, 1976. (ヴィルヘルム＆マリオン・パウク『パウル・ティリッヒ　1生涯』ヨルダン社、1979年。)

Erberhard Busch, *Karl Barths Lebenslauf. Nach seinen Briefen und autobiographischen Texten*, Kaiser Verlag, 1975. (エーバーハルト・ブッシュ『カール・バルトの生涯　1886-1968』新教出版社、1989年。)

また、評伝は、シリーズとして刊行され、良質の入門書として位置づけられることが少なくない。たとえば、関根正雄『内村鑑三』などを含む、清水書院の「人と思想」シリーズはその典型であるが、日本基督教団出版局から刊行された「人と思想」シリーズもまた同様の意図をもっていたことは、次の「刊行のことば」より明らかである。

「この企画が志しているところは、一方教会の知識層のために啓蒙的な読物を準備し、他方大学の教養課程学生のため、人文系の背景的なまた側面的な読書資料を提供しようとする点にある。端的にいうと、歴史上と現代におけるキリスト教と結びついた代表的思想家の人と思想とを、今日の若い世代の人々の机上におくろうというのが、このシリーズの目的である。」

さらにこうした評伝シリーズに近い意図をもつものとして、講談社の「人類の知的遺産」シリーズや、中央公論社の「世界の名著」「日本の名著」シリーズを挙げることができるかもしれない。

(10) 雨宮栄一の評伝シリーズ（新教出版社）
　　・『青春の賀川豊彦』『貧しい人々と賀川豊彦』『暗い谷間の賀川豊彦』2003-2006年。
　　・『若き植村正久』『戦う植村正久』『牧師植村正久』2007-2009年。
　　・『評伝　高倉徳太郎　上』『評伝　高倉徳太郎　下』2010-2011年。
　　・『評伝井上良雄—キリストの証人』2012年。

(11) 19世紀の「イエス伝研究」に対して、「否定的な成果」という総括を行ったのは、

シュヴァイツァーである（初版 1906 年の『イエス伝研究史』の 25 章「結論的考察」において）。ここで問題になっている波多野精一はドイツ留学後の 31 歳で『基督教の起源』（1908 年）を出版した。この著作は、ドイツ新約聖書学の日本における最初の本格的な紹介と言えるものであるが、波多野がイエス伝研究の否定的な総括に至る新約聖書学の知識を身につけていたことは、「第二章　イエス」の「史料」から十分に確認できる（『基督教の起源　他一篇』岩波文庫、41-151 頁）。

(12)「彼は社会、政治、芸術、ことに音楽などに深い関心と興味をもった。しかし、彼は、学者としての使命を果たすために、自分の努力を学問研究以外のものに向けなかった」、「彼は、その生活を読書と研究と思索と講義と著述という狭い範囲に限定し、その他のことは、それを妨げない程度においてのみ許した。世間的な名声やはなやかさなど彼の眼中になかった。したがって雑誌への執筆や講演の依頼なども容赦なくことわった」（宮本、1965、36）、「彼は学生に対してくり返して宗教的体験を重んずべきことを語り、人格的信念が思索の根底をなすことを強調した。それにもかかわらず彼は、その親しい友人にも、また彼のもとに集まる学生にも自らの信仰について語ることがなかった。彼は、自分の信仰は心の中に秘めおくべきものであって、これを外部にあらわすものではないと考えていたようである。信仰は、神との交わりであり、霊魂上の事柄であって、他人には黙すべきものという意見を彼は堅持していたようである。彼は教会に籍をおいたが、礼拝にはほとんど出席しなかった。」（同書、38）

(13)『波多野精一全集』（岩波書店）の第六巻に収録された書簡を基礎資料として波多野を近代日本の文脈に位置づけようとする意欲的研究として、次の論考を挙げることができる。

　　　　村松晋「波多野精一の時代認識」、『聖学院大学論叢』第 19 巻第 1 号、2006 年、
　　　　63-72 頁、「波多野精一と敗戦」、『聖学院大学論叢』第 19 巻第 2 号、2007
　　　　年、139-146 頁。

この研究では、敗戦前後の疎開地での新しい人間関係における「波多野の新たな可能性」、あるいは明治の「オールドリベラリスト」としての波多野について論及されているが、波多野の思想を近代日本の地平に位置づけるという点に関しては方法論的に限界があるとの感が否めない。

(14) ハイデッガーの「未思惟の思考」(thinking the unthought) としてラカプラが指摘する議論は、ハイデッガーの『思惟とは何の謂いか』(*Was heißt Denken?*、創文社刊行のハイデッガー全集・別巻 3）において、ニーチェ論の中で語られた次の文に現れたものである。「思想家というものは、彼を論駁し、論駁論文を彼の回りに積み重ねることによっては、決して克服され得るものではない。或る思想家の思惟されたことは、彼の思惟されたことの内の思惟されざることがその元初的な真性へ移し返されるという仕方でのみ、堪え抜かれ得る」（同書、35-36）。思惟とは何かをめぐって、「最も熟思を要することは、我々が未だ思惟していないということであ

る」(同書、8) との主張から始まるハイデッガーの議論は、二つのフライブルク講義（1951/52 年冬学期、1953 年夏学期）の中で展開されたものであり、ハイデッガー全集・第八巻にほぼ同じ内容のものが収録されている。

(15) ラカプラは、「社会史はしばしば、概念史を因果論の枠組みと社会的母体なる概念にあてはめるだけで、現実になにが引き起こされているか、なにが衝撃を与えているのかを批判的に調査研究しないのである」、「過去の重要な側面ではあっても『敗退』したのかもしれないものを回復再生してみる必要性を歴史記述から奪ってしまうのである」(ラカプラ、1993、33) と述べ、思想史を社会史へ還元することについて批判している。こうした思想史の議論は、より精密な時間論の展開を必要としており、アウグスティヌスから始まり波多野に至る思索の展開は、こうした思想史研究の基礎となる時間論を構想する手がかりとなるものである。その点で、モルトマンが提示する時間論の構想は興味深いが、本書「むすび」において、若干の言及を行った。

(16) 田中美知太郎「ひとつの私的回想——波多野先生と古典研究」（松村克己・小原國芳編『追憶の波多野精一先生』玉川大学出版部、1970 年、61 頁）。

(17) 村岡典嗣は東北帝国大学の日本思想史講座の初代教授であり、日本思想史という学問領域の確立に決定的な寄与を行った人物であるが、彼は、波多野精一の弟子であり友人であった。もちろん、波多野は日本思想史の専門家ではない。しかし、波多野が村岡典嗣『本居宣長』(1911 年) の学問的意義を正当に評価できるだけの日本思想史の学識を有していたことは否定できない。この点については、注 3 に挙げた安酸論文とともに、同著者による次の論文を参照。

　　安酸敏眞「村岡典嗣と波多野精一——饗応する二つの「学的精神」——」（北海学園大学人文学会『北海学園大学人文論集』39 号、2008 年、199-238 頁）。

(18) 波多野からの引用は、次の岩波文庫版から行う。

　　波多野精一『時と永遠 他八篇』（岩波書店、2012 年）、『宗教哲学序論 宗教哲学』(岩波書店、2012 年）。

(19) レヴィナス『全体性と無限——外部性についての試論』国文社、1989 年。(Emmanuel Lévinas, *Totalité et Infini. Essai sur l'Extériorité*, Martinus Nijhoff, 1961.)

(20) 宮田光雄『国家と宗教——ローマ書十三章解釈史＝影響史の研究』岩波書店、2010 年。特に、「第 II 部　近代日本思想史におけるローマ書十三章—— 明治期プロテスタンティズムから太平洋戦争の時代まで」(271-520 頁) を参照。

(21) Paul Tillich, *Die religiöse Lage der Gegenwart* (1926), in: *MainWorks* 5, de Gruyter, 1988. （ティリッヒ「現在の宗教的状況」、『ティリッヒ著作集』第八巻、白水社、91-132 頁。)

(22) ティリッヒは、現在・過去・未来の時間性のみならず、現在と永遠との関わりについても語っている。永遠こそが思想を真に考察に値するものとし、思想あるいは生そのものを常に新たな意味の生成へと開くことを可能にするものなのであって、永

遠が経験される時間性とは、まさに波多野が「将来」として表現したものなのである。またティリッヒは、「歴史的現実としての現在を現に担うのは社会である。社会はわれわれの問いと考察において現に存在するものである。したがって、宗教的状況は常に同時に社会の状況なのである」(Tillich, 1926, 31) と述べているが、これは、思想史が社会史と本質的に関連していることを意味するものと解することができるであろう。

(23) 解釈がどこで完結するかは、思想解釈においても決定的な重要性を有する問いである。本節で念頭に置かれているのは、テクスト解釈（解釈学的プロセス）が読者の実践的世界の再形態化において完結するというリクールのテクスト解釈学の議論であるが、その点については、リクールの次の文献と、拙論を参照。

　　Paul Ricoeur, *Temps et récit*, Tome I(1983), II(1984), III(1985), Seuil. (リクール『時間と物語』ⅠⅡⅢ、新曜社、1987-1990 年。)

　　芦名定道「宗教的認識と新しい存在」、京都哲学会『哲学研究』第 559 号、1993 年、33-72 頁、「キリスト教信仰とキリスト教言語」、京都哲学会『哲学研究』第 568 号、1999 年、44-76 頁。

(24)「日本」という領域的限定をつけた場合、キリスト教思想史研究は歴史研究の中でもいまだ開拓途上の研究分野と言うべきであろう。もちろん、思想史研究自体は、日本思想史をめぐる多くの研究成果が示すように決して特殊な研究領域ではない。「日本」キリスト思想史が特殊なものにとどまっている点にこそ、日本におけるキリスト教思想の現状が反映されていると言うべきかもしれない。

(25) 本書は、「はじめに」で指摘したように、「アジア・キリスト教・多元性」研究会（2002 年から継続）における共同研究の成果の一端である。日本キリスト教研究は、問題意識を共有してなされる共同研究において可能になると言わねばならない。

(26) 思想と思想史をめぐる研究の方法論的問題を考える上で、市川裕・松村一男・渡辺和子編『宗教史とは何か　上下巻』(LITHON、2009 年)、が示唆的である。特に下巻（357-386 頁）には、本書のテーマにも密接に関わる内容を論じた、星野靖二「キリスト教史と〈宗教〉史の"あいだ"――近代・日本・宗教史」が収録されている。

(27) これは、イメージから構成される心的システムとコミュニケーションによって構成される社会的システムとが、相互に自律的であるということにほかならない。この点については、クニールとナセヒによるルーマンについての次の概説書において明晰かつ簡潔な議論がなされている。Georg Kneer, Armin Nassehi, *Niklas Luhmanns Theorie sozialer Systeme. Eine Einführung*, 1993(2000). (ゲオルク・クニール、アルミン・ナセヒ『ルーマン――社会システム理論』新泉社、1995 年)。またこれについては、次の拙論も参照。

　　芦名定道「脳科学は宗教哲学に何をもたらしたか」(芦名定道・星川啓慈編『脳科学は宗教を解明できるか？』春秋社、2012 年、19-62 頁)。

(28) 以下のアーレントからの引用は次の文献の邦訳から行われる。

Hannah Arendt, *The Life of the Mind. The Groundbreaking Investigation on How we think. One / Thinking* , A Harvest Book, 1971. （ハンナ・アーレント『精神の生活　上　第一部思考』岩波書店、1994 年。）なお、より簡潔な形であるが、同様の議論は、『人間の条件』（*The Human Condition*, The University of Chicago Pres,1958, pp.73-78）にも見られる。

(29) 波多野精一における文化的生の議論については、『時と永遠』第二章（『時と永遠　他八篇』岩波文庫、29-67 頁）を参照。

(30) ここでアーレントは loneliness と solitude との区別を行っているわけであるが（これは、前注で示した『人間の条件』の箇所でも行われている）、これは、同様の区別について主題的に述べた、ティリッヒの説教集『永遠の今』に収録された第一説教「独りぼっちであることと単独者であること」(Lonliness and Solitude) を想起させる (Paul Tillich, *The Eternal Now*, Charles Scribner's Sons, 1956(1963), pp.15-25)。両者の思想的な差異を含めた比較は、興味深い思想研究テーマとなるかもしれない——ドキュメント的また伝記的なレベルでの両者の関わりをめぐる研究としては、アルフ・クリストファーゼン／クラウディア・シュルゼ『アーレントとティリッヒ』（法政大学出版局、2008 年）が存在する——。さらには、このテーマは、ボンヘッファーの有名な『共に生きる生活』の思想へと展開され得るであろう。

(31) 自己理解と他者理解の相関性は、人間存在の解釈学的理解構造として位置づけることが可能であり、宗教間対話など様々な問題領域に関連している。この点については、次の拙論を参照。芦名定道『ティリッヒと現代宗教論』北樹出版、1994 年、224-228 頁。

(32) ここで指摘した、歴史が共同体の事柄であるとの論点については、ティリッヒ『組織神学　第三巻』(Paul Tillich, *Systematic Theology*. Vol. 3, The University of Chicago Press, 1963. p.308) などの議論が念頭に置かれている。

(33) この点については、リクールの講義「イデオロギーとユートピア」（ジョージ・H・テイラー編のポール・リクール『イデオロギーとユートピア——社会的想像力をめぐる講義』が、川﨑惣一訳によって新曜社より、2011 年に刊行された）では、必ずしも明確に述べられてはいないが、同時期の論文「世俗化の解釈学」("L'Herméneutique de la Sécularisation: Foi, Idéplogie, Utopie," *Archivio di Filosofia*, 1976, 46(2-3), pp.49-68. 邦訳はリクール『解釈の革新』白水社、1978 年、に所収) において、明確な仕方でテーマ化されている。なお、リクールからの引用は邦訳より行うことにする。

(34) 1975 年のシカゴ大学秋学期にリクールが「イデオロギーとユートピア」講義を行ったのと同時期に、キリスト教思想においてもイデオロギーは共有された問題であった。たとえば、『抑圧された者の神』（新教出版社から邦訳刊行）において、J・コーンはキリスト教思想のイデオロギー性に対して批判的な検討を加えている。James

H. Cone, *God of the Oppressed*, The Seabury Press, 1976, pp.84-107, を参照。

(35) ここでペンテコステに言及したのは、宗教共同体としてのキリスト教会の自己同一性の成立におけるペンテコステの意義を、イエスの宗教運動やパウロの伝道活動と対比されるべきものとして指摘したかったからであり、これはキリスト教研究にとって周辺的な問題ではない。この点について筆者の念頭にあるのは、有賀鐡太郎が『キリスト教思想における存在論の問題』（1969年）（＝『有賀鐡太郎著作集4』創文社、1981年）において論じた「論理の中断」「聖霊体験の分析」（203-237頁）であるが、この問題は、将来的な研究課題となる。

(36) これはキリスト教界外部に向けては、弁証神学的な営みとなる。この明治期の日本キリスト教思想が弁証神学という特徴を有していたことについては、本書第五章を参照いただきたい。

(37) 「日本の花嫁」事件として問題化した田村直臣の著書(1893年)に対するキリスト教会の対応の仕方に、この歪曲のイデオロギーへの端緒を見ることができる。「この問題が教会裁判にまでいった最大の原因は、国粋主義にたいする教会の自己保存的な迎合態度にあったのではなかろうか」（古屋安雄「第一部　歴史的考察」（古屋、1989、126）、「しかし国粋主義の時代に見られるわが国のキリスト教の問題は、ただ時流にたいする迎合のみにおわらない。迎合がさらに進んで国粋主義への屈従、そして必要以上の協力にまでいたるからである」（同書、127）と指摘される通りである。この協力にいたる迎合の動向が、明治後半にはすでに顕在化しつつあった点に注目すべきであろう。

(38) トレルチの類型論がそのまま日本キリスト教史に適用できないことは、H・リチャード・ニーバーがアメリカ・キリスト教史叙述（『教派主義の社会的起源』1929年）に際して、トレルチの類型論を修正したことからも容易に理解できる。日本においてはトレルチの教会類型（国教会を典型とする）はもちろん、ニーバーの教派的キリスト教でさえも、いつどのような仕方で確認可能なものとなったのかが問われねばならない。

(39) もちろん、しばしばキリスト教史研究でも問題となるこの民衆史については、その方法論的基礎付けに関して、今後、かなりの研究の深化が要求されることは言うまでもない。しかし、野呂芳男『キリスト教と民衆仏教――十字架と蓮華』（日本基督教団出版局、1991年）などにも見られるように、「民衆」という視点の重要性を否定することは不可能であり、韓国において1970年代以降展開された「民衆の神学」はキリスト教思想史の叙述の方法論という点でも示唆的である。

(40) 「神道＝非宗教」論の成立と明治憲法、教育勅語を含めた明治中頃の動向については、注37で引用の古屋著の89-104頁を参照。また、こうした問題を政教分離の観点から理解する上で、阿部美哉『政教分離――日本とアメリカにみる宗教の政治性』（サイマル出版会、1989年）は有益である。近代日本における国家神道をめぐる諸問題については、次の文献も参照。京都仏教会監修、洗建・田中滋編『国家と

宗教——宗教から見る近現代日本　上巻「国家神道」形成から国家総動員体制へ』
（法蔵館、2008年）。

(41) これは、日本的キリスト教の動向の中に明瞭に読み取ることができる。たとえば、
宮田光雄『国家と宗教——ローマ書十三章解釈史＝影響史の研究』（岩波書店、2010
年）の「9　天皇制ファシズム確立期のキリスト教」（355-403頁、特に374-387
頁）を参照いただきたい。

(42) こうした論点は、ティリッヒあるいはモルトマンにおいて確認できるが、それにつ
いては、次の拙論を参照。芦名定道『ティリッヒと弁証神学の挑戦』創文社、1995
年、210、241頁など。

(43) 「地域」「地域の教会史」という点で、具体的に研究対象とすべき日本の地域は少な
くない。たとえば、長崎や神戸（関西学院大学大学キリスト教と文化研究センター
編『ミナト神戸の宗教とコミュニティー』神戸新聞総合出版センター、2013年）
は、当然取り上げられるべきであろう。しかし、最重要地域の一つとして指摘すべ
きは、沖縄である。2014年11月より『福音と世界』（新教出版社）に連載の、一
色哲「南島キリスト教史入門——奄美・沖縄・宮古・八重山の近代とキリスト教」
は注目すべき研究である。

(44) 民衆宗教を論じるためには、宗教と習俗との関わりについて透徹した理論化が要求
される。ティリッヒの「文化の神学」などが明らかにしたように、宗教は文化と区別
されるにとどまらず、むしろ文化形成力として理解する必要があるが——これは、
しばしば宗教における「形成と批判」という仕方で論じられる問題である（たとえ
ば、近藤勝彦『現代神学との対話』（ヨルダン社、1985年）に所収の「プロテスタ
ント的「形成論」の問題——E・トレルチとP・ティリッヒの相違点をめぐって」
などを参照）——、民衆史と同様に、民衆宗教についてもまた、その十全な議論は
今後の課題である。

(45) たとえば、「沖縄」という視点は「本土」が陥ったイデオロギー的歪みを批判的に
分析し乗り越えるものとなるはずである。注43で言及した、一色哲「南島キリス
ト教史入門——奄美・沖縄・宮古・八重山の近代とキリスト教」の「第1回　南島
キリスト教の深さと広がり」では、「その南島キリスト教史を日本（本土）キリス
ト教史、あるいは、教派・教団史と対置するだけではなく、東アジアのキリスト教
史やハワイ、米国本土のそれとの関係でとらえて、そのなかで人びとのあいだにど
のような信仰が育まれていたかについて、考えてゆきたいと思う」（『福音と世界』
2014.11、41頁）、「近代以降の日本帝国のキリスト教史の動態と南島キリスト教信
仰の形成は、東アジアのキリスト教交流史の一環としてとらえることができないだ
ろうか」（同、43頁）と述べられている。

(46) この明治時代の地方都市におけるキリスト教の展開については、工藤英一『日本キ
リスト教社会経済史研究——明治前期を中心として』（新教出版社、1980年）が先
駆的な研究として参照できる。また、高橋昌郎『明治のキリスト教』（吉川弘文堂、

第二章　日本キリスト教思想史の諸問題　81

2003 年）においても、明治期における日本諸地域のキリスト教の動向が論じられている（特に「II　帝国憲法発布まで」を参照）。

(47) この明治から大正期へいたる過程での日本キリスト教の変化については、同様の議論が、土肥（1980、228-231）でもなされている。

(48) これについては、「旧約としての武士道」といった議論において確認することができる。この点については、芦名定道「植村正久の日本論（2）」（現代キリスト教思想研究会『アジア・キリスト教・多元性』第 7 号、2009 年、1-20 頁）なども参照。

(49) 例えば、次の文献を参照。

網野善彦『異形の王権』『[増補]　無縁・公界・楽』（平凡社ライブラリー、1993 年）

安丸良夫『神々の明治維新——神仏分離と廃仏毀釈』（岩波新書、1979 年）、『〈方法〉としての思想史』（校倉書房、1996 年）、『一揆・監獄・コスモロジー——周縁性の歴史学』（朝日新聞社、1999 年）、『日本の近代化と民衆思想』（平凡社ライブラリー、1999 年）、『現代日本思想論——歴史意識とイデオロギー』（岩波書店、2012 年）。

なお、民衆史・社会史という点では、日本の中世史だけでなく、西洋中世史の研究成果も参照されねばならないであろう。例えば、阿部謹也の一連の研究は、きわめて、示唆的である。阿部謹也『中世の賤民の宇宙——ヨーロッパ原点への旅』（ちくま学芸文庫、2007 年）、『中世を旅する人びと——ヨーロッパ庶民生活点描』（ちくま学芸　文庫、2008 年）など。

(50)「天皇制—民衆—戦争」という問題連関を追求する上で、次の文献は有益である。

『岩波講座　天皇と王権を考える』（全 10 巻、2002-2003 年）

大濱徹也『日本人と戦争——歴史としての戦争体験』（刀水書房、2002 年）、『庶民のみた日清・日露戦争——帝国への歩み』（刀水書房、2003 年）、『天皇と日本の近代』（同成社、2010 年）。

(51) 日本キリスト教史研究が共同研究という形態において進展してきたことの実例としては、小沢三郎を中心に 1950 年から富士見町教会を会場に月 1 回のペースで継続的に行われた日本プロテスタント史研究会を挙げることができる。1982 年までにいたるこの会の活動については、次の文献において確認できるが、この研究会での発表者には日本キリスト教史の主要な研究者が名を連ねている。日本プロテスタント史研究会編『日本プロテスタント史の諸問題』雄山閣出版、1982 年。

(52) 前注で見たように歴史研究において共同研究が比較的盛んに行われているのに対して、思想研究でやや実情が異なる点については、本章第二節でアーレントにしたがって確認した、思想が思想家の内面性（「一人の中の二者」）をその重要な場としていることとの関連が指摘できるかもしれない。この思想家の内面性が中心的位置を占めることは、それに取り組む研究者の個性的な研究スタイルとも結びつき、思想研究における共同研究を困難にする傾向を生じているように思われる。しかし、

アーレントの議論からも確認できるように、思想は思想家個人の精神の内面性を超えて、外的な他者との対話に媒介されることを必要としているのであり、それは思想研究に関しても同様ではないだろうか。

(53) 広義に解された翻訳論が政治思想におよぶ射程を有することについては、次の諸文献を説得的な実例として挙げることができる。與那覇潤『翻訳の政治学——近代東アジア世界の形成と日琉関係の変容』岩波書店、2009年。酒井直樹『日本思想という問題——翻訳と主体』岩波書店、2012年（1997年初版）。

(54) 「東アジアにおける聖書翻訳」共同研究へ繋がるものとして、2015年度の日本宗教学会・第74回学術大会（創価大学、9月4日～6日）で行われた、パネル「漢字文化圏における聖書翻訳と信仰の表現」（代表者：長澤志穂）を挙げることができる。このパネルでは、次の発表がなされた。「中国人キリスト者の「訳語論争」への参加」（金香花）、「高橋五郎訳『聖福音書』と明治のカトリック教会」（日沖直子）、「日本正教会訳聖書における漢語——中井木菟麻呂の思想と信仰——」（長澤志穂）、「朝鮮半島での聖書翻訳再考察——キリスト教受容者の立場を中心に——」（洪伊杓）。

第二章　日本キリスト教思想史の諸問題　　83

第二部

近代日本とプロテスタント・キリスト教

第三章

海老名―植村のキリスト論論争

一 アジア・キリスト教思想研究の方法論再考 ―地平から相関へ―

　アジア・キリスト教思想を研究する上で重要なことは、対象であるアジア・キリスト教とその思想の基本構造をどのように理解し、その上でそれにいかにアプローチするのかという点であろう。この章では、アジア・キリスト教とその思想の基本構造について分析を深めるために、第一章で論じた「地平」モデルをさらに展開することにしたい。参照されるのは、ティリッヒの「相関の方法」(the method of correlation) である。

　ティリッヒの「相関の方法」は、ティリッヒの主著『組織神学』（全3巻）の方法論として有名であり、またその神学的意義については多くの議論がなされてきているが、[1] ここでは、まずティリッヒによって与えられた相関の方法の定式を確認し、その上でアジア・キリスト教思想研究という観点からの一般化を行うことにする。

　　「組織神学は相関の方法を用いてきた。ある時は意識的により少なく、またある時には意識的により多く、相関の方法を使用してきたのであるが、とくに弁証論的な観点が優位を占める場合には、組織神学は意識的かつ率直にこの方法を用いねばならない。相関の方法は相互依存関係 (mutual interdependence) にある実存的な問い (existential questions) と神学的な答え (theological answers) とを通してキリス

86　　第二部　近代日本とプロテスタント・キリスト教

ト教信仰の内容を説明するのである。」(Tillich, 1951, 60)

「人間とは、問いのいかなる定式化にも先だって、自らが自分自身について立てる問いなのである」、「人間であるとは、自分自身の存在の問いに対する答えを受け取り、またその答えの衝撃のもとで問いを立てることを意味する。」(ibid., 62)

「相関の方法を使用する際に、組織神学は次のような仕方で作業を進める。すなわち、組織神学は実存的問いがそこから生じてくる人間の状況（human situation）を分析し、そしてキリスト教のメッセージ（the Christian message）において使用される象徴（symbols）がこれらの問いに対する答えであることを論証する。」(ibid.)

「人間の状況の分析には、文化の全領域における人間の創造的自己解釈（man's creative self-interpretation）によって利用可能なものとなった諸素材を用いる。そのためには哲学ばかりではなく、詩、劇、小説、治療心理学、そして社会学も貢献するのである。」(ibid., 63)

「キリスト教のメッセージは人間の状況に含意された問いに対して答えを与える。これらの答えはキリスト教がそこに基礎を持つ啓示の出来事に含まれており、組織神学によって、資料から、媒介を通して、規範のもとにおいて受け取られるのである。」(ibid., 64)

「相関の方法はキリスト教信仰の内容を人間の精神的実存に関係づける三つの不適切な方法（「超自然的方法」「自然的あるいは人文的といわれる方法」「二元論的方法」。引用者補足）に代わるものである。」(ibid.)

　以上が、ティリッヒの「相関の方法」の基本的内容である。この「相関の方法」という用語はティリッヒ独自のものであるが、そこで意図されているのは組織神学一般の方法論であり、とくにキリスト教の真理を弁証するという課題が自覚される場合には、常に使用されてきたものなのである。[2] したがって、「相関の方法」をアジア・キリスト教思想研究に適用することは、方法論の不当な拡大解釈ではないであろう。

　要点は次のようにまとめられる。相関の方法においては、「人間の状況」

と「キリスト教のメッセージ（における象徴）」が、「問い（実存的）」と「答え（神学的）」という仕方で相互依存的なものとして結びつけられる。人間の状況とは、人間が文化全領域において表現する創造的な自己解釈であるが、人間は自己の存在を問いとして見いだす存在者（人間存在自体が人間にとって問いである）なのであるから、この自己解釈は実存的問いという形式をとることになる。キリスト教のメッセージをこの実存的問いに対する答えとして相関させる（＝メッセージを構成する象徴を解釈する）、これが相関の方法の核心点に他ならない。この際に、解釈されるべきメッセージは、資料（聖書を中心に、キリスト教思想史・教義史、宗教史、文化史という仕方で広範な広がりをなす神学のための素材群）と、資料や宗教経験（資料を神学者に媒介する）の基準である規範とによって、神学者に提供されるものであって、この全体は神学者にとってまさに「伝統」として存在すると言えよう。[3]「相関の方法」が「地平」モデルのいわば一つの具体化と言えることは——両者は解釈学的モデルとしてまとめられる——、「問いと答え」、[4]「伝統」などの基本概念の対応から容易に確認できるであろう。

　以上のように人間の状況とメッセージとの相関として定式化された神学一般の思惟構造は、本書のテーマであるアジア（日本）・キリスト教思想研究に即して言えば、アジアにおける人間の状況とアジアに伝達されたキリスト教メッセージの、つまりアジアとキリスト教という二つの歴史的連関（伝統）の相関に他ならない。次に、ティリッヒの「相関の方法」とアジア・キリスト教思想研究との関連について、本書第一章で参照した、森本あんり著『アジア神学講義——グローバル化するコンテクストの神学』（創文社、2004 年）を手がかりに、さらに議論を進めてみよう。

　森本のアジア神学論は、アジア神学を文脈化神学の一つとして規定するところから始められる。しかし、神学的思惟が特定の文脈に依存しているということは、アジア神学だけの問題ではなく、すべての神学の特徴であって、「欧米のこれまでの神学は、実は自己の文脈的出自を自覚しないでいるにすぎない」、「文脈化は、……すでに自己自身のキリスト教理解において起こっている事実なのである」、したがって、「『純粋なキリスト教』という

ものはどこにも存在しない」（森本、2004、7）と言わねばならない。この特定の文脈への依存性という認識は、先に見たティリッヒの議論を用いるならば、組織神学が「状況」（あるいは状況に表現された人間の問い）に依存するということに他ならない。「啓示は常に文脈の中に生起する」（同書、8）という点についても、ティリッヒにおいてほとんど同様の議論が確認できる。[5] 実際、これは、森本自身が、「神学は常にメッセージと状況という二つの極からの張力を受けつつ営まれる」（同書、九）と指摘する通りである。もちろん、森本の「文脈」とティリッヒの「状況」とは、完全に一致するわけではない。[6] むしろ、厳密に言えば、森本の言う文脈化に対応するのは、ティリッヒの言う「状況との相関」であろう。神学が、メッセージと状況との「相関」（＝文脈化）の作業であるとすれば、その作業の意識化は、神学自身の批判的自己理解、つまり方法論的反省に他ならない。すなわち、「テクストを読んでいる自分が否応なくコンテクストに依存している、ということを『発見し』『自覚し』『意識化する』作業である」（同書、10）。「前提となっていることは何か、を問うこと」（同書、11）は、学問の方法論の基盤に属しているのである。[7]

　しかし、神学的思惟は、状況や文脈に依存してはいるが、それがすべてではない。つまり、状況依存性に加えて、次の点が問われねばならない。「どのような『文脈化神学』も、まさに文脈的であるために、ある程度の普遍化や一般化を避けることはできない、ということである。われわれが問うべきは、『文脈化か否か』という二者択一ではなく、『どの程度まで』個別の文脈に密着すべきか、という程度問題なのである」（同書、11）。神学的思惟あるいはキリスト教という現象自体が状況とメッセージの両極構造（＝相関）によって成立しているのであり、アジア神学は、アジアという文脈（歴史的連関）に伴う特殊性・独自性を有すると同時に、キリスト教的メッセージというものを他の多様な神学的思惟と共有し、このメッセージとの連関において普遍化・一般化可能な地平を有するものなのである。[8] これは、メッセージとそれを媒介する伝統からなるキリスト教的な歴史的連関との連続性の問題に他ならない。したがって、アジア・キリスト教思想研究には、アジア的な特殊な歴史的連関とキリスト教という歴史的連関

との相関（＝地平融合）を分析し解明することによって、キリスト教思想研究一般に寄与することが期待されるのである。

　その場合、「普遍的神学か文脈化神学か、という二項対立的なアプローチに見切りをつけなければならない」（同書、12）。「換言すれば、『文脈化神学』は単に自己の直接的な文脈だけに関心を集中させていることはできない、ということである。文脈化神学は、必然的に公同の全体教会の文脈にも目を開かれていなければならない」（同書、23）、「こうした過去との連続性を何らかの接点において確保する努力なしには、それがキリスト教の一部であるという保証もなくなってしまうであろう」（同書、26）。

　森本は、メッセージの極である「伝統」について、さらに考察を加えている。[9] 伝統とは、文脈・状況とキリスト教のメッセージとを媒介するものであるが、「伝統はまず、個人と共同体にアイデンティティの源泉を提供する」（同書、27）、「伝統は共同体に結合力と持続力を与え、その歴史的継続性を保証するが、まさにそうであるために、伝統は常に新しいものに対して開かれていなければならない」（同書、28）。すなわち、伝統とは、従来のカトリック的な「聖書と伝統」とプロテスタント的な「聖書のみ」といった対立図式における伝統ではなく、キリスト教自体がその源泉から歴史的発展を行い現在に至った歴史的連関自体を意味しており、トレルチの発展概念やエーベリングの伝統概念で示唆されてきた諸問題との関わりで理解されるべきものなのである。[10] この点を方法論的反省として明確に取り出した点に文脈化神学をめぐる森本の議論の重要性が指摘できるであろう。

　しかし、森本の議論において疑問に思われるのは次の点である。森本は伝統の議論から、さらに正統性へと議論を進めるが—「『正統性』をめぐる問い」、「『正統』の概念の位置と機能」（同書、31）—、その意図は、神学的思惟における規範性を論じることにあるように思われる。つまり、「規範的な資料として読まれる場合には、聖書は正統の文法として読まれることになる。しかし、言語運用つまり信仰表現の一つとして扱われた場合には、

聖書は教会のよって来るところではなく、むしろ教会が最初に生んだ果実であることになる」（同書、35）、「信仰の伝統における正統の規範性は、言語の伝統における文法の規範性よりもはるかに高い重要性をもっている」（同書、36）。このように、森本はチョムスキーの言語学における「文法」概念との類比を用いることによって正統概念を説明しようとしているが——「『文法』に相当するのが『正統』である」（同書、32）——、問題は、現代において、あるいはアジアの状況において、規範性の問いは正統概念として定式化されるべきか、という点である。正統概念とは、キリスト教思想史においては、厳密には、「正統と異端」という対において、つまり異端概念との関連で使用されるべき概念である。しかし、現代のアジア・キリスト教における宗教多元性の状況において、「正統と異端」は有効な枠組みと言えるであろうか。近代以降、厳密な意味における「ドグマ」概念が揺らぎ始めると共に、正統概念も厳密には解体したと言わざるを得ないように思われる。[11]

　もし、こうした思想状況を前提として再度正統概念を論じるべきであると主張するのであるならば、その前に、近代以降の教派的多元性と現代の宗教的多元性において、「なぜキリスト教なのか」、「なぜ特定のキリスト教の教派なのか」という問いに答えねばならないであろう。「『なぜキリスト教か』、これが、日本において、そして二十一世紀の世界において、神学が取り組まねばならない問いであります」。[12] その理由は、欧米神学（第2ミレニアムの組織神学）と日本神学の状況とは大きく異なるからである。すなわち、「それは日本における神学的実存というならば、明らかに『日本』を場としております。それは、たしかに宗教多元的状況の中にあります」、「神学的実存の確立は、宗教多元的状況における教会を踏まえるという、現実的かつ神学的努力を必要とするのであります」（大木、2003、50）。森本の議論、あるいは森本が紹介する4人のアジアの神学者——アンドルー・パク、C・S・ソン、小山晃佑、ジュン・ユン・リー——の議論において希薄なのは、この「なぜ」の問いであり、歴史的概念としてのアジアを文脈とするアジア神学と正統概念の導入との間には、不整合とは言わないまでも、さらに説明を要する事柄が存在しているのである——歴史的概念として

のアジアには近代化と宗教的多元性とが含意される――。少なくとも、「な
ぜ」の問いを問うことなしに正統を論じることは、アジア・キリスト教思
想研究において適切ではないように思われる。まず、宗教的多元性の状況
における「規範性」の問題の適正な定式化について論じた上で、次にその
ために正統概念が妥当するかが問われねばならないであろう。こうした疑
問点にも関わらず、森本が提起した「文脈化神学」「伝統」という議論は、
アジア・キリスト教思想研究にとって重要な意味を有しており、それは、
ティリッヒの相関の方法を、修正あるいは一般化する上で、参照されるべ
きものと言えよう。

　以上の考察を踏まえて、ティリッヒの「相関の方法」に対して、アジア・
キリスト教思想研究の視点から、必要な修正と一般化を行ってみよう。

　まず、ティリッヒが『組織神学』(1951年)において定式化した「相関
の方法」については、状況＝問い、メッセージ＝答えという関連づけにつ
いて、修正を行う必要がある。[13] 人間存在とは自己自身にとっての問いで
あり、創造的自己解釈には実存的問いが含まれるというティリッヒの議論
自体は理解できるとしても、キリスト教思想を「問いと答え」の枠組みに
限定するのはあまりにも狭すぎる。おそらく、ティリッヒの場合に「問い
と答え」という図式がある程度の有効性を持ち得たのは、それが弁証神学
という問題設定において論じられていたからであろう。アジア・キリスト
教思想研究という我々の問題設定にとっては、アジア・キリスト教思想を
分析し評価する上で、アジアの状況からの問いにアジア・キリスト教思想
が答えるという図式の限界は明らかである。場合によっては、アジアの状
況に対して問いを提起するという観点から高い評価に値するキリスト教の
思想的営みもあり得るからである。答えとしての完成度や十全さだけが、
キリスト教思想を評価する基準ではない。アジア・キリスト教が置かれた
宗教的多元性の状況においては、始めから弁証神学という立場を前面に出
すのではなく、その前にアジアにおけるキリスト教の存在意味をも含めて
様々な思想展開がなされるべきであろう。

　次に、ティリッヒの「相関の方法」の定式について、一般化を要すると
思われるのは、「状況」と「メッセージ」の特性、とくにその歴史性の理解

である。『組織神学』といった体系的な著作の場合、ともすればその背後
にあって、著作の叙述を支えている歴史的連関は捨象あるいは圧縮され、
その結果、結論的な諸命題のみが提示されるという記述スタイルにならざ
るを得ない。しかし、現実には、状況とメッセージとはそれら自体が歴史
的連関において生成してきたものであり、これらは相互に重層的に関連し
合っているのである。たとえば、日本的伝統と日本のキリスト教との場合で
言うならば、確かにフランシスコ・ザビエルが日本にキリスト教を伝えた
当初の段階に関しては、日本の状況とキリスト教のメッセージをそれぞれ
の歴史的連関に立つ二つの別個の現実とした上で、両者の相関を問うこと
は可能であろう。しかし、現代日本に関してはまったく事情は異なってい
る。現代日本の宗教状況において、たとえば日本人の「神」概念の理解に
は、すでにキリスト教的神（人格神）の影響が強く作用しているはずであ
り、天国や地獄といった死生観に関わる象徴表現から、結婚や葬儀といっ
た儀礼まで、キリスト教の影響は様々なレベルに及んでいるのである。[14]
つまり、もはや、日本の状況とキリスト教的伝統を完全に分離して、単純
な相関性を問うことはできないのであり、むしろ、研究対象とすべきは、
こうした日本的伝統とキリスト教的伝統の相互関係の生成の歴史あるいは
そのメカニズムなのである。

　このことは、キリスト教の伝統やメッセージの側にも妥当する。先に引
用した森本の指摘にもあるように、純粋なキリスト教とはどこにも存在し
ないのであって、存在するのは文脈化をすでに経過したキリスト教なので
ある。キリスト教のメッセージと言われるもの内には、様々な仕方で、過
去にキリスト教が歴史的に遭遇し自らの内に取り込んだ「状況」の要素が
組み込まれている。[15] したがって、「状況とメッセージ」という枠組み自
体が、歴史的生成の動的連関の内にあることを明確に意識し、その上で、
研究対象にアプローチすることが必要になるのである。とくに、アジア・
キリスト教思想研究の場合、この点が十分に留意されねばならないであろ
う。「アジアの文脈化神学は、重層的な歴史に新たに付け加えられたキリス
ト教神学の生ける伝統の証」（森本、2004、214）だからである。

　ティリッヒの定式に関する第三の修正点は、「相関の方法」とキリスト教

第三章　海老名―植村のキリスト論論争　　93

思想家の意図との関係についてである。これは、バルトが弁証神学に対して行った批判にも通じるものであるが、[16]文脈化とは作為的に行うべきかという問題である。森本は、小山晃佑について論じる中で、次のような議論を取り上げている。「神学の文脈化は、そもそも意図的に行うべき作業ではない、と主張することもできる」、「無理に『土着化した神学』を創造する必要はない、と語っている。なぜならそれは、『無意識的で意図せざる』過程であり、『ほとんど半自動的に』行われているからである」、「それがアジアの『台所神学』である」（同書、138）。

　アジア・キリスト教思想とは、単純化された「問いと答え」の枠組みに収まらないだけでなく、そこにおいては、しばしば意図せざる文脈化という仕方での文脈化の方が、意図的な文脈化以上に重要な機能を果たしているのであって、議論は、状況とメッセージとの意識的な相関性を超えて、無意識的でほとんど自動的な相関性までも視野に入れなければならない——本書第二章において論じた「未思惟の思考」とは、こうした点から理解できるかもしれない——。つまり、文脈化における意識化されない「意図」とでも言うものを分析しなければならないのである。アジア・キリスト教思想研究は、以上のような方法論的な自覚の上に構想されねばならないであろう。

二　海老名—植村のキリスト論論争の場合

　本書において、我々はアジア・キリスト教思想研究の新しい可能性に向けて、「アジア」を歴史的概念と捉えた上で、地平、相関という観点から方法的考察を行ってきた。本節では、こうして得られた研究の視点と方法とを、実際の事例に適応することを試みたい。そのために取り上げられるのは、明治のキリスト教思想史で有名な海老名弾正と植村正久とのキリスト論をめぐる論争である。まず、この論争をその背景から結末に至るまで概観し、次に、キリスト教思想史一般の中でこの論争の意味を解釈し、続いて論争を近代日本と日本キリスト教の歴史的状況という文脈に位置づけ

る。最後に、このキリスト論論争の意義を、状況とメッセージの相関とい
う枠組みにおいて評価してみたい。

　海老名—植村論争は、1901 年から翌年にかけて、それぞれが主宰する
雑誌を舞台に集中的に行われた論争であり、最終的には二人の間の論争を
超えて、様々な人々がこの論争に参加することになる。この経過は、発端
（あるいは背景）、論争Ⅰ、論争Ⅱ、論争の波及、結末という仕方でたどる
ことが可能であり、以下簡単に概観してみよう。

（1）　論争のプロセス

　まず、上述の論争プロセスの諸段階について、本書で引用される文献を
まとめておこう——以下の文献からの引用頁は、（論文番号、頁）によって
示す。なお、引用は、一部現代表記に改めて行われる。——。[17]

①発端・背景

　1　日本福音同盟会（1878 年：日本基督教信徒大親睦会、1885 年：日本
　　基督教徒同盟会）の大挙伝道（1901-1902 年）

　2　植村正久「福音同盟会と大挙伝道」（1901・9・11『福音新報』324
　　号）

②論争Ⅰ

　3　海老名弾正「福音新報記者に與ふるの書」（1901・10・1『新人』第
　　2 巻第 3 号）

　4　植村正久「海老名弾正君に答ふ」（1901・10・9『福音新報』328 号）

　5　海老名弾正「植村氏の答書を読む」（1901・11・1『新人』第 2 巻第
　　4 号）

　6　植村正久「挑戦者の逃亡」（1901・11・6『福音新報』332 号）

③論争Ⅱ

　7　海老名弾正「再び福音新報記者に與ふ」（1901・12・1『新人』第 2
　　巻第 5 号）

　8　植村正久「海老名弾正氏の説を読む」（1901・12・11『福音新報』

337号）

④論争から思想形成へ―海老名と植村の三位一体論・キリスト論―
9　海老名弾正「三位一体の教義と予が宗教的意識」（1901・1・1『新人』第2巻第6号）
10　植村正久「基督の其の事業」（1902・1・29〜7・24『福音新報』。『植村正久著作集4』新教出版社、1966年、に所収。）
11　海老名弾正『基督教本義』日高有隣堂、1903年（『近代キリスト教名著選集第Ⅰ期　キリスト教受容篇　5　日本文書センター　2002年。）

⑤論争とその波及 [18]
12　福音新報社説「海老名弾正氏の告白を紹介す」（1902・1・8『福音新報』341号）
13　新人社説「福音新報の紹介文を読む」（1902・2・1『新人』第2巻第7号）
14　福音新報社説「彼我相違の点を明らかにす」（1902・1・15『福音新報』342号）
15　海老名弾正「諸批判を読んで再び予が基督観を明にす」（1902・4・1『新人』第2巻第9号）

⑥一つの結末
16　日本福音同盟会第12回大会（1902年4月12日から14日、東京青年会館）
　「本同盟が福音主義と認めるものは聖書を以て信仰と、行為の完全なる規範とし、人と其の救ひのために世に降り玉へる主イエスキリストを神と信ずるものを言ふ」の決議案。出席議員165名の中、反対者6名、賛成者118名で、可決。
17「福音同盟会の決議」（1902・4・23　『福音新報』356号）
　「日本福音同盟会は斯くの如く大多数を以て福音主義を明白に宣言せり。」

続いて、論争の要点を、以上の区分にしたがって概観してみよう。まず、この論争は、それに先だつ新神学問題を背景とし、日本福音同盟会の大挙伝道をめぐる植村正久の論文―信仰告白の一致がない福音同盟会が伝道の担い手たり得るのかという問題提起―をその発端としている（①２）。そして論争は、この植村正久の論文中の、「余輩は神人となりて世に下り、十字架に死して人の罪を贖ひたるを信ず。而して余輩の信ずる耶蘇基督は活ける神のひとり子にして、人類の祈りを受け、礼拝を受くべきものなり。基督は人類より此の上無き崇敬と愛とを受くべきものなり」の文章に対する海老名の質問から開始された（②３）。質問は、「神人となり」「世に下り」の二点に向けられている。

　最初の論争Ⅰでは、それぞれの基本的な論点は示されているものの、２人とも互いの出方を伺い―＜植村＞「今更の様に難題がましく御質問あるが了解致し兼ね候」（②４、10）、むしろ「無信の哲学生」のような口ぶりに対しては、「不審なるは貴殿の立場にて候」（同書、11）、＜海老名＞「恰も洗礼志願者の入会試験でもせらるるが如き口調」（②５、15）―、自らの見解を一方的に述べるだけで、論争としては不毛なものであったと言わざるを得ない。[19] 論争Ⅰは、海老名が自分の質問に正面から答えようとしない植村に対して、実質的な論争にならないこうしたやりとりの無益さを述べることによって―「ああ予は最早多くをいふまい、しかも遂に此等意外の言を以て今回の局を結ばねばならぬに至つたことを深く限りなく遺憾とするものである」（同書、16）―、終結する。

　しかしこれに対して、植村が「挑戦者の逃亡」（②６）という文章において、「海老名氏は神を父なりと信ぜらる。其の内容如何。神は永遠無始に父なりしか」（同書、279）、「公開書を発して挑戦者の地位に立たれたる氏は、之に答ふるの義務無きか。余輩は福音新報の読者諸氏と共に、氏の答弁に接せんことを待ち望むものなり」（同書、275）と述べたことをきっかけに、論争が再開されることになる（３）。この論争Ⅱでも、二人の議論はかみ合ったものであるとは言えないが、それぞれ、自説の論拠となる欧米神学者の説に言及するなど、このキリスト論論争がキリスト教思想史にお

いてどのように位置づけられるかについて、かなりの情報が提示されている。何よりも、この論争を受けた両者が、「三位一体の教義と予が宗教的意識」（海老名弾正）、「基督の其の事業」（植村正久）を著し、それぞれの三位一体論とキリスト論に関する見解を公にしたことは（④）、この時期の日本のキリスト教神学の水準を知る上での重要な手がかりであって、こうした中で、論争は二人のやりとりを超えて波及することになる（⑤）。そして半年の間、集中的に行われたキリスト論論争も、福音同盟会の決議で植村の立場が支持されたことにより、つまり、論争の発端になった植村の問題提起が、「本同盟が福音主義と認めるものは聖書を以て信仰と、行為の完全なる規範とし、人と其の救ひのために世に降り玉へる主イエスキリストを神と信ずるものを言ふ」というように植村の主張の線で決着したことによって、一応の終結を見ることになる（⑥）。

　次に、以上の経過を念頭に置きつつ、このキリスト論論争の分析を行ってみたい。ここでは、前節で示した「状況とメッセージの相関」という枠組みにしたがって、まず（二）で「メッセージ」（キリスト教の歴史的連関）から、次に（三）で「状況」（日本あるいは日本のキリスト教の歴史的連関）から、それぞれ考察を行い、最後の（四）では「相関」という観点から、海老名―植村論争を評価してみたい。

（二）近代キリスト教の文脈における論争の意味　―メッセージの連関から―

　アジア・キリスト教思想研究を「状況とメッセージの相関」という枠組みで行う場合、研究対象は、キリスト教とアジアという二つの歴史的連関に即して分析されることになる。まず、海老名と植村のキリスト論をめぐる論争を、キリスト教、とくにキリスト教思想の歴史的連関に位置づけて見たい。メッセージの側から考察を開始するのは、海老名と植村の両者が行う議論では、状況という歴史的連関自体が主題的に明示されてはいないからであり、それに対して議論が近代キリスト教思想史の中で展開されていることは比較的容易に見て取ることができる。

　実際、この論争をキリスト教思想における類似の論争と比較することは

困難ではない。近代のキリスト教（近代化した社会におけるキリスト教）は、世界のどの地域においても、「近代」という独特の歴史的状況に対していかに適応するのかという共通の課題（普遍的な問い）に直面してきた。[20] 海老名―植村の論争は、こうした近代キリスト教が直面した問題状況を端的に反映しており、欧米の神学論争――たとえば、ハルナックとバルトという二人の代表的なキリスト教思想家の間で行われた自由主義神学と弁証法神学との論争 [21]――と明確な平行関係を有している。ここでは、二つの論点に絞って分析を行ってみたい。第一の論点は、近代主義・聖書学と伝統的神学・信仰との関係性をめぐるものである。

　すでに述べたように、このキリスト論論争のはじまりは、海老名弾正が「福音新報記者に與ふるの書」（②３）において、植村の信仰内容（「神人となり」「世に下り」）について論争を挑んだことであったが、その際に三位一体の三つのペルソナの関係について、哲学的あるいは論理的にいかに考え説明するのかという論点（教義形成に関わる教義史的問題）と、聖書や信仰告白文などの神話論的語り方を字義通り信仰するのかという論点（聖書解釈学的問題）が提出されていた。これらは、古代からキリスト教思想において繰り返し論争されてきた問題である。[22] したがって、植村正久が「海老名弾正君に答ふ」（②４）において、自らの信仰は「歴史的の信仰」「基督教徒の歴史的に継承し来れる信仰」（同書、10）であり、その論理的哲学的な問題はすでに十分議論を経たものあって、「御質問は無用」（同書、11）であると応じているのも、それ自体決して理解困難ではない。つまり、この論争についてはキリスト教思想におけるまさに争点としてすでに多くの議論が存在し、[23] 確かに、いまさらどうしていかなる立場からこの問題を持ち出す必要があるのかと、植村が海老名の意図を不審に思うのも当然と言えるであろう。

　しかしこれに対して、海老名は直ちに、「植村氏の答書を読む」（②５）で、「単に歴史的に継承し来れる信仰という言葉を以て一概に言い去ることは出来まい」、「彼の欧州の宗教改革といひ、諸教派の分立勃興といひ、見来ればこれ基督教信仰内容の発展に他ならない」（同書、14）と述べ、近代の自由主義神学あるいは歴史主義の立場―これは近代的合理主義の立

場とも合致する—から、近代の学問的な水準でのキリスト教思想の批判的
検討を要求するのである。つまり、信仰告白の定式は、特定の歴史的状況
に規定されたものであり、教義は永遠の真理ではなく、むしろ歴史的発展
過程の中で更新されねばならない、これが海老名の見解であって、学問的
水準において意見を表明しようとするのであれば、こうした点を当然考慮
し自らの態度を鮮明にすべきであると主張しているのである。こうした見
解は、「再ひ福音新報記者に與ふ」（③７）などでも繰り返されており、海
老名の基本的立場と言えよう。

> 「新報記者は何を以て古代の哲学思想の産み出せるかかる神話的教説
> を承認せらるるのであるか」、「はたカルビン、ルーテル、ウエスレー
> 等の諸賢が信仰したからといつて、之に盲従和同せらるるのであろう
> か。記者はかく信ずるのを歴史的継承とせられるやうだ。史的継承は
> 吾人も大に重んずる所であるけれども、古代の形骸を其儘に伝ふるの
> は抑も歴史を滅却したものではないか。歴史といふことは文字其物よ
> りして開展進化を意味して居る。」（③７、21）

　海老名と植村双方の主張は、どこに論争の場を設定するのかという問題
をめぐっている。海老名は近代聖書学の水準での批判的討論を要求し、植
村は伝統的信仰との連続性・継承の仕方という点での討論を求め、それぞ
れ相手に対して、態度の鮮明化を要求しているのである。もちろん、こ
の討論の場の設定に関わる近代的な歴史主義的合理主義と伝統的な歴史的
信仰—神学的自由主義と神学的実定主義—は、あれかこれかの関係ではな
く、むしろ、近代の神学思想はこの両者の様々な組み合わせとバランスの
上に存在している。海老名自身近代聖書学の批判的合理主義的な立場に完
全に徹底しているわけではなく、また植村も決して原理主義を表明してい
るわけではない。[24] 実際、この論争が他の人々を巻き込んで展開する中、
より徹底した聖書学的立場から海老名の見解の不十分さが批判されること
になった—注18に挙げた文献を参照—。また植村に対しても、より保守
的立場からの批判がなされることは十分にあり得たことと思われる。確認

すべきは、近代のキリスト教が置かれた思想的状況が、この論争自体を規定しているということ、また現代に至るまでその決着はつけられていないという点である。[25] つまり、社会の近代化過程の内にキリスト教がもたらされたことが、伝統的信仰内容と近代的合理精神との関わりという近代キリスト教にとって普遍的な問題を、明治日本においても起こるべくして引き起こしたと言うべきなのである。

　聖書解釈に関わる典型的なケースを挙げることによって、以上の第一の論点をさらに明確にしておこう。植村は、「海老名弾正氏の告白を紹介す」（⑤ 12）において、「ビィデルマン、フライデレル等は之に同意すれども、ヴァイス、ロイス、及びドヴルネル等多数の学者は、此の一節に拠りて上天の標準的人格説かパウロの思想なりしと推測するを非難せり」（同書、62）として、自らの立場のキリスト教思想史的あるいは聖書学的な裏付けを示唆しつつ——具体的には聖書テキストを典拠とすること——、キリストが礼拝と祈りの対象、つまり神であることは、キリストの遍在性として明示されていると論じる。

　　「パウロは其の書簡に於て神格を認めたりと見做さざるを可らざる多くの語を記せり。ピリピ書第二章の如き其の最も著るき一つとす。約翰をはじめ当時の基督信徒が基督を礼拝し、之に神事し、之に祈りを為せるは、紛れもなき事実なり。基督か文字的に自ら神なりと公言せられしことなきを喋々するは文を以て意を害するものなり。形式に泥みて精神を忘却せりと云はざるべからず。基督の言を適当に解釈すれば、之を神と見る外なきもの甚だ多し」「彼は世界の審判者なりと称し、二三人集れるところには我も共に在んとて其の遍在を宣言し。」（⑤ 12、62）

　以上に対して、海老名は「福音新報の紹介文を読む」（⑤ 13）で、ヴァイス、ドルチルら多数が海老名の説に反対としているとの植村の反論を確認した上で、ビーデルマン、プライデルだけでなく、ワイスツアツケル、ホルツマンも、同様な見解であるとして、自らの立場を補強し、上に引用

の植村の議論に対して、逐一論点を対応させつつ、次のように反論してい
る。

「新報記者はパウロがキリストの神たるを認めし、最も著しき証拠の一
として、腓立書第二章を挙げらるるピリピ書が果してパウロの手に成
るや否やは、大家の疑を容れし所、よし之をパウロ書とするも、吾人
の標準として掲げられたるキリストは、決して第二位の神を指すもの
にあらず、これ即ち標準的人格をいへるなり。さればこそ其為すとこ
ろ吾人の標準たるをうるなれ」（⑤13、72）、「記者又曰く、キリスト
が文字的に、自ら神なりと公言せられしことなきを喋々するは、之を
以て意を害するものなり、形式に泥みて精神を没却せるものなりと。
言固に然り。単に其一事を以て、其神にあらざるの証明とするは、固
より満足の議論にあらず。記者等の議論常に聖書記載の文句を楯に取
るが故に、吾人亦これを以て槍矢となすのみ。しかり而して、キリス
ト御自身が自らを神と呼び給はざりしのみならず、其十二弟子等も一
回として神の名を之に加へしことなし」、（同書、72-73）、「新報記者
は、二三人の集まれる所には吾れも共にあらん、とのキリストの言を
引き来つて、其遍在の証となさんとす。片言隻語にのみ其証拠を求む
とは、正に斯の如きをいふべきにあらずや。イエスは此世を去り給ふ
に当つて、弟子にあらざる後の事を託し給ひしにあらざるか。我れ再
び来らんと言はれしにあらざるか。其去るといひ其来るといふ、如何
でか遍在を證せん。……吾が名に由つてといふ句にこそ意味は籠るな
れ。」（同書、73）

　こうした論争は、近代聖書学的な問いのレベルにおいて展開されたもの
であって、海老名と植村の論争がいかなる場においてなされているのかを
よく示している。
　次に、論争の第二の論点である個人の宗教経験と神学との関わりへと考
察を進めよう。この論点は、論争の過程で公にされた海老名の「三位一体
の教義と予が宗教的意識」（④9）における「神子たるの意識」「父子有親

102　　第二部　近代日本とプロテスタント・キリスト教

の意識」の議論に関わっている。まず、海老名から引用してみよう。

　　「予は基督信者となつて二個の著しき実験をなした。第一の実験は基督
　信者となつた其瞬間の時であつた。何であつたかといふと、天地の神
　が我君主であるといふことを感得したことである。実に予は神に降参
　して其臣僕となつたので、此時より予を支配するものは神であつて、
　予は主我主義を去つて主神主義の人となつた」（④9、39）、「此時余は
　始めて最も聖なるゲツセマネーの主祷を実験することを得た。其時恰
　も忽焉として予が心底に発生したるものは則神は我父にして我れは其
　愛子であるといふ意識であつた。爾後二十餘年余が宗教的意識は此神
　子たるの意識であつて、実に余が宗教思想の源泉となつたのである。
　余は此二個の実験と意識とを以て耶蘇キリストの意識を窺ひ見た。是
　に於て天地の主なる父よと號呼し給ふた耶蘇基督の宗教的意識に限り
　なきの同情と同感とを献することが出来て」（同書、39）、「基督には
　彼れと神と父子有親の意識があつたことは、予は毫も疑ふことが出来
　ない。」（同書、40）

　海老名は、自らの実験（宗教経験）した「神子たる意識」をその宗教思
想の源泉とし、そこにキリスト論を根拠づけているが、まさにこの点こそ
が、その後の論争の争点の一つとなったであり、海老名に対して多くの批
判がなされた部分なのである。たとえば、植村は次のように問題点を指摘
している（「海老名弾正氏の告白を紹介す」⑤12）。

　　「神と本体を同ふすと云ひ、形而上的父子有親の関係ありと唱へ、或ひ
　は人に対して神なりと説くの意義果して如何ん。余輩の此の点に於て
　新人記者が思想の脈絡不明了にして、前後の照応甚だ漠然たるを憾み
　とす」（⑤12、64）、「基督の神性を認むと称して、其の実神と人とを
　全く同一なるものと做す」（同書、65）、「海老名氏の基督論は其の第
　三種に属す。其の弊や万有神教に陥り、識らず識らずして罪を無視し
　て、仏教的の信念を抱くものとなる。」（同書、65）

つまり、植村の批判は、海老名の議論の論理的な問題点—形而上的父子有親などといった表現について、「新人記者が思想の脈絡不明了にして、前後の照応甚だ漠然たる」—を的確に突いており、また海老名の強調するように宗教意識・宗教経験の立場が、キリスト教の歴史的固有性を損ない万有神教（汎神論）に陥る、とくに罪理解に関して問題的である点に向けられている。(26) これに対して海老名は、むしろキリスト教とは汎神教的な神と人との一体性の経験を本来その神髄とするものであって、この神髄を忘れた信条主義に陥った点にこそ問題があると反論する（「福音新報の紹介文を読む」⑤ 13）。すなわち、

　　「判定せられたり、吾人の信念は万有神教的信念なりと。記者は流石に吾人の信仰を以て、万有神教の信念なりとはいはれざりき。しかも其的とは何ぞ。これ吾人が神人一体を主張する故に、吾人を以て非基督教的なりと言はるるなきか。これについては尚弁すべき所多かれど、今は基督教が実に汎神教的信念なることを一言して措かん。」（⑤ 13、73-74）、エペソ書やヨハネ一五章は、「キリストを神と一体たる如く、キリスト信者と神と一体たりうることを、断言したまひしものならずや」（同書、74）、「基督教徒はキリストを信ず、キリストを信ずとは、他なし、其人格其精神に結合するにあり。即ちこれと同感同情となり、之れを一致融合し、終に彼を以て、我に化し、我を以て彼れに化するにあり」（同書、75）、「人性に具はる尊栄を喜び、人類の眞なる姿と大なる可能性と、其無限の未来を仰慕する所以なり」（同書、75）、「ああ当今の牧師伝道師、この神髄を忘れ、この遺志を忘れ、徒らに初代基督教が採用せし、哲学の形式を弁護宣伝せんとせば、基督教の生命と真理とは、何れの日が我国に樹立しえん。吾人は飽く迄かの信条主義を打破せざるべからず。」（同書、76）

　海老名のキリスト教思想は、教義や信条の歴史的定式に無批判に依拠するのではなく、むしろ、イエス自身の宗教経験（キリストの宗教、キリス

ト自らの宗教）に帰り、それを基準としてキリスト教思想史を解釈し、また自分自身の宗教経験において実験的に理解するという立場に立つものであり（→④ 11『基督教本義』）、それは近代のキリスト教における思想傾向の一つと言うべきものである―トレルチの言うスピリチュアリスムス―。こうした傾向は、シュライアマハーにおいて明瞭に確認可能であり、また自由主義神学においてその展開をたどることができるが、[27] バルトらの弁証法神学が批判したのは、まさにこの教義の源泉としての宗教経験、宗教意識という立場だったのであり、とくにこのような立場がキリスト理解と罪理解において欠陥を持つ点が問題とされた。こうしたバルトの宗教経験の神学への批判は、植村が行った海老名批判と共通の地盤に立つものであって、罪理解の問題点を指摘する点でも一致している。[28] したがって、海老名―植村の論争は、この第 2 の論点に関しても、近代キリスト教思想の歴史的連関の内に位置しているのであり、ここにおいて、先の論点の場合と同様に、近代キリスト教の普遍的な問題状況を確認することができるのである。

　なお、罪理解に関して植村以外からもなされた批判に対し、海老名自身は、神子のたる意識が決して罪を軽視するのではなく、むしろそれが深刻な罪理解を前提にしているという点を次のように論じている（「諸批判を読んで再び予が基督観を明にす」⑤ 15）―しかしむしろ、海老名と植村との間には、キリスト教思想における二つの異なる罪理解の伝統が確認されるべきであろう―。[29]

　　「アルブレクト教授は予に忠告して、吾人は罪悪ある故に基督と同一の意識を有すべからずといはれた。……予は断じて之を甘受することは出来ない。基督がもし予を全く罪悪より救ひ出す力なく、又従つて其高明なる意識を予に頒與することを肯ぜざるなれば、基督最早予の救主ではない」（⑤ 15、336）、「吾人若し基督に於て絶対的救済、即ち神子たるの意識を完成すること能はざるならば、吾人は実に信頼すべからざるものを信頼するのである」（同書、336）、「予は決して基督の吾人を欺かざるを信ず。吾人は基督に於ける吾人の希望が恥辱とな

らざるを知る。」（同書、336）

（三）近代日本と日本キリスト教の歴史的連関から見た論争

　以上、海老名と植村の論争を二つの論点において整理してきたが、そこからわかることは、海老名も植村も、キリスト教思想の中心問題について当時の学的水準における論争を行っていること、またこの論争が日本における特殊な議論ではないという自覚においてなされていることである。こうした点から見れば、このキリスト論論争のどこに日本の状況との関わりが存在しているのか、といった疑問が生じるであろう。この日本の状況（近代日本の歴史的連関）との関わりを明確にするには、この論争が置かれた歴史的文脈、その背景へと目を向ける必要がある。論争をその発端あるいはその背景から見るとき、論争の状況性・歴史性、つまり日本の状況との関わりが明らかになるように思われる。アジア・キリスト教における「アジア」が歴史的概念であったのと同様に、「日本」も歴史的概念であり、日本の近代化という歴史的連関が日本のキリスト教（キリシタンの禁教解除を含めて）を基本的に規定している点に留意しなければならない。

　明治日本の国家形成は、当初より、欧米型の議会制立憲体制による近代国家と天皇を中心とする国民国家という二つの必ずしも相互に整合しない原理に基づいて進められた。キリスト教は、欧米型の近代国家に適合した宗教として受け入れられ、明治初期から明治23、24年頃まで、「順風に帆をあげて滑り出した船のように、全体的にみて日本の教会の展開はまことに好調そのものであった」（大内、1970、192）。確かに、「『教会』にたいするいやがらせや伝道妨害などは日常茶飯事であった。しかしそれを支えている当時の邪教観はいわば感情的、断片的なものであり、とくにキリスト教にたいして深刻な影響をあたえるほどではなかった。そして逆にキリスト教はそれにもまして多くのひとびとに歓迎され、教会はいちじるしい増加をみたのであった」（同書、194）。

　しかし、「明治二十年代に入って明治国家の基礎が整備強化されてくると、やがてキリスト教にたいする制圧現象が現われてくる。それは、この明治国家を道徳的にその内側から支えるため明治二十三年渙発された教育

106　第二部　近代日本とプロテスタント・キリスト教

勅語の国民道徳大系が、キリスト教の倫理と根本的に異なるだけでなく、前者は後者を否定し、したがって国民道徳体系を危くするものだというのである」（同書、280）。「内村不敬事件」（明治 24 年）、井上哲次郎の談話をめぐる「教育と宗教との衝突事件」（明治 25-26 年）は、このキリスト教を取り巻く歴史的状況の変化を象徴的に示すものであり、「いきおいキリスト教会に道を求めるものも前のように多くなく減少してくる。かくして統計にみられるように、明治二十年代に入って教会の教勢はふるわず、その活動は沈滞気味に陥った」（同書、296）。つまり、明治日本の国家形成は、明治 20 年代以降、天皇を中心とした国民国家という原理を鮮明にしつつ、日露戦争、日韓併合へと進んでゆくことになるのであり、こうした日本の保守化の動きは、明治日本のキリスト教のあり方を大きく規定するものとなった。海老名―植村のキリスト論論争を規定する日本の状況は、こうした歴史的連関の中に位置するのである。

　明治 20 年代以降のキリスト教会への国家主義的な圧力の強化に伴った教勢不振（停滞期）の状況は、キリスト教界内部における問題とも重なりつつ、キリスト論論争の舞台を作り上げることになる。キリスト教内部の問題として指摘できるのは、日本基督一致教会と日本組合基督教会との合同問題の挫折と新神学問題である。

　日本のプロテスタント教会は、宣教の当初から合同教会形成への方向性を有していたが、教会の「合同問題の気運」は明治 16 年の全国基督信徒大親睦会ごろから生まれ、具体的な合同の作業が明治 19 年から進められた（同書、229-240）。しかし、新島襄ら組合教会側の反対によって、[30] この合同は不首尾に終わり、これは後の日本キリスト教史に大きなしこりを残すことになる。こうした中、明治 23 年になると、組合教会のなかに『新神学』についての議論が高まり、新神学の側に立つ金森通倫らとそれを論駁しようとする植村正久や小崎弘道らとの間での論争に至った。[31] 新神学は、「何よりもまず聖書釈義に関する方法が厳密な歴史的批判的方法であること」（同書、325）を主張するものであるが、これが、すでに見た海老名と植村の論争の争点に直接関わるものであることは明らかであろう。つまり、海老名と植村の論争は、「内容からすると『新神学問題』の延長」（同

書、341）と見ることが可能なのである。この新神学問題によって、「なか
には信仰に懐疑を抱き、教界を去る者も出たといわれるが、それはナイー
ブな信仰理解が、この派のもたらした聖書の歴史的批評学によって動揺を
きたしたためであったと言われる」（鵜沼、1992、36）。

　こうしたキリスト教界内部の状況は、キリスト教界の体制の立て直しを
迫ることになる。「日本組合教会は『新神学』に一番影響をうけ打撃を蒙っ
ただけに、これに対処してその打撃を最小限度に防ぎ陣営を整備する必要
に迫られた。明治二十四年四月組合教会は岡山に組合総会を開き、「信仰告
白」を議定する案がなされた」（大内、1970、336）。合同問題の挫折（→
教派教会としての立場の明確化の必要性）と新神学問題は、組合教会と一
致教会双方において、信仰告白、信条の明確化という課題を突きつけたの
である。「日本基督一致教会もまた明治二十三年十二月東京に大会を開い
て、翌二十四年より名称を変更し再出発をはかった」とき、「もっとも先に
重要問題として浮かび上がってきたのは信条問題であった」（同書、338）。

　以上が、海老名―植村のキリスト論論争の歴史的背景であるが、この論
争と背景との関わりについて、要点を確認しておこう。このキリスト論論
争の発端となった植村論文は、福音同盟会の大挙伝道における信仰告白の
一致を問題としたものであるが、大挙伝道とは、当時のキリスト教界が直
面した明治日本の国家主義台頭・保守化の圧力と内部における問題（合同
問題の挫折と新神学問題）に対処することを目指したものであった。「明治
二十年代にはいると、俄然反キリスト教的な国家主義との対立や『新神学
問題』などによって大きな壁にぶつかったまま前進できず、教勢も停頓し
がちであった。そこでそれを打開し、新しい二十世紀の精神としてキリス
ト教を顕揚し発展への活路を開く、ここに大伝道を展開しようとしたので
ある」（同書、342）。すなわち、明治 20 年代における日本の状況において
内外共に大きな壁に突き当たったキリスト教界がそれに対処しようとした
起死回生の試みが、教派的な不一致を超えた大挙伝道だったのである。植
村自身は、教派の合同に積極的な立場であったが、彼の論文の論点は、も
し福音同盟会が真に教派の相違を超えた伝道を推進しようとするものなら
ば、信仰告白における一致がその前提であるということであり、これは、

108　　第二部　近代日本とプロテスタント・キリスト教

まさに植村が日本基督一致教会における「信条問題」として取り組んでいた事柄だったのである。こうして、海老名―植村の論争は、信条、信仰告白の内容をめぐって始められ、その過程で近代聖書学（歴史的批判的方法による聖書批評＝高等批評）と伝統的教理との関係という問題を争点とすることになったのである。

　海老名―植村のキリスト論論争については、その論争内容自体を見るだけでは、明治日本のキリスト教が置かれた状況との関わりは捉えにくいかもしれないが、その背景と発端が二人に要求したものと論争の争点との緊密な結びつきを見るとき、論争の状況性は明確に理解できるものと思われる。まさに、近代化をめざす明治日本の歴史的連関が、キリスト教のあり方を大きく規定していたのであり、海老名と植村の論争もこうした文脈を念頭に理解されねばならないのである。

　最後に、論争を規定する近代日本の状況という点に関して、もう一つのポイントを補足しておきたい。それは、明治日本のキリスト教徒における儒教的背景という問題である。明治日本のキリスト教に関しては、その代表的な指導者に旧武士階級の出身者が多く、彼らのキリスト教思想には儒教的教養が反映していることがしばしば指摘されてきた。[32] もちろん、儒教的教養といっても簡単に単純化できるものではなく、個々の場合に応じた議論が必要であるが、本章で取り上げている海老名弾正と植村正久についても、儒教との関わりは重要な問題であり、海老名―植村論争の歴史的連関を論じる際にも無視することはできない。たとえば、土肥昭夫は『歴史と証言』（教文館、2004 年）において、この論争を取り上げる中で（同書、244-250）、両者に関して次のように論じている。

　「海老名の見解は、イエス・キリストを神の一回的な独自な啓示とするキリスト教の伝統的教説と一致しない。その原因は、彼の神学が儒教的思惟方法によって著しく限定されていたからである、と思われる。儒教においては、上帝（神）即自然の物理（理気の結合）は人倫の道理（五倫五常の道）として連続的にとらえられている。このような自然主義が海老名の考え方の中に生きていた。彼は父子有親を万物の理と

第三章　海老名―植村のキリスト論論争　　109

考え、これが神、イエス・キリスト、人間を貫く宗教的意識として存在する、と考えた。したがって、神のキリストにおける歴史的啓示はその独自性を解消し、人間一般の道理として合理化されてしまった。したがって、イエス・キリストは神ではなく、万物に遍在する神の理を宿す人間の宗教的意識を明らかにし、神との合一を実現した宗教的人間の極地となったのである」（同書、247）。

　また、植村正久も「基督と其の事業」（④10）で海老名の見解を批判しつつ、自らの立場を積極的に提示しようとしているが、その中で儒教に言及している。

　　「彼は真の神格を有し、父と一なりといえども、子たるのゆえをもって父に従属するところなき能わず。神子は神父を奉じ、これに事え、これに従いて、よく子たるの道を行なう。孝道これなり。・・・人間の父たること神に似たるのみならず、その子たることまた神に則る。人の君として上帝に配するのみならず、僕たることにおいても父の命を行なえる神子に学ぶことを得べし。ここにおいて忠孝は天道なり。万物の根本に忠孝の至道存す。東洋忠孝の教えキリスト教に至りてその深奥なる基礎を得たり。」（④10、384-385）

　なおこれに対して、土肥昭夫は次のように論じている。「彼（植村。引用者補足）が男女の序列関係を唱えたパウロの教えを当然とし、それを基礎とし、儒教の孝道の教えを援用して父なる神とキリストの関係をこのように述べていくと、その論理は両者を同類としつつその従属関係を唱えたオリゲネス派の従属説（Subordinationism）とあまり変わらないことになってしまう」（土肥、2004、249）、と。[33]

　以上のように、海老名と植村が、神とキリストと人間との関係をめぐって、三位一体論やキリスト論を展開する際に、そこに儒教的な思惟方法や論理が入り込んでいるとするならば、両者のキリスト論論争は、こうした思考方法や論理のレベルにおいて、明確に欧米の近代キリスト教思想史の

110　　第二部　近代日本とプロテスタント・キリスト教

文脈に立ちつつも、同時に日本の思想史的連関に位置づけられねばならないと言えよう。

（四）相関論から見た論争の評価

　神学の場合に限らず、思想論争についてその決着を判定することは単純な問題ではない。海老名と植村に関して、両者の議論とその結末はいかに評価すべきであろうか。この論争について勝者を語ることはできるだろうか。

> 「方法論の相違のため、両者の論争は結局かみあわず。それぞれが自説を唱えて他を批判攻撃することに終始してしまったのである。さらに不幸なことは、この論争を背景とした第一一回福音同盟大会（1902・4）の決議とその後の動向であった。」（同書、250）

　この土肥の論評は的確に問題点を突いている。論争自体を見るとき、そこには両者の駆け引きばかりが目立ち、建設的な思想構築が見られない、つまり不毛な論争という印象が強く―もちろん、すでに指摘したように論争の過程で、海老名弾正「三位一体の教義と予が宗教的意識」と植村正久「基督の其の事業」という二つの神学論文が書かれた点に、論争の積極的意義を見ることもできるかもしれない―、また、福音同盟大会における決議に関しても、問題点が指摘されねばならないであろう。確かに、福音同盟会における信仰告白という論点をめぐって開始された論争が、植村の立場を認める決議で決着したわけであるから、一応、この論争について植村の勝利と解することは可能である。しかし、「これらのことによって彼（海老名。引用者補足）は安部磯雄、松村介石、島田三郎、木下尚江、巌本善治、押川方義といった多くの教界関係者より理解と協力を得た。彼の教会もこの論争とその結末によってかえって伸張した」（同書、326）のである。論争が論争としてかみ合わぬまま終始したこと、一応の植村の勝利も実際には海老名にとって打撃とならなかったこと、こうした点から見るならば、キリスト論論争は植村の勝利で終わったとは必ずしも言えないであ

ろう。

　おそらく、海老名―植村論争を評価する際の重要なポイントは、この論争が二つの歴史的連関において、いわば必然的に発生したという点にあるように思われる。近代キリスト教思想の連関から言えば、海老名―植村論争は、近代のキリスト教が不可避的に取り組まざるをえない普遍的な問題であり、まさにそうしたキリスト教の普遍的問題をめぐる典型的論争であったと言える。また、明治日本の歴史的状況において見ても、日本の近代化において明治20年代にキリスト教界の内外から生じた問題状況が、この論争に結実したことは、これまでの議論より明らかであって、以上の２つの歴史的連関の相関の内に、このキリスト論論争は存在しているのである。したがって、論争の評価は、この相関とその後の展開という観点からなされねばならないであろう。

　２つの歴史的連関の遭遇は、その後どのような展開をたどったのであろうか。欧米における近代化（→近代的合理主義と伝統的信仰との対立）と日本の近代化（天皇中心の国民国家・国家主義の台頭）とは、その後の日本においては、とくに日本のキリスト教会にとってはきわめて不幸な展開を示すことになる。つまり、明治後半から顕著になった国家主義は、第二次世界大戦と敗戦へと進んでゆき、日本の内外のキリスト教は大きな苦難を経験する。その分かれ目が、海老名―植村論争に焦点を結んだ明治後半の日本キリスト教界の選択にあったというのは、決して不当な歴史の深読みではないように思われる。というのも、この論争で問われていたのは、日本のキリスト教が国家主義の台頭という状況に対して、いかにキリスト教会の信仰的基盤（信仰告白と信条）を確立するのかという問題だったからである。しかしそれにもかかわらず、この論争の不毛さにも見られるように、明治のキリスト教界は自らの基盤を確立できないまま、天皇制国家主義の潮流に巻き込まれて行くことになる。もちろん、過ぎ去った歴史に対して、「もし……であったら」といった議論―海老名と植村に代表される二つの方向へとキリスト教界が解体しなければ、明治日本において、別のより適切なキリスト教の文脈化が可能であったかもしれない、など―をしても意味がないという見解はもっともではあるが、このキリスト論論争に

112　　第二部　近代日本とプロテスタント・キリスト教

おける「状況とメッセージの相関」が示唆する諸問題—近代世界とキリスト教、国家とキリスト教といった問題—は、現代日本のキリスト教思想にとっても共有すべき普遍性を有しており、明治のキリスト教がこの相関をいかなる仕方で遂行したかについては学ぶべき点が多くあるように思われる。

　本章で試みてきたように、もし、海老名—植村論争を「状況とメッセージとの相関」と捉え、その適切性を問うことが可能であるとするならば、それはどのような評価となるであろうか。この論争におけるキリスト教と近代日本という二つの歴史的連関（地平）の遭遇（相関）とその後の展開をみるならば、すでに論じたように、この論争において、相関は適切になされなかったとの評価が可能かもしれない。この評価は、日本のキリスト教会の戦争責任という問題に関わるものである。しかし、次の「三　展望」で述べるように、相関の適切性の評価とは、それ自体かなり錯綜した問題であり、決して単純ではない。この点については、「三」の議論に譲ることにして、ここでは、海老名—植村論争における相関の不適切性について別の論点を指摘しておきたい。

　本節では、海老名—植村論争を、「近代キリスト教の文脈での論争の意味」（メッセージの連関）から始めて、「近代日本と日本キリスト教の歴史的連関から見た論争」（状況の連関）へと辿ってきた。このような論述の順序を採用したことについては、先に、「メッセージの側から考察を開始するのは、海老名と植村の両者が行う議論では、状況という歴史的連関自体が主題的に明示されてはいないからであり、それに対して議論が近代キリスト教思想史の中で展開されていることは比較的容易に見て取ることができる」との説明がなされた。海老名—植村論争において指摘すべき問題点は、まさに「海老名と植村の両者が行う議論では、状況の連関自体が主題的に明示されてはいない」ということに他ならない。この論争は、近代日本の歴史的状況—後に第二次世界大戦と敗戦に至ることになる歴史的連関—の中に位置していたにもかかわらず、この論争の主役である海老名も植村も、またその他の論争に関与した人々も、この近代日本の歴史的地平の孕む問題を言語化あるいは意識化できずにいた。これについては、明治の

第三章　海老名—植村のキリスト論論争　　113

日本キリスト教が歴史的主体としてはまだ未熟であったとの評価も可能かもしれない。しかし、まさにこの未成熟さこそが相関の不適切性を構成しているものなのであって、そこに欠けていたのは、近代日本の歴史的地平を意識化・言語化できる批判的反省と言えよう。内村鑑三の「2つのJ」との関わりで言えば、海老名―植村論争では、それを規定している「日本というJ」が反省的に主題化されずにとどまったのである―もちろん、その後の二人の思索の中で、日本というJが問われなかったということではない―。なぜ、信仰告白をめぐる問題が緊急のテーマとなったのか。この点についての歴史的反省が欠如していたことは、この論争における相関の不適切性と言わざるを得ないであろう。

三　展望

　以上、本章では、本書第一章で論じられた研究の視点と方法を海老名―植村論争に適応することが試みられた。もちろん、こうした議論がアジア・キリスト教思想研究の新しい構築に対して何を付け加え得たかについての判断は、読者に委ねなければならない。今後、様々な事例への適応を試みる中で、方法論のさらなる精密化が必要になることは言うまでもないが、最後に、「相関」との関わりに絞って、今後に残された問題点を展望し、本章を結ぶことにしたい。

　①相関の適切性。前節の最後の部分で論じたように、相関、とくにその適切性の評価はかなり扱いにくい問題である。適切性の基準自体が、問われるべき対象をめぐる問題設定の仕方に応じて多様なものとなり得るからである。前節の最後の部分では、相関における「近代日本の歴史的状況―後に第二次世界大戦と敗戦に至ることになる歴史的連関―」の主題化・意識化の有無による評価を行ったが、実はこうした評価の場の設定は二つの歴史的地平の相関を論じている研究者の問題意識に依存しているのである―相関の評価は別の仕方においても可能である―。したがって、相関の評価は、研究者による評価の場の設定の適切性という問題に及ばざるを得な

い。こうした相関の適切性とその評価はアジア・キリスト教研究の意義にも関わる問題であって、今後方法論的な検討が必要である。

　②相関の多元性。相関については、それを問う研究者の視点だけでなく、その相関を構成する歴史的地平自体の多元性あるいは複合性が問われねばならない。一つの時代（例えば明治時代）、一つの地域（例えば日本）に限定しても、問われるべき歴史的地平の相関は単一ではない。本章で取り上げた、海老名―植村論争で言えば、そこで問われるキリスト教（メッセージ）の側と近代日本の状況の側の双方について、多様な問題設定を可能にするような多元性が存在している。近代日本のキリスト教を、キリスト教と近代日本の相関として論じ、その適切性を評価する場合に、別の人物や別の出来事を取り上げ、別の仕方での相関を問題にすることは当然可能である。歴史とは単一の地平ではなく、それ自体複合的であって、したがってそこから生じる課題は、個々の限定的な視点からの相関の個別研究を積み上げることによって、歴史的地平とその相関性のよりマクロな動向を漸近的に描き出すということになる。もし、アジア・キリスト教研究がキリスト教研究全般にとって有意味なものであるとするならば、こうしたマクロな動向の解明がキリスト教の歴史性の解明に固有の寄与をなし得る場合であろう。

　④相関の歴史性。相関に入る地平・連関が歴史的であるということは、相関自体が歴史的であることを意味する。しかし、ここで注意すべきは、相関が歴史的であるということから、相関の評価やその意味解釈がどこまでも完結しないということ、相関の意味が閉じられないという帰結が生じるということである。実際、一つの歴史的出来事の解釈や評価が、時代によって変化し、場合によってはまったく正反対のものとなり得ることについては、無数の例（太平洋戦争後の教育についての評価など）を挙げることができる。学問的な研究が、先行研究の十分な検討を前提とするのも、こうした事情に関わっている。したがって、海老名―植村論争の評価についても、その最終的な決着は着けられたわけではないのである。キリスト教の歴史的連関と日本の歴史的連関が閉じられないかぎり、この論争は新たな再評価に開かれている。第二節の終わりで行われた相関の評価は、論

第三章　海老名―植村のキリスト論論争　　115

争の再評価の一つの試みであり、この試みはさらなる反復を要求しているのである。

注

(1) ティリッヒからの引用は次のテキストから拙訳によって行われる。また、「相関の方法」をめぐる議論に関しては、次の拙論を参照。

　　Paul Tillich, *Systematic Theology*. Volume One, The University of Chicago Press, 1951, pp.59-66.（ティリッヒ『組織神学　第 1 巻』新教出版社、1990年。）

　　芦名定道『ティリッヒと弁証神学の挑戦』創文社、1995 年。

(2) キリスト教神学と「相関の方法」との関連については、神学という知的営みが有する解釈学的構造（あるいは状況とメッセージの両極構造）を念頭におくならば、両者の結びつきが単なる偶然でないことは了解できるものと思われる。もちろん、その場合に、「相関の方法」はティリッヒによる定式を超えた多様なヴァリエーションを包括するものと解する必要があるが、この場合でも、「実際のところ、すべての神学者は何らかの相関の方法を使用している」とのトレイシーの指摘は適切と言わねばならない（前注の拙書、237 頁を参照）。

(3) Tillich(1951, 34-52).

(4) 「問いと答え」はガダマーが『真理と方法』で論じていることからもわかるように、解釈学的哲学が問題にする解釈・理解の基本構造に関わるものであるが（ガダマーはコリンウッドの歴史哲学を参照している）、キリスト教思想においても、思想の基本に属している。パネンベルクは『組織神学の根本問題』(*Grundfragen systematischer Theologie*, Vandenhoeck & Ruprecht,1979(1967)。日本基督教団出版局より邦訳出版) に収録の「神についての問い」(Die Frage nach Gott, S.361-386) において、この「問いと答え」構造を現代神学の文脈で論じており、その中で、バルト、ゴルヴィッツァー、ブラウン、ブルトマン、エーベリンクとともに、ティリッヒの議論を分析している。

(5) Tillich(1951., 120-122).

(6) このティリッヒにおける「状況」と森本の「文脈化」との異同に関しては、森本の著書に対する論者の書評（芦名定道「アジア神学の可能性と方法」、『創文』2004.11、No.470, 1-5 頁）を機会に行われた E メールでのやりとりに基づいている。

(7) 神学の学問性、キリスト教思想の学問的基盤というテーマは、近代以降のキリスト教思想の特徴（ギデンズの制度的再帰性に基づく）といえるものであり、議論は現在も進行中である。日本における最近の研究成果として、次の文献が挙げられる。

茂牧人、西谷幸介編『21世紀の信と知のために──キリスト教大学の学問論』新教出版社、2015年。

これは、青山学院大学総合研究所・プロジェクト「キリスト教大学の学問体系論」の研究成果であり、このプロジェクトの成果は、ティリッヒを含めた20世紀のキリスト教思想を代表する、キリスト教思想研究における学問論の邦訳としても公にされている。つまり、ティリッヒ『諸学の体系』（法政大学出版局）、パネンベルク『学問論と神学』（教文館）、ハワーワス『大学のあり方──諸学の知と神の知』（Yobel）である。

(8) この点についての詳細は、本書第一章を参照。

(9) ティリッヒにおいて、「伝統」という問題は、教会や歴史といったテーマに関連して繰り返し取り上げられている。教会における伝統と改革との動的連関、歴史意識と伝統との関わり、革命と伝統との相克といったテーマである。

Paul Tillich, *Systematic Theology*.Volume Three, The University of Chicago Press, 1963, pp.182-188, 300-302, 388-390.（ティリッヒ『組織神学　第三巻』新教出版社、1984年。）

(10) エーベリングにおける「伝統」概念の重要性については、次のルターの聖書解釈をめぐる研究文献から明瞭に確認できる（とくに、第3章）。

Gerhard Ebeling, *Evangelische Evangelienauslegung*, J.C.B.Mohr, 1991(1942).

なお、より簡潔な議論としては、次の『キリスト教信仰の本質』（とくに、第2章「信仰の歴史」）や『神の言葉と伝統』なども参照。

Gerhard Ebeling, *Das Wesen des christlichen Glaubens*, J.C.B.Mohr, 1959, S.15-30., *Wort Gottes und Tradition*, Vandenhoeck & Ruprecht, 1964.

また、トレルチの発展概念については、多くの研究が存在するが、ここでは次のものを挙げるにとどめたい。

森田雄三郎『キリスト教の近代性』創文社、1972年。

(11) 厳密な意味での「ドグマ」（古代教会のキリスト論的三位一体論的ドグマいう狭い意味でのドグマ理解）概念のゆらぎという議論は、ハルナックが『教理史』で提出している問いに関わっている。こうした点に関連して、ティリッヒは『キリスト教思想史講義』において、むしろ「ドグマ」概念を保持することの意義を弁護している。しかし、この場合でも、ドグマは「教会共同体の現実の表出」という意味で捉えられており、いわゆる正統概念と直結するものではない。

Paul Tillich, *A History of Christian Thought. From Its Judaic and Hellenistic Origins to Existentialism* (ed. by Carl E. Braaten), Simon and Schuster, 1972 (1967), pp.xxxvi-xlii.（『ティリッヒ著作集　別巻二』白水社、1980年、22-31頁。）

(12) 大木英夫『組織神学序説──プロレゴーメナとしての聖書論』教文館、2003年、21頁。

(13) ティリッヒの「相関の方法」に対しては、日本の研究者から鋭い批判がなされてきており、本書においてティリッヒの議論を分析する際には、次の論が参照された。

森田雄三郎『キリスト教の近代性』創文社、1972 年、493-514 頁。

武藤一雄「神学的宗教哲学について」(『神学的・宗教哲学的論集 I』創文社、1986 年、特に 10-11、17 頁)。

(14) 日本におけるキリスト教の影響は生活の隅から隅に及んでいる。日本のキリスト教研究は、キリスト教信仰の受容とキリスト教的文化の影響との間の関係あるいはずれという事態に迫るものでなければならない。これに関して、次の井上章一の指摘を引用しておきたい。「日本では、キリスト教がうけいれなれなかった。そう学術の世界で論じられるのは、研究者たちが信仰心にこだわってきたせいである。あるいは、内面のありかただけを、問いつづけてきためでもあった。だが、われわれの目に見えるところでは、外形上のキリスト教化がすすんでいる。日本人の婚礼にまつわる風俗は、二〇世紀の後半以後、まちがいなくそちらへむかっていった。・・・二〇世紀末ごろからであったろうか。僧侶の読経をうけつけない葬祭が、都市部では目に見えて、ふえだした。無宗教でとりおこなうという葬祭が、このごろ多くなりだしている。そして、無宗教と称される葬儀の形式は、大なり小なりキリスト教風である。献花のありかたなどをながめていると、そちらのほうに今日の趨勢を感じる」(井上章一「思想史と宗教史の、その裏側は」、岩波講座『日本の思想　第六巻　秩序と規範――「国家」のなりたち』岩波書店、2013 年、232 頁)。「この大変動」を捉えることも、宗教研究あるいはキリスト教研究のテーマのはずである。

(15) キリスト教に組み込まれた「状況」の実例としては、古代教会における「無からの創造」の教理形成を挙げることができるであろう。この「無からの創造」論は、創世記の創造物語がヘレニズム世界の宗教文化状況(論争状況)において解釈され成立したものであり、それがその後のキリスト教伝統を構成することになったのである (Paul Gavrilyuk, "Creation in Early Christian Polemical Literature: Irenaeus Against the Gnostics and Athanasius Agaisy the Artians," in:Janet Martin Soskice(ed.), *Creation 'Ex Nihilo' and Modern Theology*, Wiley Blackwell,2013, pp.22-32.)。これは、北森嘉蔵が『神の痛みの神学』(1947 年) の中で「福音の歴史即ち福音史」と表現した問題(「福音自身が歴史をもつこと」)にほかならない (1981 年講談社版、198 頁)。キリスト教はそとつどの新たな歴史的状況において自らを構築してきたのである。

(16) これは、バルトの『教会教義学』(KD.I/1:29) に見られる議論であるが、この点については、注 1 で挙げた拙論の 336 頁の注 6 を参照。

(17) 本論文で参照される海老名―植村論争についての基本文献は、下記のものである。

『植村正久と其の時代』五、教文館　1983(2000) 年、243-333 頁。

『基督論集―海老名氏の基督論及び諸家の批判文』警醒社書店、1902 年 (『近代日本キリスト教名著選集　第 I 期キリスト教受容篇　5』日本文書センター、

2002 年、83-180 頁）。

　　本章第二節（「二」の（1））における文献の引用は、①2、②6、④10、⑤15、
　　⑥17 については『植村正久と其の時代』から、また、②3・4・5、③7・8、
　　④9、⑤12・13・14 については『基督論集』から行われる。

(18) 本論文で扱われた論争の波及（⑤）としては、例えば、『基督論集―海老名氏の基督
　　論及び諸家の批判文』に所収の以下の文献を挙げることができる。

　　　　三並良「基督に関する論争を読む」（1902・2・1『新人』第 2 巻第 7 号）
　　　　三並良「福音新報記者の基督論」（1902・3・1『新人』第 2 巻第 8 号）
　　　　小崎弘道「海老名弾正氏の三位一体論を読む」（1902・1・7 ～ 2・7『東京毎週
　　　　　新誌』960-963 号）
　　　　アルブレクト「基督教的意識と神に関する三位一体の教義」（1902・2・21 ～ 3・
　　　　　7『東京毎週新誌』965-967 号）
　　　　高木壬太郎「海老名弾正氏の三位一体論」（1902・1・18 ～ 3・22『護教』547
　　　　　～ 556）

(19) 植村と海老名の論争のすれ違いについては、さらに多くの例を挙げることが可能で
　　あるが、そこにはキリスト教思想家としての両者の基本的な立場の相違を見ること
　　ができるであろう―論争における「勝利」の重要性の認識という点で両者は一致し
　　ているが―。自らの信仰はキリスト教徒が依拠する歴史的信仰であって、すでに十
　　分な議論を経たものである、無神論者ならば別であるが、キリスト教徒がそんな質
　　問をするのはおかしい（「不審なるは貴殿の立場にて候」）とする植村の立場は、海
　　老名から見れば、信条主義・伝統主義（「「歴史的に継承せる信仰」の法位に座して
　　人々を審判せしカヤパやポーパの態度」「自称正統派の取りたる態度」）であり、近代
　　的な学問を前提とした神学者の取るべき態度ではない。しかし、植村からすれば、
　　海老名の立場は近代主義であり、結局は教会や聖書の権威を否定することにならざ
　　るを得ない。

(20) 近代的状況におけるキリスト教の問題は、現代の宗教研究において、たとえば世俗
　　化論として論じられてきたものにほかならない。こうした従来の世俗化論を批判的
　　に乗り越える試みとして、次のベックの議論を挙げることができる。

　　Ulrich Beck, *Der eigene Gott. Von der Friedensfähigkeit und Gewaltpotential der*
　　Religionen, Verlag der Weltreligionen, 2008.（ウルリッヒ・ベック『〈私〉
　　だけの神――平和と暴力のはざまにある宗教』岩波書店、2011 年。）特に、
　　第 2 第 1 節を参照。

(21) もちろん、海老名―植村論争とハルナック―バルト論争を単純に同列に置くことは
　　できない。しかし、その違いは、基本的には 20 世紀初頭におけるドイツと日本に
　　おける神学思想の成熟度・定着度の差にあると言うべきであって、双方の論争がキ
　　リスト教思想における同一の問題をめぐって展開された点は忘れるべきではないだ
　　ろう。ハルナック―バルト論争に関しては、次の文献を参照。

大崎節郎『カール・バルトのローマ書研究』新教出版社、1987 年、33-34 頁。

(22) これらは、古代キリスト教の神学形成に関わる基本的な問題であって、その研究は膨大な数にのぼる。ここでは、「ドグマ」の基本的性格—ドグマの共同体的な規範性、ドグマの定式化をめぐる経験的基盤（教会の生・現実の表現としてのドグマ）と論理的整合性（哲学的概念による定式化）—を簡潔に論じた、注 11 で挙げたティリッヒの文献のみ指摘しておきたい。

(23) 本文や前注でも述べたように、ここでの両者の議論は、ロゴス論の成立をめぐる教理史的問題、あるいはハルナックの言うヘレニズム化の問題に関わっており、これらについての現代の研究状況の確認は興味深い問題ではあるが、その点には立ち入らず、むしろここでは、植村が海老名の議論を正確に紹介していない点について指摘しておきたい。

植村正久は、「海老名弾正氏の告白を紹介す」において、海老名の論（「三位一体の教義と予が宗教的意識」）を紹介しつつ、それに批判的な論評を加えている。たとえば、古代キリスト教のロゴス論の形成に関する海老名の議論については、「初代基督教徒の信仰が当時のロゴス説に由来すと做すは一個の臆断に過ぎず」（⑤ 12、60）、「当時の基督教徒は思弁的に研究して、神と人とを結び付くる基督を先ずロゴスとし、次ぎに之を以て神其ものとし終に化身説を案出せりとは何分も余輩の合点し難きところなり。」「先つ基督に祈り且つ神事したるよりロゴス論も化身説も其の自然の結果として発生し来れるに非ずや」（同書、61）と批判し、「基督の言を適当に解釈すれば、之を神と見る外なきもの甚だ多し」（同書、62）と自らの見解を述べている。問題は、キリスト教徒が思弁的に研究してキリストをロゴスと認めた、ということが海老名の議論の正確な紹介と言えるかという点である。

海老名自身は、「福音新報の紹介文を読む」において、この植村の紹介文に対して、ハルナック、ヴァイスらの名前を挙げ、「此意見を有する著名の学者は決して一人にあらず」（⑤ 12、68）、「歴山府哲学の影響の痕跡あるや、誰が眼にも歴々として疑ふべからざるなり」（同書、69）と自説を再度述べているが、ここで注目したいのは、海老名が、「公平なる紹介にあらずして、むしろ一種の偏見に以てせる一箇の批判文なるを発見す。しかして其紹介せられし所、間々原文の意を誤り伝へ、時に或は全く正反対に出つること」（同書、67）と述べ、紹介の不正確さ不公平さを指摘している点である。「基督教徒の信仰が、ロゴス説に由来すとは、誰あつてか之を信ぜん、クリスャンの信仰はキリストを信ずるにあり、其のフィロー哲学を信ずるより起りしにあらざるや、固より明けし。されど記者の所謂初代クリスチャンの信仰てふ意をして、基督教徒信仰の教義を意味せしめば、そが当時のフィロー哲学に由来するといふも、決して臆断といふべからず」（同書、68-69）とあるように、「福音新報の紹介文を読む」で海老名は、自らの立場が、「キリストに対する信仰→哲学的表現としてのロゴス論の形成」というものであるのに、植村がこの順序を正確には紹介していないと批判しているのである。確かに、植村は海老名の説を「思弁的

研究によるキリスト＝ロゴス論の形成→キリスト＝神→化身説」として紹介しており、これは、海老名が「三位一体の教義と予が宗教的意識」で行った、「当時の基督信者は、其宗教的意識を前述の哲学思想に由て解釈せんと試みた。其意識といへば即ちナザレの耶蘇キリストに由て至善の神と一致和合することを得た所のものである」（④9、30-31）との議論の正確な紹介とは言えないであろう。その点、「記者曰く、海老名氏のいはるる如く、当時の基督教徒は、思弁的に研究して、神と人とを結びつけるキリストを先づロゴスとし、次に之を以て神其物となし、終に化身論を案出せりとは、何分にも予輩の合点しがたき所なりと。これは誤れる紹介なり」（⑤12、69）との海老名の主張は正当といわざるを得ない。とくに、「初代基督教徒の信仰が当時のロゴス説に由来すと做すは一個の臆断に過ぎず」（⑤12、60）との海老名批判は、海老名説を「ロゴス説→キリスト教信仰」と紹介した上での批判であり、これまで見た限りでの海老名の議論の順序をいわば逆転させたものであることとは明らかである。

　このように植村の海老名批判は、「三位一体の教義と予が宗教的意識」の正確な紹介という点では公平さに問題がある。海老名の他の諸文献まで含めた場合にどうであるかについては、今後更に検討を加える必要があるであろう。

　なお、キリスト教神学におけるロゴス論あるいはキリスト論形成の意義に関しては、次の文献を参照。

　Ingolf U. Dalferth, *Theology and Philosophy*, Wipf and Stock Publishers, 2001(1988).（特に、35-38 頁。）

(24) この点については、植村の単行本として刊行された処女作であると同時に代表的著作である『真理一斑』（『植村正久著作集』4、新教出版社。7-188 頁）から容易に確認することができる。植村は、この著作の中で、イギリス系の思想家を中心に、洋の東西の哲学や神学はもとより、同時代の自然科学にまで及ぶ広範な思想を縦横に紹介しつつ、キリスト教の真理を弁証しようとしている。聖書の記述を絶対的真理として単に反復するといったスタイルは、植村とまったく無縁と言わねばならない。またこの点に関連して、海老名は植村全集刊行記念講演会で、次のように述べている。「随つて態度が慎重でありました。植村君は博学な人で、自己はオルソドックスでもヘテロドックスでも、何でもよく知り抜いて居りましたが、他方、充分に責任を感じて居たので、決して軽率な事を敢てしない、また、言はない。用意周到、これが植村君の特徴であつた様に思はれるのであります。……知らないのではない、よく知つてゐるのですけれ共、それはそれ、これはこれといふ行き方で、一見、どうも同情が少ない様にも思へました。しかし、それで居て、実は、保守的ではないと言ふ様なわけ、ですから、同じ仲間でも保守的な人をよく啓発しようと考へられ、同時に、極端に脱線する者はどしどし取挫いたのであります。……詩篇は植村君の愛読せられしもの、私よりはるかに深く触れてゐる彼が、その後もそれについて語らなかつた所をみると、私の説をそのままうけ入れられた様であります。

その様に彼はよくもののわかる人でありました」(『植村正久と其の時代』第五巻、教文館、432-433頁)。

(25) 海老名と植村における論争に含まれた聖書学的問題については、イエスのメシア意識（メシアの秘密）をめぐる論争からもわかるように、簡単に決着できるものではない。実際、下に挙げたシュトゥールマッハーと清水とを比べてわかるように、基本的な問題は未決着と言わざるを得ない。一世紀という時間の隔たりによる、方法論上のあるいは内容的な違いは存在するが、パウロやフィロンに関する清水の議論は海老名のものと類似した論点を有しており、また、シュトゥールマッハーの議論は植村の立場と同じ線上にあるとも言えよう。

清水哲郎『パウロの言語哲学』岩波書店、2001年。

ペーター・シュトゥールマッハー（加藤善治、辻学訳）『ナザレのイエスと信仰のキリスト』新教出版社、2005年 (1988年)。

(26) 海老名の罪理解は、植村をはじめ、この論争に関わった論者がしばしば指摘する問題点である―海老名の「神子たる意識」には罪意識が希薄である―。これについて、海老名は次のように反論している（海老名弾正「諸批判を読んで再び予が基督観を明にす」(⑤15)。

「批評者の間に互に相撞着したる所あり、又予が意見に対して正反対の見解を下したるなどもあつて中々の奇観を呈して居る」(同書、333)、「福音新報と毎週新誌とは予が宗教観に罪悪の要素が看過せられてあると極論したが、予は寧ろ彼等に罪悪の本城に切り入つたる実験ありや否やを疑わざるをえない。予が実験によれば罪悪の根拠は吾人の主我主義に存する」(同書、333-334)、「記者たちは罪悪てふ文字のなき故に、予が論文中に罪悪の意識が見えぬと断案を下されたのであろうか。これは極めて浅薄の見解である。予は罪悪々々と喋々する人々が、其枝葉を刈除することに汲々として、短刀直入其根幹に及ばざる感あるを見る。」(同書、334)

なお、海老名の三位一体論に対しては、植村らによって「社会精神」「元気」という聖霊理解についても批判がなされているが、これに関しては、今後海老名を日本思想の文脈において詳細に検討する必要があるように思われる。この点については、次の文献を参照。

土肥昭夫『歴史の証言――日本プロテスタント・キリスト教史より』教文館、2004年、247頁。

なお、大内三郎は次の論考の中で、植村の罪理解を日本人の罪意識の文脈で論じている（福澤諭吉との対比など）。

大内三郎「日本人の罪意識――植村正久の理解と所論覚え書」(大内三郎『植村正久論考』新教出版社、2008年、257-266頁)。

(27) この点については、本書第四章を参照。

(28) 罪理解への批判を含めた、バルトによる自由主義神学批判の要点については、次の文献を参照。

武藤一雄『神学と宗教哲学との間』創文社、1961 年、78-92 頁。

(29) ヒックは、道徳的な悪をめぐる神義論について、アウグスティヌス的タイプとエイレナイオス的タイプの二つを挙げ―厳密に言えば、現代のプロセス神学を含め三つ―、それぞれの問題点を指摘しているが、これは、キリスト教思想における罪理解の二つの伝統の問題と解釈できる。罪理解に関しては、植村はアウグスティヌス的であり、海老名はエイレナイオス的であると言える。ヒックも指摘するように、キリスト教の多数派（正統信仰）の支持するのは、アウグスティヌス的神義論であり、その意味では、植村の罪理解は正統的と言えるであろうが、海老名の罪理解もキリスト教思想の伝統に根ざしたものであることは否定できない。ヒック自身は、普遍救済論との関係で、エイレナイオスからシュライアマハーに至る思想系譜に立っていると言えよう。

John H. Hick, *Philosophy of Religion*, Prentice-Hall, 1990(1963), pp. 39-55.

Lindsey Hall, *Swinburne's Hell and Hick's Universalism. Are We Free to Reject God?*, Ashgate, 2003.

(30) 合同問題に対する新島襄の反対論の展開については、土肥昭夫『歴史の証言――日本プロテスタント・キリスト教史より』（教文館、2004 年）の第二章「一致、組合両者教会の合同運動における新島襄の教会政治論」（68-91 頁）を参照。この合同の挫折について、土肥は、「一致、組合両教会の合同運動は一八八六年にはじまり、一八九〇年に終わった。まさしく拙速といわねばならない」（88 頁）と論評している。

(31) 新神学問題については、本文中で引用した、大内三郎、海老沢有道『日本キリスト教史』日本基督教団出版局、1970 年、に詳細な説明が見られる（316-336 頁）。より簡略な説明としては、土肥昭夫『日本プロテスタント・キリスト教史』新教出版社、1980 年、21-23 頁、も参照。なお、大内三郎の注 26 で挙げた著作（『植村正久論考』）にも、「植村―海老名基督論論争――日本プロテスタント思想史上の意義」（117-136 頁）が収録されており、「植村の海老名批判の基本方法は、それに先立って試みられた金森ほかの新神学を主張するひとびとに対するそれと完全に一致する」（135 頁）と指摘されている。

(32) 旧武士階級（士族）と明治キリスト教との間の関連性をめぐる問題に関しては、次の文献を参照。

森岡清美『明治キリスト教会形成の社会史』東京大学出版会、2005 年、とくに4-72 頁。

(33) 土肥は、植村のこの論考について、熊野義孝の議論を参照しつつ、次のように論評している。

「彼はその叙述においてＤ・Ｆ・シュトラウス (David F. Strauß)、Ａ・Ｅ・ビーデルマン (Alois E. Biedermann)、Ａ・ｖ・ハルナック (Adolf von Harnack) らの自由主義的なイエス伝研究を極力警戒して、論述を進めた。しかし、その論

述は学問的業績というよりも、『建徳的弁証論の性質を帯びて綴られ』たとみられている（熊野義孝「解説」『植村正久著作集』4、508頁）。本節の初めに述べた当時の日本の教会の状況を考えるならば、その説明は当を得ていると思われる」（土肥昭夫『歴史の証言——日本プロテスタント・キリスト教史より』教文館、2004年、249頁）。

第四章

海老名弾正と自由主義神学

一　問題

　明治以来、日本キリスト教の中心問題は、日本とキリスト教の関係をいかに捉え、あるいは構築するのかということであった。すなわち、「当時のキリスト教指導者は、明治人にふさわしいナショナリズム意識の持ち主であった。彼らは、キリスト教を近代国家としての日本の建設のための精神的基礎と確信した」。[1]近代日本の国家建設にキリスト教を通して精神的に寄与するという明治の日本キリスト教の指導者の意識は、彼らの多くが武士階級の、しかも中央政界から排除された周辺的な武士層の出身であったことに関係すると言われるが、こうしたキリスト教の側からのナショナリズム意識と、明治期の形成過程にあった近代日本ナショナリズムのいわば中枢におけるキリスト教への否定的態度—キリスト教は国体に反するという風潮に乗じた井上哲次郎などに顕れた—との間にずれが存在することによって、日本とキリスト教との関係構築という課題は当初より大きな困難を伴っていたのである。[2]

　土肥昭夫は、明治のキリスト教的ナショナリズムを次の四つのあり方に整理している。第一は、「キリスト教も天皇制国家主義者が唱える忠君愛国を教え、これを実行する力を提供するのであり、したがって臣民教育とは衝突しない、という見解」（土肥、1980、116）であり、横井時雄、本田庸一がその例としてあげられる。第二は、「キリスト教は忠孝道徳と矛盾しな

第四章　海老名弾正と自由主義神学　　125

いのみならず、これを完成、成就する、という見解」（同書、117）である
が、しかしこの場合、忠君や愛国の意味内容がキリスト教的価値観によっ
て規定されることにより、国家主義者の唱える忠君や愛国とは内実が著し
く異なることになる。これには、内村鑑三、植村正久、柏木義円があげら
れる。第三は、批判哲学、自由主義の立場から、普遍的規範としての良心
を根拠に、井上哲次郎の議論を批判した大西祝の立場であり——これは、教
育勅語に基づく臣民教育は日本国民の徳行の事柄であり、普遍的倫理では
ないとする点で、臣民教育を相対化するものと言える——、第四は、キリス
ト教と臣民教育とは矛盾するという井上の見解を肯定しつつ、その上でキ
リスト教に基づく博愛主義から天皇制を批判した、木下尚江の立場である。
　このように、キリスト教と日本（近代日本のナショナリズム）との関係
理解は、大きく見れば、キリスト教の側から見て、基本的に両者を一致す
ると捉えるか矛盾すると捉えるかの二つに分けられる。しかし、注目すべ
きことは、一致すると捉えるといっても、その一致をキリスト教的価値観
に基づいて構築するか（これは、場合によっては近代日本のナショナリズ
ム批判という視点を可能にする）、あるいは天皇制の忠君愛国の立場に立っ
て構築するか（この場合、キリスト教は近代日本のナショナリズムへ吸収
同化される）によって、まったく異なった議論が展開可能であり、しかも
そのいずれの場合にも、「日本的キリスト教」という主張がなされるという
点である。つまり、日本的キリスト教とは、キリスト教的価値観を堅持し
た上でそれを日本の状況に応じて具体化するということにも、また日本の
状況に合わせてキリスト教的価値観を変更するということにも、等しく用
いることが可能なのであり、問題はその意味内容の明確化ということにな
る。
　本章は、以上の点を念頭に置きながら、明治の日本キリスト教の中心的
指導者の一人であり、しかも「日本的キリスト教」との関わりでしばしば
取り上げられる海老名弾正の思想の解明を目標としている。[3] これは、海
老名弾正という一人の思想家の思想内容の分析を通して、明治期以降の日
本キリスト教の問題を考察するとともに——海老名のキリスト教思想に見ら
れる政治的イデオロギー的性格がいかなる問題性を有していたかについて

は、第四節で簡単に言及したい――、海老名の思想を、キリスト教思想史全般の中に位置づけるという試みに他ならない。海老名の思想は、キリスト教思想としていかなる特徴と意味を有していたのか、これが本章の中心問題である。

　本章は、まず続く第二節で、海老名のキリスト教思想の特徴を自由主義神学という観点から分析し、次に第三節では、海老名の歴史神学に注目することによって、海老名がキリスト教と日本とをいかに関係づけたかを明らかにすることが試みられる。そして、第四節では、こうした海老名の思想が、キリスト教思想としていかなる意味と問題性を有しているかを論じ、最後に簡単なまとめを行いたい。

二　海老名弾正のキリスト教思想の諸特徴

（一）海老名の議論の特徴

　海老名の思想内容に入る前に、『基督教本義』（1903 年）によって、海老名がキリスト教思想を論じる際の論じ方、思想家としての海老名の基本的な姿勢について、若干の考察を行っておきたい。まず、海老名の議論の仕方からわかるのは、海老名が近代的な学問研究の立場から、キリスト教思想を論じていることである。もちろん、先行研究の検討評価、依拠するテキストの引用の仕方などに関して、海老名は現代の学術研究論文で行われているような形式的な手続きを十分に踏んでいるわけではないものの、学問的な議論を行うという姿勢は随所に見ることができる。たとえば、「予を聖人賢哲の宗教的意識の幾分を窺ふの便を得させしめたるは多々ありと雖、其の最も重なる書名を挙ぐれば」（同書、序 3）と述べつつ、参照された主要な文献を列挙している。[4] それには、当時の先端の聖書学の著作やハルナックの教理史、そして教父などのキリスト教思想家についての研究書があげられており、海老名の博学ぶりが伺える。また、個々の思想家についての論述も、基本的に公平かつ適切なものであり、しっかりした学問的裏付けを感じさせるものと言えよう。

第四章　海老名弾正と自由主義神学　　127

個々の思想家（モーセや旧約聖書の預言者からシュライアマハーまで）の扱い方は、まず、思想家の出身や時代背景、生い立ちなどの記述から入り、それとの関連性を手がかりに特徴的な思想内容を解説するという順序でなされている。たとえば、アウグスティヌスについては、「第十章　オーゴスチンの宗教的実験」において、神論、罪論、救済論が論じられているが、それがそれに先行する「第九章　オーゴスチン」における伝記的紹介（家庭と教育、マニ教、ローマにて、霊的苦悩）と有機的に関連づけられていることは明かである。つまり、家庭と教育において形成されたアウグスティヌスにおける二つの対立する性格が、アウグスティヌスの内に内的葛藤を生み、彼の神、罪、救済などについての理解を規定することになる、という論の組み立てである――「此二ツの力、善心と悪心、理性と欲情、理想と現状との苦悶苦闘は、十有余年の間彼に於てやまなかったのである。遂に彼が善悪の苦闘は人類に免るべからざる必然の常態にして、到底調和すべからざるものと思つたのは無理はない」（海老名、1903、120）――。こうした思想の取り扱いは、思想理解における歴史的視点の存在を示すものであり、学問的な思想史研究の姿勢を海老名が身につけていたことを表している。

　しかし、海老名のキリスト教思想の議論は、単に学問的であるだけではなく、もう一つの要素、つまり信仰的な体験主義の要素も含んでおり、シュライアマハーの言う二つの焦点を有する楕円構造をなしている。[5] この体験主義は、たとえば宗教と哲学などの学問とのはっきしした区別の主張や、その上で、聖書を理解するには読者の側での体験的な深まりが必要であるとの指摘に現れている。すなわち、「聖書は如上の宗教的内容を発表したるものなれば、此同じき内容を実験する者にして始めて之を解すべきであろう。聖書ありて後に此宗教の内容が発揮せられたのではない、此宗教の内容が感発興起し来りて始めて聖書が綴られたのである」（同書、204）。これは、宗教的信仰が基本的に実験的性格を有するという信仰論の内容にも密接に関わっているが、この点については後に論じることにしたい。

　以上よりわかるのは、海老名においては、近代的な思想史研究の視点（歴史的方法）と体験主義とが結び付いていることである。これは、「合理的に

之を解説するは基督教が望む所である。そが唯ドコまでも固守して動かすべからざる所は基督に由つて完成せられたる倫理的神観である。此倫理的神観が即ち基督教の特有たる神観である。之れと哲学的神観とを混同して主張するのが、最も厭ふべき弊習である」（同書、224）とあるように、キリスト教自体の中に学問的合理性の特質を認めつつも、キリスト教と哲学との区別を主張するという態度であり、こうした、学問性を内に含んだ近代的な敬虔さは、シュライアマハー以来の19世紀の学問的神学の特徴と言えよう。[6]

（二）植村―海老名論争

　本章で海老名のキリスト教思想を論じる際の中心テキストである『基督教本義』の成立事情に関しても若干の指摘を行っておこう。この書は、海老名自身が序文で述べているように、明治の日本キリスト教思想史において重要な位置を占める「植村―海老名論争」を背景に成立した――詳細は本書第三章を参照――。すなわち、「予嘗て新人雑誌紙上に於て論戦を植村正久氏に挑みたることあつた。その訳は基督教の本義は普通基督教会が標榜するが如き信条にあらずして、基督の宗教意識による霊能にあるを明白にせんが為であつた。」（海老名、1903、序1）

　この論争はそれに先だつ新神学問題の延長線上において行われたと言われるが、[7] 内容的には、キリスト論と三位一体論というキリスト教思想の中心テーマをめぐる本格的な神学論争である――「先づ三位一体の信条に対する予が宗教的意識を陳べたる所」（同書、序1）――。この論争自体については、巧みな論争を展開した植村の勝利と言えるかもしれない。つまり、「結果として福音同盟の第十二回大会（一九〇二年四月）は、『本同盟が福音主義と認めるものは聖書を以て信仰と、行為との完全な規範とし、人の其の救ひのために世に降り玉へる吾等の主イエスキリストを神と信ずるものを言ふ』との決議を採択し、植村の主張にそった福音主義的信仰理解が教界において公的に認められるかたちになった。これは新神学が教界に投じた波紋のひとつの決着であったが、同時に初期には啓蒙的世界観として受容されたキリスト教が、ようやく福音の本質において受けとめられる

第四章　海老名弾正と自由主義神学　　129

ようになったことのあらわれでもあったと言えよう」。[8] しかし、この論争の意義は、個人や教派レベルでの異なる二つの信仰的立場の間の論争であるにとどまらず、むしろ、近代キリスト教の基本路線自体の評価を巡るものであって、いわば、同時代のドイツにおける「バルト─ハルナック論争」に比することができるものなのである。[9] いずれにせよ、この『基督教本義』から海老名神学の基本的特徴を読み取ることは、海老名を理解する上で、重要な作業であると言わねばならない。

（三）海老名の神学思想

次に、『基督教本義』によって、海老名の思想内容を考察することにしよう。まず、海老名のキリスト教思想の特徴をどのように捉えるのかという問題について、本章では自由主義神学者海老名という論点を強調したい──「ここに（キリスト理解に。引用者補足）海老名の自由主義神学の基本的問題があったのである」（土肥、1980、178）との指摘は適切である──。以下、神学の場としての宗教経験、理想社会としての神の国、キリストの人性の強調の３点について、海老名の自由主義神学的特徴を確認してみよう。

①神学の場としての宗教経験・宗教意識

シュライアマハーにおいて確立した近代ドイツ・プロテスタント神学の特徴は、その神学思想の成立の場を宗教経験あるいは宗教意識においた点に見ることができる。[10] シュライアマハーにおける「教義学」から「信仰論」への転換はこのことを象徴的に示すものと言えるが、思想の場が客観的なドグマから主観的な経験へ移行したことは、続く自由主義神学を理解する上で決定的な意味を持っている。まさに海老名のキリスト教思想はこの自由主義神学の特徴をはっきり示している。それは繰り返し登場する、心、人格、内面などの用語において確認可能であり、海老名自身この点を明確に意識していたと言える。たとえば、海老名の自伝的回想である「我が信教の由来と経過」[11] において、神の赤子の経験・意識が繰り返し登場するのは、まさにこの点を示すものである。

「神に信頼する赤子の心情」（海老名、1903、60）、「私の確信の根拠は神の赤子たる事である」（同書、72）、「私の中に実験される赤子」（同書、74）、「私は三位一体論に就て異端となつた。広い意味では人の子供は人で、神の赤子は神である。併し全く違つて居るのではない。若し我が中にあるものが、神の仲間でないならば、救わるる事は出来ない。」（同書、75）、「世がどれ程汚れても、私の中にある赤子は私を欺かぬ。」（同書、80）

　海老名によれば、神学の場として宗教経験あるいは心を位置づけることは、キリスト教あるいは宗教の本質からの帰結にほかならない。すなわち、「基督教の本義は基督の宗教である。基督の宗教とは基督自からの宗教であつて其人格を形成するものである」（同書、1）。このようなキリスト教理解は、「植村─海老名論争」で海老名自身と対比された、いわば教会主義あるいは信条主義とでも言うべき立場への反論として展開されている。すなわち、「基督教の本義は教理信条にあらずして基督の生命である。故に其生長するに当つてや、当時の旧慣弊習を脱却し、又其形骸の老朽するに当つてや、更生復活して赤子となり新人となる」（同書、5）。

　このキリスト教の本質を構成するキリストの人格あるいは生命とは、信仰者にとって内的な経験あるいは意識の事柄として理解されねばならない。海老名は、『基督教本義』で旧約聖書のモーセから始めて預言者やイエスを経て近代のシュライアマハーに至る思想家を論じる際に、これらの人々の神との関わりを記述する文脈において、内面性や心に関連した様々な用語を使用している。これらをそれぞれ個別に見るならば、それを神学の場としての宗教経験に必ずしも結び付ける必然性はないと感じるかもしれないが、それら全体を総合して考えるとき、海老名の特徴的な宗教理解をそこに読み取ることは困難ではない。

　たとえば、「モーゼの胸底に示現したるエホバの神」（同書、12）と言われるときの「胸底」、「偉大なる宗教思想が預言者アモスの胸中に油然として発し来つた」（同書、20）と言われるときの「胸中」、「神は人心を通じ

て顕現し給ふかな」（同書、27）と言われるときの「人心」、またヨブを論じる際の、「内心の声」「心の義神」「内心の神との交り」（同書、80）、「内心の神殿」（同書、81）など、これらは相互に結びつくことによって宗教経験という場を指示しているのである。

　これらの用語は、宗教が物質的あるいは自然的関係とは区別された精神的あるいは人格的関係であるという海老名の立場をよく示しており、海老名はこれを次のように表現している。「彼れが主張した神民父子の関係は物質的に非ずして道義的である」（同書、28）、と。この「自然的、物質的関係にあらずして、実に道義的父子の関係」と呼ばれる宗教の本質は、「契約的」（同書、29）また「倫理的」（同書、35）とも説明され、カントの善意志との関わりで「良心」と名付けられることによって――「イザヤの衷心に映じたる則ち至聖至潔の神である、公義正直の神である。……西哲カントの善なる意志は則ちイスラエルの聖者エホバの神の声である。……良心」（同書、46）――、その意味はきわめて明瞭なものとなる。つまり、海老名において、宗教は人間の内的心の現実であり、人間は自らの良心においてその人格と道義を確立するものなのであって、ここから、「彼れの宗教と道徳とは人心の根底に存する」（同書、62）という主張がなされるのである。海老名の宗教理解は、まさにカントあるいはシュライアマハーの影響下にある19世紀の自由主義神学の宗教観に立つものと言えよう。

　こうした宗教の内面性は、キリスト教においては、キリストの人格との関わりで論じられ、「基督の衷情に結合する」、「基督に合体し同化して其聖なる人格を実現せしむる者は、信仰に由つて生くべし」（同書、111）などと表現される。「基督によりて現はれたる方面の神」は「人的神」「人格の神」（同書、132）であり、キリスト教徒はキリストを通して神との内的関わりを持つのである――「基督教徒は基督と合体し、天父と合体して居るものなれば」（同書、115）――。こうした内的な宗教経験こそが神学思想の源泉なのであって、その逆ではないというのが、植村との論争で海老名が主張したことに他ならない。この点は、次の引用から明らかであろう。

　「宗教の力は人格の内容となりて始めて至大の活動をなすものである。

単に哲学者の問題となりては誠に乾燥にして人生に力なきに至る。例へばかの三位一体説の如きも当初は如何ばかり人を慰め、人を高尚にしたか分らぬけれども、一旦之が教条となり単に神学哲学上の問題となるに至りては最早既に生命を失ひ却て弊害を残した。」（同書、130）

②理想社会としての「神の国」

　以上のように、海老名は自由主義神学における宗教理解に基づいて自らの思想を展開しているわけであるが、そのような宗教の内面性の強調については、それが宗教を個人の内面性や心に還元したと解するのは誤りであり、むしろ、こうした内面性における道義の確立は、社会関係において表現され具体化されると考えられねばならない。これは、自由主義神学の特徴でもあり、とくに自由主義神学の「神の国」理解の中に見ることができる。ここで、リッチュルの神の国理解を論じた大木の文章を引用してみよう。

　　「このように、『神の国』の概念は、巧妙に道徳性と結び合わされ、近代世界に有効なものと化せられた。ここで注意しなければならないことは、リッチルの『神の国』の概念の倫理化は、決して個人化や内面化ではないということである。『神の国』のもつ『社会的要素』はたくみに保存されている。それは人間が共同で達成すべき思想的な社会状態と考えられているからである。その意味でこれは歴史内在的な目標でもある。人類の共通の課題は、地上に神の国を実現することである。」（大木、1972（1994）、126）

　この大木の指摘するリッチュルの「神の国」における社会的あるいは歴史内的要素は、19世紀神学の様々な場面に確認できるものであって、海老名においても、この特徴を見ることは困難ではない。まず、一方で海老名は、天国あるいは神の国についても、人間の内面性との関わりで次のように述べている。すなわち、「人格は天国てふ理想の化身」（海老名、1903、88）であり、「天国の降臨を吹聴し給ふたのではなくして、天国の創設を

各自の心底に確立せんが為であつた」（同書、91）、と。しかし、天国や神の国とは、決して単に個人的内面的なだけではなく、むしろ、社会的次元を有するものとして理解されているのである。

　　「無窮の神は此国の父で、人民は皆其子であれば、実に神の自由国である。人民は神の子であれば、相互に兄弟で真の平等社会である。……各自の法律は、否各自の自由意志であれば、彼等は実に皆神の子たるの境涯に生活するの栄光を有する此の社会が即ち耶蘇の所謂神の国又は天国といふのである。」（同書、88）

　こうした神の国の理解は、先に論じてきた宗教経験の強調と矛盾したものではなく、むしろ、自由主義神学の場合と同様に、個人の内面性は社会的現実と緊密に結びつけられていたのである。

③キリストの人性の強調
　植村との論争は、海老名のキリスト教思想の特徴かつ問題点として、彼のキリスト理解（キリスト論）を浮かび上がらせることになった。このキリスト理解は罪理解と密接に関わっているので、まず海老名の罪論について、簡単に見ておくことにしよう。
　キリストが人間の罪を解決する存在者（つまり、救済者）として捉えられているのは、海老名においてもキリスト教思想一般の場合と同様であるが、海老名は、キリストの十字架による罪の贖いや身代わりの死といった考えを批判して、次のように論じている。「彼贖罪料を待つて始めて赦免を与ふるが如きは、断じて基督の義ではない。此の如きは法律的の義であつて」（同書、98）、また「神人父子有親の理を人格の上に実現して、人々相愛の真義を天下に発揚し、以て永久に地上の聖なる社会を形るることが、即ち基督の人格に現存する所の宗教である」（同書、99）、パウロにおける、「基督が罪人の身代となつて、罪人の罪悪を贖ふといふの論究はラビ神学の混入に帰すべしと思はれる」（同書、109）、と。すなわち、海老名がキリストによる救済を受け入れているのは、それが「贖罪を超越する真個の義」

134　　第二部　近代日本とプロテスタント・キリスト教

（同書、99）、「十字架上の基督に於て神の恩恵を観すること」においてであって、大切なのは、このキリストとの一体化なのである。後に見るように、海老名はキリスト教思想の中で人間の罪を強調する思想的系譜（パウロ、アウグスティヌス、ルター）との関連で、罪の問題にも繰り返し言及するが、海老名の論点は、罪の議論は重要であったとしても、キリスト教においてそれよりも根本的なものは、キリストにおける神の恩恵なのだ、ということなのである―これ自体は、キリスト教思想として理解可能である―。

> 「彼（アウグスティヌス、引用者補足）は欲情に支配されて久しく之を
> 脱するを得なかつた、のみならず当時の羅馬国は至る所腐敗に充ち満
> ちて居り、彼は此間に成長せしが故に、人性は本来悪なるものとせざ
> るを得なかつたのである。けれども神の恩恵は性悪の恐ろしき苦界よ
> り人々を救ひ出す力があることを自己の身上に証明し得たのである。」
> （同書、136）

こうした罪論から、海老名は彼独自のキリスト理解を展開してゆく。結論的に言えば、キリストは基本的には神ではなく人間であるということである。この結論に至るために必要になるのは、正統キリスト教神学におけるキリスト両性論とその前提となる聖書的なキリストの神性理解にもかかわらず、キリストが本性的に人間であることをいかに説得的に論じるのかということである。

まず、新約聖書のキリスト理解に関して、海老名は次のように指摘する。

> 「故に彼れの基督は天人であり、又霊人であり、思想の人であり、過去
> と現在と未来との三世を貫き有したる人でなければならぬ。保羅は嘗
> て耶蘇を神と称したことはない」（同書、104）、「彼れが基督を以て過
> 去現在未来の三世を貫く天的の霊人としたことは、則ちラビ神学の夙
> に考究したる天人論と彷彿して居るもの、吾人は一種の神話として之
> を見るも差支ないと思ふ。其所謂基督教の真理といふべきは耶蘇の人

第四章　海老名弾正と自由主義神学　　135

性には神的の分子があつて、彼れをして能く罪悪に勝たしめ、長く人類の霊的首長たる資格あらしめたるの事実其ものであると思ふ。」（同書、105）

「ヨハネの基督はポウロの基督よりも、より多く人的である。……ヨハネの基督は半神半人の怪物ではない、純然たる人である、世界人類の純全なる標本である。」（同書、166 以下）

このように、海老名によれば、新約聖書のキリスト理解を代表する、パウロとヨハネのいずれにおいても、キリストを父なる神と同じ意味で「神」とする思想は存在しておらず、パウロに関しては、パウロの思想の基盤となったユダヤ教ラビ神学の影響を指摘することによって、キリスト両性論を支持するかに見えるパウロの主張は上記の仕方で解釈されている。[12]

このようなキリストは人間であるという理解は、古代キリスト教の代表的教父についての論述においても確認される。まず、オリゲネスであるが、海老名はオリゲネスにおいて神的ロゴスとしてのキリストと神との区別は明瞭であると述べる。[13] すなわち、「蓋しロゴスは万有に遍在して之を統一し之を指導して神と合一ならしむるからである」、「オリゲネスはロゴスを以て一個の実在者と認定するが、故に、固より、神其ものとは同一視しないのである」（同書、183）。したがって、「天父に祈祷すべきであつて、神子に祈祷すべきにあらず」（同書、183）と、オリゲネスの説明がなされるのである。[14]

また、ラテン世界最大の教父であるアウグスティヌスに関しても、海老名は、「神の人情は基督に於て最も明に示されたのである。去ればこそ彼は基督を以て神の化身也、即ち神也と叫んだのである」（同書、133）と述べ、さらには、パウロ、アウグスティヌスの影響を受けた宗教改革者ルターについても、中心はキリストの神的な性格ではなく、むしろ人間性にあるという点を次のように指摘する。

「基督に神人両性があったことは彼も認知して居つたけれども、当時の神学者のやうに哲学的に形而上論の境界に入り込んで、高談横議する

を好まなかつた。……彼は宗教的人格の原型が完全にも基督の人格に於て実現せられたるを確めたので、基督は即ち新ヒウーマニチーの長兄であるといふた。」（同書、148）

　以上の罪理解やキリスト理解は、植村に見られるような伝統的な正統神学のそれと大きく異なっているが、すでに見たように、海老名自身、自らが異端視されることを十分承知していたのである。しかし、こうした海老名が強調する罪やキリストの理解の方向性は、キリスト教自体の中に存在していることに留意しなければならない。とくに、海老名が依拠する19世紀の自由主義神学にあっては、海老名のような罪やキリストの理解も一定の広がりをもっていたのである。おそらく、海老名のキリスト理解とシュライアマハーのキリスト論との間には一定の類似点を見出すことは必ずしも困難ではない。[15]

三　海老名の歴史神学

（一）キリスト教の土着化論・受容論と海老名

　以上のような自由主義神学者海老名は、明治の日本キリスト教の中にどのように位置づけられるのであろうか。これまで、日本におけるキリスト教受容に関しては、様々な類型論の構築がなされてきた。[16] その代表といえる、武田清子『土着と背教』（新教出版社、1967年）では、キリスト教の受容（あるいは土着化）について、埋没型（妥協の埋没）、孤立型（非妥協の孤立）、対決型、接木型あるいは土着型（対決を底にひそめつつ融合的に定着）、背教型（キリスト教を捨て、教会に背くこと。しかし、それによって逆説的にキリスト教の生命の定着を求める）の五つの類型が区別された上で、次のように述べられている。

　「第一の埋没型の極端な例をあげると、古事記や日本書紀を宗教的に見る時、日本は神国であって、特別な恩寵を受けている国である。そ

第四章　海老名弾正と自由主義神学　　137

して、その神とキリスト教の神とは同じ神だということを主張し、キリスト教こそ忠君愛国の気風を養うものだと主張したキリスト者が出た。キリスト教を日本の精神的伝統に密着させ、それに接続するために、儒教的キリスト教、仏教的キリスト教、あるいは神道的キリスト教を唱えた人たちもあった。また、本多庸一らのように、征露論などを積極的に唱えたり、あるいは、朝鮮人に日本国民としての意識を育てることを目的にして朝鮮総督府の機密費の援助を受けて朝鮮伝道にあたる（組合教会）などの行動によって、日本国家への忠誠を示すことに努めた人々もあった。こうした立場は、明治大正を経て、昭和の軍国主義的超国家主義時代の天皇崇拝へのおとなしい順応や、いわゆる『日本的キリスト教』にいたるまでつづく一つの流れである。」（武田、1967、7）

　ここで武田が描く「埋没型」のあり方は、神道的キリスト教、組合教会などの言葉からわかるように、海老名あるいは海老名の弟子たちについてしばしば指摘されるキリスト教のあり方とまさに合致している。[17] 武田はこの著書で海老名についてはほとんどふれておらず、武田自身が海老名を以上の意味での埋没型に分類したかについては、結論を保留しなければならないが、しかし、以下に見るように、海老名の自由主義神学が、戦争論や朝鮮伝道論として展開される経緯を理解するためには、両者を媒介していた論理を明確にしなければならないであろう。本節では、こうした点を見るために、海老名の歴史神学に注目したいと考えるが、それに先だって、海老名のキリスト教思想と戦争論とに通底するものとして、武士階層出身という意識に基づく政治的関心の存在を指摘しておきたい。

　熊野は、海老名を「思想の神学」と論じる中で、多岐にわたる海老名の思想内容を一貫して理解するための鍵として、「敬神の道」を挙げている。

　　「この発想はほとんど首尾一貫して海老名の思想的生涯を貫いている。それをもってキリスト教と日本の土着思想との折衷とか混淆とかみなすことは、必ずしも当たらないと私は思う。折衷以前に、海老名その

人の生来の思想的性格が存し、それのほとんど直線的な展開が彼の長い生涯を通じて変わることのない路線を支えたように見られるのである。それは『敬神の道』であって、しかも原初は幼稚な児戯に類するものが次第に形を整えたが、なお不完全未定型な状態にあった。これがやがてキリスト教によって開花したのであって、ここに国民道徳の恢興と国民生活の発展が約束される、というのである。」（熊野、1967、152-153）

　つまり、熊野によれば、海老名のキリスト教思想、とくに海老名の「日本的キリスト教」は、キリスト教と日本的伝統との折衷、混淆として、あるいはキリスト教の日本的なものへの埋没として理解するべきものではなく、海老名が思想形成期の始めから有していた思考形式の発展として理解しなければならない、そしてその鍵が「敬神の道」なのである。この点については、海老名自身の自伝的著作「我が信教の由来と経過」より確認することができる。海老名は、明治維新の衝撃について、「忠孝の観念の如きも動揺して来た。私は武家の子であつたから、今迄君として仰いだ相手が無くなり、父母に対する態度すら変つた」（海老名、1903、53）と述べつつ、「それから政治的野心は非常に強かつた。これは儒教の教育を受け、明徳を明にし、治国平天下をなす事を、根底から打ち込まれた為である。私などの愛国心は其拠から出たのである。而して其仕事は政治である」（同書、63）と若き日を振り返っている。こうした政治的野心はキリスト教信仰によって乗り越えられることになるが、「私は元来神の前に忠臣義士となりたかつた」（同書、66）という気持ちはキリスト教信仰と当初から結びついていたのであり、この忠臣義士という傲慢さの残存した意識は「神の赤子」という彼の宗教的確信においてはじめて、克服されたのである。忠誠を捧げるべき君を求める武家の出としての意識と愛国心、そしてキリスト教信仰の内的な深まりは、「敬神の道」という点で一貫した精神の発展過程であったと見ることができるであろう。

　したがって、海老名のキリスト教理解においては、日本的なものとの結びつきははじめより自覚的に存在していたのであり、「日本的キリスト教」

はキリスト教信仰に後から接合されたものではないのである。これを理論的に支えるのが、次に見る海老名独自の歴史神学であるが、ここでは、日本的キリスト教という意識が、欧米のキリスト教をいわば相対化する歴史的視座を伴っていた点を、[18] 以下の引用より確かめておきたい。

> 「欧米の基督教は大は即ち大ではあるが、基督の宗教に照らして考ふれば、純潔無垢の宗教とは謂はれない。」（同書、4）

ここから、「基督の意識に合せざるものは、遠慮なく之を排撃せざるを得ない」（同書、3）との強い主張が生まれ、それはすでに見た、西洋の正統主義的なキリスト教の基本テーゼであるキリスト両性論と三位一体論に対する批判となって表明されたのである──「吾人を蛇蝎視する人あらんは当初からの覚悟」（同書、3）──。

（二）海老名の歴史神学

次に、海老名の歴史神学へと議論を進めることにしよう。まず歴史神学の前提であるロゴス論から考察を開始し、そこからいかなる歴史神学が構築されたかを検討し、最後にこうした歴史神学のもたらした帰結を明らかにしたい。

海老名神学の中心がロゴス論であることは多くの研究者の指摘するところであるが、[19] それは『基督教本義』からも容易に確認することができる。以下論じるように、海老名はこの著書の中で、キリスト教の発展過程から二つの系譜を取り出しているが、そのうちの二番の系譜に関連して、ロゴス論は詳細に論じられている。もちろん、この著書で直接論じられるのはヨハネあるいはオリゲネスのロゴス論であるが、海老名がそれらを自らの思想的立場としていたことは疑いもない。

まず、キリスト教のロゴス論は、アレクサンドリアのフィロンからヨハネ──ヨハネという名が与えられた人物の実在性について聖書学的にいかに理解すべきかという点を海老名は承知している──へと受け継がれたものと考えられる（「フイローの哲学思想には精通して居つた人」（同書、159））。

「ロゴスとは理性、道理、言語等の道義を有するので、天地万有は取も直さず此道理の発展に外ならない」（同所）が、それ自体としては、「形容を用ゆべからざる実在者」であり絶対的に非物質的な霊的存在とされる。ここに、ロゴスとは、一方で万物を規定する原理、霊的で人間の把握を超えた実在ではあるが、同時に無限の発展の中で自らを展開する存在であることがわかる。[20]このロゴスの発展は次の引用からわかるように、人類史の全体を包括し、未来・終末へと広がっているのである――「ロゴスは一夜にして発展を終るべきでない」（同書、160）――。

> 「道理の作用によつて天地万有は創造せられた。……未発の道理が一転して己発の言語となつた。……一転して人類史上の光明となり、生命となり、……言語文章となり、神聖なる天下国家となつて来るのだ。期満ちた時至りて、ロゴスは更に一転してナザレの耶蘇に於て人格となり、人生を救済し、人生を聖別し、……人格の道理は長く浮世に留ること能はずして上天に去り逝きたれども、ロゴスは所謂聖霊となつて聖別せられたる社会の精神となり人類霊化の大業を行ふこととなつた。……ロゴス発展の最終の幕が開かれたのである、是れ即ち万有の最末である。此霊化の時代が即ち吾人の生存する世界である。しかして此ロゴスは神の懐にある。」（同所）

　宗教とはこの自らを展開するロゴスと一体化する経験をその本質としているのであって、ロゴスは人間にとって外的な超越的存在者であるにとどまらない。すなわち、「彼の教徒は悉くロゴス化してしまうのである。猶ロゴスが人間化したるやうに人類はロゴス化して、直接に耶蘇が天父の懐にあるが如く、天父を観するが如く、神を観じ、最も親密なる父子の奥義に入るのである」（同書、169）、「蓋しロゴスは万有に遍在して之を統一し之を指導して神と合一ならしむるからである」（同書、183）。このようにロゴスは、神的なものの内在化の原理として人間の宗教経験を成り立たせるのである。
　もちろん、すでにキリスト論において見たように、このロゴスも神自体

とは明確に区別されていることは、『基督教本義』のオリゲネスを論じた部分から先に引用した次の文が示すとおりである。すなわち、「オリゲネスはロゴスを以て一個の実在者と認定するが、故に、固より、神其ものとは同一視しない」のであって、「天父に祈祷すべきであつて、神子に祈祷すべきにあらず」（同所）と言われるのである。

　以上のように、ヨハネやオリゲネスのロゴス論を受け継ぎながら、海老名は、ロゴスを万物の創造の原理、歴史的発展の原理、そして宗教経験への内在化の原理として捉えている。こうしたロゴス論は、ロゴスの歴史的発展に基づく歴史理解（歴史神学）へと展開されることになる。

　ここでは、海老名の歴史神学を、キリスト教の本質論（基督教本義）と本質の発展論という二つ面から考察してみよう。まず、キリスト教の本質が、キリストの宗教あるいはキリストの宗教経験であることは──「基督教の本義は教理信条にあらずして基督の生命である。故に其生長するに当つてや、当時の旧慣弊習を脱却し、又其形骸の老朽するに当つてや、更生復活して赤子となり新人となる。」（同書、5）──、すでに論じたところであり、このキリストの生命自体は、いわば永遠不変であるとされる。

　　「吾人が基督教信ずるのは其真理を信ずるのである。吾人が堅く信仰して広く宣伝すべきは基督彼れ自身の宗教であろう。たとい形骸は変化するも、基督教の本義即ち基督の宗教は万古を通じて変化することはない。之を発揮し之を標準として、新来の基督教を判別しないならば、恐くは外国宗教の奴隷となるの憂があらう。……基督教の本義を明にせんと欲せば、先づ基督彼れ自身に親炙して、其意識の程を窺ねばならない。基督は基督教の源泉である。」（同書、7）

　この永遠に変わらないキリストの生命こそが、キリスト教の原理あるいは基準とされるべきものであり、その一表現形態（形骸）にすぎない西欧のキリスト教会が模範されるべきではないのである（西欧キリスト教の相対化）。したがって、「古人曰く故を温ねて新を知ると、宜なるかな近世の基督教亦一大革新をなさんとするに当つて基督に帰れとの声、甚だ喧しき

所以はまた時の徴候とや云ふべき」（同書、六）と言われねばならないのである。この、「キリストに帰れ」、しかも近代の歴史研究の方法論によって帰れとは、19世紀の近代聖書学の主張に他ならない。[21]

　しかし、キリスト教の本質であるキリストの生命は、それ自体で完結しているのではなく、歴史的連関の中に存在している。それは、第一にキリストの宗教をその源泉に遡って、つまり、旧約聖書の宗教史的な発展過程（「イスラエルの宗教の発展」（同書、37））の中で理解することを要求するのである。

　　「此偉大なる宗教的意識は独りナザレの耶蘇に偶発したのでなく遠く
　　史的関係を有するが故に、其意識の深さ高さ長さ広さを識らんと欲せ
　　ば、基督自らが汲み給ひし源泉に遡つて、之を探究するは自然の順序
　　であろう。……其預言者の書と詩篇」（同書、8）

　海老名は、『基督教本義』において、モーセから預言者（アモス、イザヤ、エレミヤ）、ヨブらを経て、キリストに至る宗教の発展を次のようにたどっている。「国家民族的宗教は一転して世界的倫理教の光明を放ち再転して個人的宗教となり、更に大転して人類的宗教となるのである」（同書、84）、「此宗教は当初より非凡の人格を待つて発展しつつあつたが、終にナザレの耶蘇なる空前の人格を待って、実に空前の大発展をなした」（同書、86）、と。キリストの宗教は、神関係を倫理性において捉える倫理的宗教―神関係を物質性あるいは自然的血縁的な関係性で捉える宗教との対比における倫理性。これは、個人の内面性と世界宗教としての普遍性を有するとされる―の頂点をなすものであり、これ以上の発展は存在しない。しかし、次の引用にあるように、この倫理的宗教はそれで完結するのではなく、キリスト以降の歴史の中へと広がってゆき、キリストに続く多くの人々の中で多様な仕方で受容され、新しい形態を生み出すことになるのである。[22]

　　「基督の宗教的意識は高大深遠にして、一人の啓発し得べきものではな

第四章　海老名弾正と自由主義神学　　143

い。保羅はセミチツク人種の最も勝れたる人傑で、彼れが宗教的実験
は独り此人傑の基重すべきに止まらず、又ラテン人種の新生命を見出
した源泉となつた。オーゴスチンはラテン人種を代表して保羅に親炙
し、同化し、終にラテン化したる保羅となつて長くラテン人種の宗教
的源泉たるを得た。ラテン人種に続いて勃興したるは独逸人種である
が、之を指導して其生命となつたルターも、亦其信仰の源泉をオーゴ
スチンと保羅との実験に発見し、……」（同書、156）
「彼れの倫理的神観は之に加ふべきものなしと雖も、其哲学的神観念の
方面はヨハネ以来の哲人が深く考究して吾人に遺したるものである。」
（同書、223）

　具体的に海老名は、キリストの宗教を受け継ぐ発展過程として、キリス
ト教の中に二つの中心的な系譜を指摘している。すなわち、パウロ、アウ
グスティヌス、ルターに代表される系譜と、ヨハネ、オリゲネス、シュラ
イアマハーに代表される系譜である。[23]

「彼等（パウロ、アウグスティヌス、ルター。引用者補足）に対峙して
毫も遜色なき人物は誰であるかと尋ねて見れば、……吾人は以上の三
傑に両々対峙するに足る人物は、之をヨハネとオリゲンとシュライエ
ルマッヘルとに於て見出すことをうる。」（同書、157）

　海老名自身は、自らを後者の系譜に位置づけているが、前者の系譜の思
想内容については、自らの視点から、つまり、後者の系譜の思想内容に即
して解釈していると言えよう。
　以上が、海老名が、『基督教本義』で描く、基督教の本義の永遠性とその
発展史であり、海老名の歴史神学の内容を簡潔に要約したものと言える。こ
こで確認しておきたいことは、こうした歴史神学が、先に見たロゴス論、
つまり、ロゴスの発展論を理論的な基盤としている点である。つまり、万
物を貫いて発展するロゴスこそが、歴史の多様な現象形態を一つの統一的
な発展過程として見ることを可能にしているのであり、海老名自身はこれ

をヨハネとオリゲネスとに言及しつつ説明しているが、おそらく、19世紀の自由主義神学に大きな影響を与えたドイツ観念論の思想を海老名の背後に見ることは十分に可能であろう。[24] つまり、このロゴス論と歴史神学に関しても、海老名は自由主義神学と一致しているのである。

（三）キリスト教の本質──海老名とトレルチ──

以上、本節では、海老名の言う「基督教本義」とその歴史的発展の議論とを概観し、それと自由主義神学との緊密な関わりを指摘した。次に、この自由主義神学との関わりをさらに立ち入って確認するために、海老名の基督教本義の議論と、トレルチのキリスト教の本質をめぐる議論とを比較検討することにしたい。

トレルチは、1900年に出版されたハルナックの『キリスト教の本質』に刺激されて、1903年に「『キリスト教の本質』とは何か」という論文を公にした。[25] この中で展開されたトレルチの思想に関する分析は専門研究に委ねることにして、[26] 以下、海老名との比較に必要な範囲でトレルチの議論を要約することにしたい。

まず、トレルチは、問題の「キリスト教の本質」という問題設定について、それが近代固有の問いであること、つまり、このキリスト教本質論の前提となる近代的歴史理解と伝統的あるいは教義的な歴史理解とははっきり区別されることを指摘している。すなわち、

> 「〈キリスト教の本質〉という表現の全体は、近代的、批判的そして発展史的な歴史と関連している」（Troeltsch, 1903, 391）、「発展史的、普遍的な歴史叙述は、奇跡に基礎づけられた教義的な歴史叙述、また確固とした教義学的中心によってはじめて全体を構成する歴史叙述と対立するにちがいない。」（ibid., 400）

海老名の『基督教本義』とトレルチの論文とが完全に同時期ということから考えて、海老名がトレルチの議論の影響を受けて自らの歴史神学を構築したとは考えにくいものの、海老名とトレルチの両者がともにハルナッ

クのキリスト教の歴史理解と、その背後にある自由主義神学の歴史観とを共有していたこと、その意味で海老名が近代の自由主義神学の問題設定に従って思想を展開していることは明らかである。それは、キリスト教の「本質は断固として近代的な歴史的思惟の方法において求められねばならない」（ibid., 401）という問題意識である。

　トレルチは、具体的には、キリスト教の本質という概念を、以下に示す三つの仕方で規定しようとする。第一は、「批判としての本質」であり、その要点は次の引用の示す通りである。

　　「本質概念は、同時に批判を意味する。本質概念は現象からの単なる抽象ではなく、同時に現象に対する批判なのである。そしてこの批判は単に未完成なものを、それに働いている理想的なものに則して量ることではない。むしろ本質に合致するものと本質に反するものとを分離することなのである。」（ibid., 407）

　つまり、近代歴史学の基本的方法が資料批判、[27] すなわち文献の資料価値の批判的判定であることにも現れているように、本質概念を捉えるには、本質との合致の度合いを批判的に評価することが必要なのである。このように見ると、海老名が、「吾人は基督の意識を以て基督教の神髄と思ふ。此神髄は凡ての種類の基督教を貫徹して居ることは疑いない」（海老名、1903、3）というのはキリスト教の基準となる本質の設定であり、「欧米の基督教は大は即ち大であるが、基督の宗教に照らして考ふれば、純潔無垢の宗教とは謂はれない」（同書、4）というのは、この基準に基づいた価値の批判的判別に相当することがわかるであろう。

　しかし、本質概念の内容は基準に基づく批判という点に尽きるのではなく、さらに「発展概念としての本質」が問われねばならない。

　　「はじめの時代（Urzeit）は決してそのまま完全な統一をもった総体ではない。……後に続く発展は本質規定にとって根本的に重要なものとなるのである」（Troeltsch, 1903, 414）、「本質の認識は、はじめの時

代とイエスの説教だけによって根拠づけられるものではない」(ibid., 417)、「それは自らを展開する精神的な原理でなければならない」(ibid., 418)、「本質はそれらの関連の中にのみ存在する。」(ibid., 423)

　この発展概念としての本質というトレルチの議論は、先に見たロゴス論に基づく海老名の歴史神学と基本的に一致している。まさに、『基督教本義』とは、発展概念としての本質を海老名が自らの視点から叙述したものに他ならないのである。しかしさらに、トレルチは、本質概念の規定が、これまでの批判と発展というような歴史学的な客観性とは別のレベルにおいて、つまり歴史的資料を分析し本質概念を再構成する歴史家自身の個人的な価値判断によって規定されていることを指摘している。[28] これが、三番目に取り上げられる「理想概念としての本質」である。歴史解釈における客観的な方法論と主観的な視点との結合は、歴史解釈学の理論的な根本問題であるが、トレルチはこの点を明確に理解している。

　　「本質規定の前提条件に属するものは、結局のところ、とりわけキリスト教の価値と真理に対する個人的な立場なのである。……未来の発展は自らを展開する本質のなかに含められねばならない。……本質は、抽象概念であることから、まさに自ずと理想概念になるのである」(ibid., 426)、「その理想なるものは、歴史的な本質から抽象を通して獲得され、批判的に精錬されたものであり、無制限に展開する力を持つのであって、未来を形成すべきものなのである。」(ibid., 428)

　では、海老名においてこの理想概念という面はどこに現れているであろうか。我々は、この点に関して、海老名がキリスト教の発展過程から二つの系譜を取り出し、後者の系譜に共感しつつ、キリスト教史の全体を叙述していたことを思い起こすべきであろう。つまり、海老名の歴史神学は近代的思惟の問題設定に基づきつつも、同時に海老名の価値判断に従った海老名独特の歴史神学だったのである。これは、先に、海老名の議論の特徴として挙げた、学問性と体験主義（実験）の二重性に対応するものである。

第四章　海老名弾正と自由主義神学　　147

（四）歴史神学のもたらしたもの

　以上より、海老名の「基督教の本義」の議論が、トレルチの言う「キリスト教の本質」論として理解できることが明らかになった。では、こうした歴史神学はいかなる帰結をもたらすのであろうか。戦争論や朝鮮伝道論といった具体的な諸問題との関わりは、第四節で論じることにして、ここでは、歴史神学の理論的帰結を中心に考察を行ってみたい。

　『基督教本義』における海老名の歴史神学は、基督の宗教の立つ歴史的連関として、旧約聖書から新約聖書に至る歴史的過程と新約聖書後のキリスト教史を取り上げているにすぎないが、その理論的な射程は、人類史の全体に及ぶいわば普遍史として構想されている。これは、まずキリスト教と他の諸宗教（異教）との関係として論じられる。「旧約は新約の準備、新約は旧約の完成」（同書、161）というのは、海老名に限らず、キリスト教思想においてよく見られる見解であるが、[29] 海老名はこの議論を拡張して次のように主張している。

　　　「基督教と異教との関係も亦旧約と新約とのそれのやうで、ヨハネは毫も異教を邪教視して居らぬ。……ロゴスの光が異教人の上に照りつつあること」（同書、161 以下）
　　　「同じく人類の光明であるロゴスが耶蘇に於て人格となつたものなれば、基教と異教とがそう矛盾隔絶して居るものではない。」（同書、162）

　このキリスト教と異教とを一つの歴史的発展連関において捉えることの背後にあるのは、神の普遍性の議論とロゴス論なのである。すなわち、「神は耶蘇の父である、此関係は因果又は本末のそれをいふたのではない、哲理的にあらずして道理的である、倫理的にあらずして宗教的である、是れ乍然彼れ一人の独占ではない、神は凡ての彼を信ずる人の父である。」（同書、163）、「自啓の顕現とは何であるか。ロゴス、即ち是れ。ロゴスは万有の創造者にして万有の原理、天地の主宰にして、人類の教育者である。故にロゴスは万有に遍在し万有の秩序となり、人類を遍照して教会の首領

148　第二部　近代日本とプロテスタント・キリスト教

となり給ふ」(同書、172)、と。

　こうして、人類史の全体は、ロゴスの自己発展、自己顕現のプロセスの内に統合されるのであり、こうした普遍史の理解は、「人類の教育者たるロゴス」「ロゴス教育法」(同書、180)とあるように、神の経綸を人類の教育と捉える「レッシングの人類教育論」からさらには古代の教父にまで遡るものなのである。[30]重要なことは、「亦天啓の一時代又は一地方、或は一民族に限られざるを知るべし」(同書、203)という見解であり、ここから、近代日本もロゴスの発展過程の中にしかるべき位置を占めており、神の教育は日本民族にも及んでいるということが、当然のこととして帰結することになる。日本的キリスト教とは、日本とキリスト教という異質あるいは矛盾したものを人為的に合体して作り上げられるものではなく、ロゴスの近代日本における自己展開として可能になるのである。全人類は、そして日本民族は、キリストにおいて現実化した倫理的宗教へ至る可能性を自らの内に有しているのであり、先のキリスト理解にもあるように、キリストは真の普遍的な人間性の模範として、日本民族にも関わる存在者(「内界のキリスト」)として捉えられることになるのである。[31]

　　「彼の霊能才力は深く人類の奥底に潜伏する未発の能力にして、基督を
　　待つて始めて発顕したるものと認められたるが故に、其所謂神性は天
　　地人類以外のものにあらずして、既に己に人類の本体たる霊性に外な
　　らないのである、基督の神性は人類固有の霊能なれば、彼れは霊能新
　　人類の首領である。」(同書、213)

　以上が、海老名の歴史神学の理論的帰結である。最後に、海老名の説教から、「内界のキリスト」に関わる部分を引用して締めくくりたい。

　　「この『万人』とは単にクリスチャンの団体を指せるのみではない。
　　世界の人類を指したものである。さらば儒教も仏教もキリスト教もそ
　　の源は一なりということが出来る。かく見なければ偏せるものである
　　が、まず『万人に貫』けるもの、これを内界のキリストという。これ

第四章　海老名弾正と自由主義神学　　149

歴史の内に存するキリストである。」（海老名、1909、196）

四　自由主義神学者海老名、その意義と限界

　この節では、これまでの議論から明らかになった自由神学者海老名の思想的特徴を信仰論として再度論じた上で、こうした海老名の思想に現れた問題性あるいは限界を、海老名の戦争論や朝鮮伝道論との関わりを念頭に置きながら検討することにしたい。

（一）海老名の信仰論とその意義

　海老名の宗教理解の特徴は、「神の赤子の経験」や「内界のキリスト」という海老名独特の用語によって示されているように、宗教を宗教経験や宗教意識における内面性として捉えている点に見ることができる。こうした宗教あるいは信仰の理解は、現代宗教学の視点から見ていかなる意義を有するのであろうか。おそらく、海老名の信仰理解としてもっとも注目すべき特徴は、信仰を人格の全体性の事柄と捉えている点であろう。

　海老名との比較のために、ここではティリッヒの信仰論を取り上げることにしよう。ティリッヒの信仰論で有名なのは、「究極的関心としての信仰（Faith as Ultimate Concern）」、つまり「信仰は究極的に関与した状態である」（Tillich, 1957, 191）との命題である。[32] この究極的関心について、我々が留意すべき点は、これが、信仰を主知主義的あるいは主意主義的あるいは情動主義的に歪曲することへの反論として提出されていることである。信仰に関しては、伝統的に、信仰を一定の内容を有する命題の認識として、あるいは意志における決断として、また情緒的な心の状態として理解するといった議論が存在しているが、[33] 問題は、これらの議論が、信仰を認識に還元したり、意志に還元したり、情動に還元したりする場合に発生する。つまり、信仰は単なる認識であるとか、単なる意志的決断であるとか、単なる情動の現れであるとかいった還元主義的信仰理解（「信仰は……に過ぎない」）によって、信仰は様々に歪曲されてきたというのが、

150　　第二部　近代日本とプロテスタント・キリスト教

ティリッヒの問題意識であって、ここからティリッヒは信仰を人間存在の全体性の事柄として明確化する目的で、究極的関心という概念を提示したのである。信仰は、認識、意識、情動のすべてを人格的全体性のもとで統合するところに成立するというのが、ティリッヒの信仰論の中心的主張と言ってよいであろう。

このティリッヒの信仰論に照らしてみるとき、海老名にも同様の信仰理解を確認することは困難ではない。まず、海老名は信仰を次のような言い方で人格性の事柄として論じている。

「彼れの信仰は此教義を承認し、又は彼儀式を執行することではない、基督其ものと一心同体となる心意の状態をいふのだ」（海老名、1903、110)、「基督の衷情に結合する」、「基督に合体し同化して其聖なる人格を実現せしむる者は、信仰に由つて生くべし」（同書、111)

この人格性においては、「情意一致の人格」（同書、114）と言われるように、意志と情動の両者が含まれているが、海老名は、ともすれば信仰が認識や意志の問題として議論される傾向にあるのに対して、情動の側面に力点を置いている――シュライアマハーの場合と同様に [34] ――。それは、次のように、信仰を実験、感得、同化として説明する際に見られる問題であるが、大切な点は、情動的な面が強調される場合でも、基本は知情意を統合した人格性、その意味での全体性としての心にあるのである。

「信仰は新実験である、基督の中に現存する内容を実験せしむるもの、過去千年前に顕現した史上の事実を現実に実験せしむるもの」、「信仰は情感である、基督の感激し給ふたものを感得するのは信仰である」、「信仰は同化である」、「信仰は活発々地の歓喜心である」（同書、152)。

このように信仰が人格の全体性に関わる事柄であることは、「基督は人に新なる善行を教へ給はない、人を善ならしめたもふ。其貴ぶ所は新行にあらずして新人である」、「善行の動機を作る」（同書、153）と言われるよ

第四章　海老名弾正と自由主義神学　　151

うに、信仰が人間存在のあり方のレベルでの転換（＝新人となる）と理解されることから明らかであろう。植村との論争で、海老名が宗教を「信条や教理や儀礼の上に宗教を求むるは偽りである」（同書、198）として、宗教を信条や教理や儀礼と同一視する立場を、「信条主義」として批判したのは、このような信仰理解に基づいてのことだったのである。すなわち、「若し其観念に相応する情感が勃興するにあらざれば、爾は未だ宗教をもたないのだ。……宗教は神と人との和合感である」（同書、200）。またさらには、海老名は、宗教を信条や教義や儀礼の問題として捉える限り、宗教は信条や教義の違いに基づく争いや戦争を引き起こさざるを得ないと論じている。

> 「宗教の分離や宗教の戦争といふは、宗教其ものの分離でもなければ、亦戦争でもない、乃ち信条や教義や、儀礼の争論や分離や戦争である。」（同書、202）

　このように海老名の信仰理解は、信仰を人間の全体性の事柄として捉え直すものである点において、現代宗教学の立場からも評価すべき内容をもっている。しかし、海老名の信仰理解は、先に見たような自由主義神学との関わりにおいても、さらに論じることができるように思われる。それは、海老名の信仰論が近代的な個人の経験や意識へと定位した宗教観に合致しているという点である。

　トレルチは、『社会教説』（1912）において、「教会―ゼクテ（分派）―神秘主義」という類型論を展開し、[35] 第三の類型である神秘主義との連関でスピリチュアリズムを取り上げている。このスピリチュアリズムは、第二の類型であるゼクテとも様々に結びつきながら存在してきたが、トレルチが注目するのは、その近代的な形態である。つまり、「教養ある一般信徒の人々は、キリスト教に依存している限りにおいてであるが、実際には教会や礼拝なしの宗教、精神と心情のキリスト教、ヒューマニズム的活動のキリスト教、宗教の思想内実が完全に個人的にしつらえられたキリスト教を有しているのである。……一般に、近代の教養層はスピリチュアリズム

しか理解しないのである」(Troeltsch, 1912, 938)。

　トレルチは、以上のようにスピリチュアリズムを近代の教養層の宗教的立場、あるいは近代の精神性に合致した宗教性と解するわけであるが、『基督教本義』で海老名が提示するキリスト教信仰は、内容的に、このスピリチュアリズムに分類できるであろう。というのも、海老名の信仰理解は、次に安酸敏眞が挙げるトレルチの神秘主義類型の特徴とほぼ一致するからである。

　　「『神秘主義』の重要な特徴としては、（１）宗教的体験の直接性・現在性・内面性、（２）歴史や祭儀や制度への非依存性、（３）ラディカルな個人主義、（４）人格主義、（５）社会的形成力の脆弱性、などが挙げられるであろうが、おそらく『神秘主義』類型のこうした特徴づけを最も詳細に論じている箇所は、『社会教説』第三章の４の後半部分『神秘主義とスピリチュアリスムス』の冒頭のところであろう。」（安酸、2001、58）

　以上の議論から、海老名のキリスト教思想としての意義を論じるとするならば、その最大の意義は、近代的精神性に合致したキリスト教を日本に導入した点に認められるであろう。もちろん、海老名が伝道した日本の精神性の方が、西欧近代に追いついたかは、また別に問われねばならないであろうが。

（二）海老名神学の問題性

　海老名のキリスト教思想が、近代的な教養人へのキリスト教信仰の弁明を目指した自由主義神学の線上に位置することは、これまでの議論より明らかと思われるが、西欧キリスト教の一つの選択肢であった自由主義神学あるいはスピリチュアリズムを日本の近代化の文脈において、伝統的な教会主義や信条主義を超えるものとして実現しようとした彼の試みは、同時に、日本的キリスト教という性格を持つものであった。それは、戦争や朝鮮伝道という具体的な問題との関わりで、様々な逸脱を生み出してゆくこ

第四章　海老名弾正と自由主義神学　　153

とになる。おそらく、我々はここに海老名のキリスト教思想の最大の問題点を確認することができるであろう。そのために、まず、海老名のキリスト教思想の特徴を、批判と形成との関係という点から分析することにしたい。

　ティリッヒは、プロテスタンティズムの歴史的諸現象を貫く原理（プロテスタント原理）を論じるにあたって、この原理が批判原理と形成原理の二面性—神と人間との関係性の持つ二面性に基づく—から成り立っていることを指摘している。[36] これは、キリスト教全体に妥当することであって、キリスト教が、世俗への批判や審判という側面と、世俗における具体化と内在化という側面の二側面、つまり批判と形成という二つの作用を有していることを意味している。この点から見るならば、海老名では、批判原理も存在しないわけではないものの、基本的に形成原理が優位を占めていることがわかる。

　　「吾人が基督の宗教を発揮せんと欲するは、強ちに破壊を壮事とするからではない、其新なる形体を創造建設する所の能力を認むるからである。否吾人の衷心に鬱勃として抑圧すべからざる基督の生命を自覚するからである。生命は能く破壊し又能く建設する。生命の目的は破壊にあらずして建設にある。然れども其建設の目的を達せんとするには、勢ひ破壊せざるを得ない。」（海老名、1903、2）

　これは、神と人間との関わりにおいて、人間の罪と神の裁きに対して、神の恩恵を強調するという先に罪論に関して指摘した論点にも関わっている。

　　「誅罰はエホバの神の終局の目的にあらずして罪人を善良にせんが為の方便に外ならず。故に神の恩恵は神の審判の根本的動機にして、審判は恩恵を蔽塞することをなし能はぬのである。」（同書、59）

　このように、新たな形体の創造建設という点に宗教的生命の主たる働き

を見る場合、現実に進行する創造建設に対しては、それを宗教的観点から批判するというよりも、むしろそれを承認するという傾向が生じやすいのではないだろうか。つまり、海老名のキリスト教思想の最大の弱点は現実社会に対する批判の弱さにあったのである。近代的な精神性に合致し、近代国家形成を承認するキリスト教は、一歩間違えると、近代への埋没という帰結を生じることになる。ここに、海老名の神道的キリスト教が、明治国家の戦争政策を批判できずに、朝鮮総督府のイデオロギーとして機能するに至る根本的な理由が存在しているように思われる。[37]「民族精神と同一視され、歴史的状況への批判的視座を喪失したキリスト教が、天皇制国家のイデオロギーとなり、戦争の正当化を行ったことは、容易に理解できることであろう」(金、1998、118)。

　もちろん、海老名が意図的にまた実際にキリスト教を天皇制イデオロギーに変質させたかについては、本章の主なるテキストである『基督教本義』だけでは、論証が困難であり、それは専門研究に委ねなければならない。[38] しかし、ここでは、海老名のロゴス論が、日本の近代化政策の宗教的承認と成り得た論理的な可能性を、一つの仮説として提出することにしたい。おそらく、この論理性は、自由主義神学自体に内在する問題であると言えよう。この点を明確にするために、海老名の説教から以下の箇所を引用しておこう。[39]

　「かの仏教の如き宇宙教すらも、日本に入りてよりは地方的着色を帯びて来った。ある人は、キリスト教が日本的にならねばならぬと言う。甚だあさはかなる考えと言わねばならぬ。キリスト教は、到底日本的になるほど小さいものではない。キリスト教は、既に民族的境域を超越している。キリスト教としてキリスト教たらしめよ。断じて日本的たらしむるべきものにあらず。……もとより、形式上は日本的となるべきは論を待たない。日本人の礼拝式は日本的たるを免かれぬ。しかし、事いやしくも真面目なる宗教そのものに至っては、それが日本的であると、ないしは米国的であると、英国的であるというべきものではない。キリスト教は、確かに民族的性格を超越して、またこれを包

容する宇宙的のものを有している。国家的国民性がようやく発展する裏面において、絶えず神の国は建設せられつつある。……吾人は、霊と真とをもって神を拝する神の国、即ち倫理的世界を国民の裏面に造らねばならぬ。倫理の講義に非ず、倫理的社会の造営である。」（海老名、1903、124）

「クリスチャンの使命は、正にここに在る。『神の国は爾曹の衷に在り』とは、キリストの直覚、国家そのものの衷心にこれを発揮するは、キリストの使命である。我が日本帝国の衷心に、これを発揮する使命なしと思うか。……故に、神の国は個人を霊化し、社会を霊化し、世界を霊化し、国家を霊化し、宇宙を霊化する所の霊能である。」（同書、125）

　キリスト教信仰から明治日本の戦争政策のイデオロギーへの転倒はいかにして生じたのであろうか。海老名のロゴス論を前提にするとき、次のような一つの推測が成り立つように思われる。まず、海老名のロゴス論とは、ロゴスの歴史的な展開と顕現を人類の歴史全体において認め、それに基づいて、近代日本あるいは日本民族におけるロゴスの現実化を主張可能とするものであった。もちろん、これはキリスト教的聖書的なロゴスと日本精神とを単純に同一視するものではない。先に引用した説教からもわかるように、海老名はまさにこの単純な同一視の意味での「日本的キリスト教」を否定しているのである。しかし、ポイントは、ロゴスあるいは神の国は、民族性を超越しつつも、近代的な国民精神の形成過程の裏面において実現しつつあると論じられている点である。これによって、海老名は明治国家をそれ自体キリスト教と同一ではないが、神道自体における多神教から一神教への発展の中にロゴスの自己実現を見ることができたのである。[40] こうして、明治国家と近代日本の精神性は、その中にロゴスの発展を見ることによって、キリスト教と区別されつつも、キリスト教の立場から肯定できるものとなるのである。

　ここで論理的には一つの飛躍あるいは転倒が生じる。明治国家をキリスト教的に肯定するということは、転じて、キリスト教の方が明治国家を肯

定しうるもの（国体に反しない）、さらには、明治国家を肯定すべきものとして意味づけられることになる。つまり、元来は、明治国家の意味を評価し、場合によってはそれを批判すべきものであったキリスト教が、まず明治国家を肯定可能なものへ、そして肯定すべきものへと転じられ、ついにはキリスト教の方が近代日本の精神性という視点から評価されるに至るのである。ここに、明治国家を肯定し正当化するキリスト教こそがキリスト教として正しいあり方であるという帰結が得られることになる。おそらく、ロゴス論を基盤とした海老名の自由主義神学は、このような論理の展開と転倒によって、明治国家への批判性を喪失し、明治国家の政策を肯定するに至る道を開いたのではないだろうか。もちろん、以上は先に述べたように一種の思考実験、仮説であって、その論証は海老名の専門研究に待たねばならない。しかし、最後に述べておきたいことは、こうした転倒は海老名だけの特殊な問題ではないという点である。バルトが、自由主義神学を批判した際の論点の一つは、ハルナックら自由主義神学の代表的神学者が、ドイツの戦争政策を批判できずに、それに埋没したという点だったのであり、[41] また、ドイツ的キリスト者がナチスを支持した場合にも、同様のメカニズムが働いていたと言えよう。つまり、キリスト教会が国家との関わりでしばしば陥る転倒が、海老名の日本的キリスト教において典型的に確認できるのであって、その点で海老名のキリスト教思想は、世俗国家との関わりにおけるキリスト教のあり方を考察する上で、重要な事例と言えるのである。

五　むすび

　本章では、海老名のキリスト教思想を、日本という非キリスト教世界における風変わりな一人のキリスト教思想家の特殊な思想としてではなく、「キリスト教と近代」というキリスト教にとっていわば普遍的な問題の中で、キリスト教思想の問いとして論じることを試みた。この試みがどれだけの妥当性を持つかは、今後の批判を待つ必要があるが、最後に、海老名

研究を通して、日本キリスト教研究についていかなる展望が獲得できたか
をまとめることによって、本章を締めくくりたい。

　日本・アジアのキリスト教をいかなる視点から、またいかなる方法で研
究するかについては、多くの見解が存在するものと思われるが、海老名研
究からわかったことは、日本・アジアのキリスト教研究は、確かに一方で
は、日本やアジアの地域的文化的特殊性をめぐってなされるべきではある
ものの、他方では、キリスト教思想一般の問題設定や先行研究の蓄積を前
提にして行う必要があるということである。本章で、繰り返し海老名のキ
リスト教思想を自由主義神学として規定し、19世紀のドイツ神学の文脈に
位置づける試みを行ったのは、そのような理由からであった。こうした日
本とアジアのキリスト教研究のあり方は、そもそもアジアのキリスト教が
西欧キリスト教との関わりの中に、またこの地域の近代化のプロセスの中
に位置していることからの当然の帰結なのである。[42] 日本とアジアのキリ
スト教はいわば地域キリスト教の特殊性を有しつつも、決してキリスト教
全体の中で孤立して存在しているのではなく、むしろ、西欧キリスト教と
の有機的な連関の内に立っているのである。したがって、日本とアジアの
キリスト教をキリスト教思想史全般との関わりで論じることには、それ相
応の必然性があると言えよう。

　今後、日本とアジアのキリスト教研究を進めるには、日本キリスト教史、
アジア・キリスト教思想史を、それだけで閉じた研究対象として考察する
のではなく、キリスト教全体へと開かれた問題設定において位置づけた上
で、日本とアジアの特殊性を正当に評価するといった態度が要求されるで
あろう。

文献

　本章で扱われる海老名弾正の文献は以下の通りである。引用に際しては、表記を一部
現代表記に改めた。なお、海老名以外から略記号で引用される文献の書誌情報について
は、それぞれに関連した以下の注をご覧いただきたい。
　　I.『日本の説教 1　海老名弾正』日本キリスト教団出版局、2003 年。
　　　I /1「現代に対するキリスト教の使命」、『新人』4 巻 3 号、1903 年 3 月。

Ⅰ /2 「内界のキリスト」、『新人』10 巻 2 号、1909 年 2 月。

Ⅱ. 「基督教概論未完稿」「我が信教の由来と経過」発行者海老名一雄、昭和 12 年、非売品（『近代日本キリスト教名著選集　第Ⅲ期 キリスト教受容篇　二二』日本文書センター、2003 年、所収）。

Ⅲ. 『基督教本義』日髙有隣堂、明治 36 年（『近代日本キリスト教名著選集　第Ⅰ期 キリスト教受容篇　五』日本文書センター、2002 年、所収）。

注

(1) 土肥昭夫『日本プロテスタント・キリスト教史』新教出版社、1980 年、116 頁。

(2) 「明治二十年代に入って明治国家の基礎が整備強化されてくると、やがてキリスト教にたいする制圧現象が現れてくる」（大内、1970、280）。この動向を具体的に示しているのが、「内村鑑三不敬事件」（明治 24 年）と、そして井上哲治郎（東京帝国大学教授）の「教育と宗教との関係につき井上哲次郎氏の談話」（明治 25 年 11 月、「教育時論」第 272 号）である。井上の「耶蘇教は元と我邦に適合せざるの教なり」との発言をめぐって、その後論争が行われるが、「明治二十年代に入って教会の教勢はふるわず、その活動は沈滞気味に陥ったが、その重要な一因はここにあった」（同書、295）と言われるように、その影響は小さくなかった。

(3) 海老名に関しては、日本的キリスト教、さらには、神道的キリスト教と表されることがあるが、キリスト教思想としての評価をめぐっては、海老名研究において研究者の見解がわかれている。現在の海老名研究を代表する金文吉は、海老名のキリスト教は神道的キリスト教であると捉え、関岡一成はそれに反対する。たとえば、関岡は、「これまでの海老名研究で、かれの『日本的キリスト教』については、海老名が日本の伝統的宗教や価値観を評価している点、すなわちキリスト教の『日本化』ついて言及しているところが取り上げられ批判されることが多い」（「『日本の説教 1 海老名弾正』解説」、2003 年、223 頁）と指摘しつつ、海老名を神道的キリスト教として批判することには否定的である。しかし、海老名を論じる場合、金文吉に限らず、同様の見解を述べる研究者は少なくない。たとえば、隅谷三喜男（『近代日本の形成とキリスト教』新教出版社、1961 年）は、「ついで海老名弾正は日本的倫理とキリスト教とを両立させようとはかって、神道的キリスト教の基礎を確立しようとし」（同書、132）と、また土肥昭夫も、「彼（海老名。引用者補足）はキリスト教と儒教の間に共通の宗教的意識を見出し、それによって儒教をキリスト教の中に摂取包括し、そこから儒教の進化発展とキリスト教による完成成就を考えた。こういう考え方は神道との関係においても見られる。彼によれば、日本の神道はキリスト教に似て人格的である。その人格的多神教は、キリスト教のように一神教に進化発展するようになった」（土肥、1980、176 頁）と指摘している。海老名におけるキ

リスト教と日本との関係づけに関する本章の見解については、本章第四節を参照いただきたい。

なお、関岡の金（1998）への批判については、関岡一成「海老名弾正の『神道的キリスト教』とは何か」、『福音と世界』1999.3、新教出版社、54-57頁を参照。また、以上の海老名研究の動向については、洪伊杓「海老名弾正をめぐる「神道的キリスト教」論争の再考察」（現代キリスト教思想研究会『アジア・キリスト教・多元性』第13号、2015年、53-65頁）の詳細な議論を参照。

(4) 海老名が列挙する文献は以下の通りである（海老名、1903、序3）。

Wellhausen Israelitische und Jüdische Geschichte, and his History of Israel,

Kittel's History of Israel,

Kuenen's History of Israel,

Pfleiderer's Religionsphilosophie,

Harnack's Dogmengeschichte,

Neander's Church History,

Pfleiderer's Urchristentum,

Beyschlag's Newtestament Theology,

Holtsman's Neutestament Theologie,

Rodepennig's Origenes,

Robertson's the Prophets of Israel, and his old Testament in Jewish Church,

Pfleiderer's Paulinism, and his Protestantische Theologie,

Wend's Teaching of Jesus,

Schaff's St. Augustine. 等

(5) シュライアマハーの思惟の楕円構造については、次の拙論を参照。

芦名定道『ティリッヒと弁証神学の挑戦』創文社、1995年、34-36頁。

(6) 歴史主義と体験主義とは、一見すると、歴史的資料の客観的分析による歴史的事実と個人の体験に基づく主観的了解というように、まったく異なった立場のように思われるかもしれない。しかし、自由主義神学は、近代的歴史意識に基づく歴史学的方法論を受容しつつも、同時に信仰経験・意識の中に神学としての基盤を持っていたのである。この二つの契機の結合はシュライアマハーにおいても明確に確認できるものであるが、それは、歴史的方法論自体の中に存在する構造に他ならない。トレルチは、歴史的方法を分析する中で、歴史的批判が「類比」(Analogie) の適用によって成り立っていることを論じているが、資料批判は歴史家自身の経験に基づく既知のものと類比することによって可能になるのであり、歴史的方法自体が類比という原理を組み込むことによって、体験あるいは経験と結び付いているのである。これが、歴史的批判における方法論的現在中心主義に他ならない。

Ernst Troeltsch, *Ueber historische und dogmatische Methode in der Theologie*(1900), in: *Gesammelte Schriften* Bd.2, Scientia Verlag Aalen,

1981, S.729-753.（「神学における歴史的方法と教義的方法」、『トレルチ著作集２』ヨルダン社、1986 年、5-36 頁。）

(7) 大内三郎・海老沢有道『日本キリスト教史』（日本基督教団出版局、1970 年）では、新神学問題と信条制定問題（日本組合教会、日本一致教会）という背景から、植村―海老名論争（341-351 頁）が詳細に論じられている。詳細は、本書第三章を参照。

(8) 鵜沼裕子『史料による日本キリスト教史』聖学院大学出版会、1992 年、39 頁。なお、武田清子は、この論争に関連して、植村の論争の仕方について、次のように述べている。「植村の論法は、こちらの正体を示さず、論敵の弱点を刺激しながら、論敵がその正体を全く露呈するまで巧に誘い出そうとするものであり、敵が正体をあらわしたところで、ばっさり網をかぶせて料理するという、こわいような巧みさを持っている。……海老名は、事実上、福音同盟会より排除された」（武田清子『植村正久――その思想史的考察』教文館、2001 年、18 頁）。

(9) バルト―ハルナック論争については、次の文献を参照。

大崎節郎『カール・バルトのローマ書研究』新教出版社、1987 年、33-34 頁。

Eberhard Busch, *Karl Barths Lebenslauf*, Chr. Kaiser, 1975, S.160f.（エーバーハルト・ブッシュ『カール・バルトの生涯 1996-1968』新教出版社、1989 年。）

(10) シュライアマハーの『信仰論』において、信仰には「絶対依存感情」という有名な定義が与えられているが、この定義を導く議論の全体が、意識の分析として行われていることは、神学を構築する上での方法論的な転換（宗教経験・宗教意識への転換）を意味している。後に弁証法神学はまさにこの方法論的転換を批判したわけであるが、シュライアマハーがその後のプロテスタント神学の問題状況を規定したことは明らかである。詳細についてはたとえば次の文献などを参照。

W.Pannenberg, *Problemgeschichte der neueren evangelischen Theologie in Deutschland. Von Scheleiermacher bis zu Barth und Tillich*, Vandenhoeck & Ruprecht, 1997, S.46-76.

(11)「我が信教の由来と経過」（Ⅱ）は、海老名自身による自らの信仰歴の説明であり、多くの海老名研究がこれを主要な資料として用いている。なお、海老名についての新しい評伝研究としては、次のものが挙げられる。

關岡一成『海老名弾正――その生涯と思想』教文館、2015 年。

(12) パウロをユダヤ教の思想的文脈で理解する試みは、パウロのキリスト理解（「イエスのピスティス」をめぐる、キリストは神か神の子か）に関わる問題として、海老名以降も繰り返し議論され今日に至っている。日本においても、次の文献を挙げることができる。

清水哲郎『パウロの言語哲学』岩波書店、2001 年。

なお、こうした「イエスのピスティス」についての聖書学的問題状況については、

次の論文を参照。

原口尚影「イエス・キリストの信実か、イエス・キリストへの信仰か？　ロマ三・二二の釈義的考察」（日本基督教学会『日本の神学』54、2015 年、76-95 頁）。

(13) 海老名のギリシャ教父をめぐる議論については、次の有賀論文で考察がなされている。

有賀鐵太郎「海老名弾正と希臘神学——歴史神学思惟の一研究」（『基督教研究』第 21 巻第 4 号、1945 年、333-353 頁。『有賀鐵太郎著作集 3』創文社、1981 年、358-377 頁。）

(14) オリゲネスの祈祷論については、次の邦訳の訳者小高毅による解説（3-43 頁）を参照。オリゲネス『祈りについて・殉教の勧め』創文社、1985 年。

(15) シュライアマハーのキリスト論については、次の文献が明解な説明を行っている。

Catherine L. Kelsey, *Thinking About Christ with Schleiermacher*, Westminster John Knox, 2003.

(16) キリスト教受容をめぐる類型論については、次の川又論文を参照。

川又俊則「キリスト教受容の現代的課題—死者儀礼、とくに墓地を中心に—」、日本宗教学会『宗教研究』326 号、2001 年、25-47 頁。

川又は、この論文で森岡清美『『外来宗教の土着化』をめぐる概念整理」（『史潮』109 号、1972 年）—土着化を「孤立（拒否・変形）」「狭義の土着化（容認・変形）」「秘事化（拒否・変質）」「埋没（容認・変質）」の四類型に類型化—と、武田清子（『土着と背教』新教出版社、1967 年）—著名なキリスト教徒を例に「埋没」「孤立」「対決」「接木（土着）」「背教」の五類型に類型化—を挙げているが、こうした類型論と、キリスト教思想史における類型論の古典である、H・リチャード・ニーバーの類型論 (H. Richard Niebuhr, *Christ and Culture*, Harper & Brothers, 1951.)—キリストと文化との関係理解をめぐる、「文化に対立するキリスト」「文化のキリスト」「文化の上なるキリスト」「逆説におけるキリストと文化」「文化の変革者としてのキリスト」の 5 類型—との比較検討は興味深い研究テーマである。海老名自身は、「パウロ、アウグスティヌス、ルター」と「ヨハネ、オリゲネス、シュライアマハー」の二つの系譜によって、キリスト教思想史を概観し、自らは後者の内に位置づけているわけであるが、これに対してニーバーは自由主義神学を第 2 の「文化のキリスト」に、パウロ、ルターを第 4 の「逆説におけるキリストと文化」に、そしてヨハネとアウグスティヌスを第 5 の「文化の変革者としてのキリスト」に、基本的に対応させるなど、海老名との間には微妙なずれが見られる。これは、類型論という方法の性格から見て当然のことではあるが、類型論がそれを設定する研究者の視点に相関することを考えれば、海老名の類型論と他の思想家の類型論との比較を精密に行うことによって、海老名の思想のより正確な理解が可能になるように思われる。今後の課題としたい。

(17) 海老名あるいは海老名の影響下における「日本的キリスト教」の展開については、

金（1998）あるいは宮田光雄『国家と宗教——ローマ書十三章解釈史＝影響史の研究』（岩波書店、2010年、379-387頁）を参照。

(18) 海老名における欧米キリスト教会の相対化という議論は、欧米のキリスト教会からの自立についての日本組合教会の方針—明治28年の第十回日本組合教会総会における「自給自立」の決議—とも無関係ではないであろう。この点については、大内（1970、205-206）を参照。

(19) 海老名神学の中心にロゴス論を位置づけている研究としては、次の熊野（1967、165）を挙げることができるが、海老名のロゴス論については、吉馴（1982、192-195）、金（1998、164-176）も参照。

　　熊野義孝「海老名弾正の『思想の神学』」1967年（『熊野義孝全集　第十二巻』新教出版社、1982年、145-180頁）。

　　吉馴明子『海老名弾正の政治思想』東京大学出版会、1982年。

　　金文吉『近代日本キリスト教と朝鮮——海老名弾正の思想と行動』明石書店、1998年。

なお、熊野は、「思想の神学」という海老名神学のとらえ方に関して、「われわれはこの人において『思想』が先行していること、しかも判然とした『思想形式』ないし『思想の枠』を予備した上での神学的言論が展開されていることを、しっかりと見分けなければならないと思う」（同書、156）と述べている。

(20) アレクサンドリアのフィロンのロゴス論については、平石善司『フィロン研究』（創文社、1991年、5-304頁）における詳細な議論が参照できる。

(21) 「キリストに帰れ」という目標設定は、近代聖書学にとどまらず近代的なキリスト教神学において中心的な位置を占めてきた。それは、アルベルト・シュヴァイツァー（シュヴァイツァーの大著『イエス伝研究史』は1906年に初版が刊行されており、海老名の『基督教本義』の3年後のものではあるが、両者はほぼ同時代である）によって否定的な総括がなされることになる19世紀の「イエス伝」研究を生み出し、海老名のキリスト理解もこうしたプロテスタントの神学的動向に属するものと言える。

(22) こうした古代イスラエルからキリストにいたり、その後多様な仕方で受容されるという海老名の宗教史理解は、その後のキリスト教神学における啓示論、たとえば、ティリッヒの「啓示史」理解とも比較できる内容をもっている。ティリッヒの啓示史については次の拙論を参照。芦名定道『ティリッヒと現代宗教論』（北樹出版、1994年、212-216頁）。

(23) キリスト教思想史に二つの系譜を区別するという議論はさまざま仕方で提出されてきたものであり、海老名の系譜論もそのような流れにおいて理解することができる。特に、いわば正統的なプロテスタント的キリスト教思想史の系譜とも言える「パウロ、アウグスティヌス、ルター」に対抗する思想的可能性を、古代から近代のシュライアマハーに辿るという立論の仕方は、現代の宗教多元主義の代表であるヒックに

おける神義論の系譜論と比較できるかもしれない。ヒックの場合は、アウグスティヌス的神義論に対するものとしてエイレナイオス的神義論を位置づけ、その近代における継承者としてシュライアマハーを捉えているが、こうした思想史的理解は、海老名の思想史的理解と無関係ではないであろう。

John Hick, *Evil and the God of Love*, Palgrave, 1966 (2007).

(24) ドイツ観念論とヨハネ・プロローグのロゴス論との関わりは、ドイツ観念論研究ではよく知られた事柄であるが、海老名とドイツ観念論の思想家あるいは海老名の言う新プロテスタント教との関わりについては、金（1998、172-174）を参照。

(25) Ernst Troeltsch, *Was heißt >>Wesen des Christentum<< ?* 1903, in: *Gesammelte Schriften* Bd.2, Scientia Verlag, 1981, S.386-451.（「「キリスト教の本質」とは何か」、『トレルチ著作集２』ヨルダン社、1986 年、39-121 頁。）

(26) トレルチの「キリスト教の本質」論については、次の研究を参照。

近藤勝彦『トレルチ研究　上』教文館、1996 年、52-65 頁。

(27) トレルチの歴史的批判的方法をめぐる議論としては、注６の Troeltsch(1900) を参照。

(28)「こうしてトレルチにおけるキリスト教の本質規定において特徴的なことは、過去、現在、将来の結合が試みられるということであり、同時に歴史的なものと主体的なものとの結合が図られるということである。」（近藤、1996、64）

(29) この見解は新約聖書諸文書に遡るものであり、それは古代イスラエルの民族起源神話形成とその後の神話改訂過程の内に位置づけうるものである（芦名定道「比較宗教と神話」、芦名定道編『比較宗教学への招待——東アジアの視点から』晃洋書房、2006 年、25-44 頁）。マックはそれをキリストについての神話形成のプロセスとして描いている。

Burton L. Mack, *Who Wrote the New Testament? The Making of the Christian Myth*, HaperSanFrancisco,1995.（バートン・L・マック『誰が新約聖書を書いたのか』青土社、1998 年。）

(30) 古代教父における教育者としての神という理解については、ギリシャ的な「教育（パイデイア）」との関わりが問題になるが、たとえば、神の摂理と教育との関わりについては、オリゲネスにおいて確認できる。この点については、有賀鐵太郎『オリゲネス研究』（有賀鐵太郎著作集 I　創文社）の第四章「神と摂理」(227-297 頁) を参照。

また、レッシングについては、安酸敏眞『レッシングとドイツ啓蒙——レッシングの宗教哲学の研究』創文社、1998 年、を参照。

(31)「内界のキリスト」（I ／ 2）というヨハネ 1 章 1-14 節による海老名の説教に現れたキリスト理解は、キリスト教神秘主義の思想家にも特徴的に見られるものであり、必ずしもプロテスタント自由主義神学との関連のみを強調する必要はないであろう。しかし、海老名にとってこの 19 世紀の自由主義神学の文脈が重要な位置を占める

ことには十分留意しなければならない。たとえば、人間理性に含まれた理念として
のキリスト像というカントの議論（ポール・リクール「宗教の哲学的解釈学——カ
ント」、ポール・リクール『愛と正義』新教出版社、2014 年、23-30 頁）が、海老
名にもその反響が及んでいるというのは言い過ぎであろうか。

(32) Paul Tillich, *Dynamics of Faith* 1957, *in: Paul Tillich MainWorks*. vol.5, de Gruyter.
このティリッヒの著書は『信仰の本質と動態』（新教出版社）などの邦訳が存在する
が、その信仰論についての簡単な説明としては、たとえば、次の拙論を参照。

芦名定道「「信じる」とは？」（芦名定道『宗教学のエッセンス——宗教・科学・
呪術』北樹出版、1993 年、30-38 頁）。

(33) これは宗教本質論と呼ばれるべき古典的な宗教哲学のテーマであるが、現代の宗教
論における問題状況については、次の拙論を参照。

芦名定道『ティリッヒと現代宗教論』北樹出版、1994 年、71-125 頁。

(34) これについては、シュライアマハーの『宗教論』を参照。

Friedr. Schleiermacher, *Über die Religion. Reden an die Gebildeten unter ihren
Verächtern* 1799 (Philosophische Bibliothek Bd.255, Felix Meiner 1985).
（リードリヒ・シュライアマハー『宗教について——宗教を軽蔑する教養人の
ための講話』春秋社、2013 年。）

(35) Ernst Troeltsch, *Die Soziallehren der christlichen Kirchen und Gruppen* , 1912 in:
Gesammelte Schriften Bd.1, Scientia Verlag, 1981.
トレルチ『社会教説』については、森田雄三郎『キリスト教の近代性』創文社、
1972 年、217-277 頁、を参照。なお、トレルチの類型論から見た無教会解釈につ
いては、芦名定道「キリスト教史における無教会の意義」（市川裕編『世界の宗教と
いかに向き合うのか』（月本昭男先生退職近年献呈論文集・第 1 巻）2014 年、聖公
会出版、3-18 頁）を参照。

(36) この点については、次に拙論を参照。

芦名定道「Ｐ.ティリッヒのプロテスタンティズム論の問題」（日本基督教学会
『日本の神学』第 25 号、1986 年、43-71 頁）。

(37) 海老名の政治思想のイデオロギー性については、金（1998、101-184）を参照。

(38) 本章注 19 に挙げた文献を参照。

(39) 海老名は名説教者として知られていたが、「海老名は、前もって原稿を用意して読み
上げるタイプの説教をしなかった。外国で行った英語説教の原稿は残っているが、
かれが全文を記した説教の原稿は見当たらない」（關岡一成「解説」、『日本の説教 1
海老名弾正』日本キリスト教団出版局、2003 年、206 頁）。このような限界はある
ものの、筆記原稿を元にした「説教」からも海老名の特徴を伺うことはできるであ
ろう。

(40) この点については、注 3 の土肥 (1980) からの引用箇所と金（1998、76-83）を参
照。

(41) ハルナックら当時のドイツ神学の多くの指導的学者の第一次世界大戦に対する態度
をめぐるバルトの批判については、Busch(1975, 93f.) を参照。

(42) この点については、次の拙論を参照。
芦名定道「キリスト教と東アジアの近代化」(亜細亜大学アジア研究所『アジア研
究所紀要』第 25 号、1999 年、137-162 頁)。

第五章

植村正久と弁証神学

一　はじめに

　キリスト教思想は、その成立の当初から弁証論という課題を担ってきた。
[1] キリスト教の弁証は、まさにキリスト教思想の成立の現場、母胎である
と言わねばならない。キリスト教思想と弁証論との内的な連関は、現代に
至るまで一貫して確認することができる。新しい宗教状況へのキリスト教
の登場には、常に弁証という課題が伴っており、それは新たなキリスト教
思想の構築を要求することになるのである。

　以上の事情は、キリシタン禁令が解かれた後に、本格的な宣教を開始した
明治日本のキリスト教においても同様であった。明治キリスト教の場合、
その置かれた状況（とくに宗教状況）の特徴として、西欧近代と日本的伝
統という二つのフロントの存在を挙げることができる。[2] 明治キリスト教
は、一方で西欧近代をモデルとして進められた国家の近代化政策とその担
い手でもあった近代主義者と対決し、他方では、日本の伝統的な宗教の担
い手あるいはその伝統で育った人々と折衝しなければならなかったのであ
る。まさに、近代日本のキリスト教思想家はこの問題状況の中で、キリス
ト教の弁証を行ったのであり、明治のキリスト教思想を論じる場合、こう
した思想的連関を念頭に置きつつ、批判的な考察を行わねばならない。明
治のキリスト教とその思想は、その後の日本キリスト教の基盤であり、そ
れについての批判的検討は、今後の日本におけるキリスト教思想の構築に

第五章　植村正久と弁証神学　　167

とって不可欠の前提と言わねばならない。

　本章では、こうした明治キリスト教思想の検討を行うために、この時代の代表的な思想家として植村正久（1858 ～ 1925 年）を取り上げてみたい。植村正久は、明治から大正期にかけて日本のプロテスタント教会を指導した伝道者、思想家として著名な人物であり、その業績は高く評価されている――「植村正久は近代日本におけるプロテスタント教会形成の重要な中心人物であり、福音主義の信仰を明らかにかかげた旗頭的存在であった」（武田清子、2001、9）――。植村については近年複数の研究書が刊行されるなど、[3] すでに一定の研究史が存在している。たとえば、熊野義孝は、「植村正久における戦いの神学」（1966 年）において、植村神学を次のように「戦いの神学」と特徴付けている。[4]

　　「この『戦いの神学』はほかならぬ『戦いの教会』にその座を据えているのであり、そして彼の『戦いの教会』は一方では日本の異教社会に在りながら、他の一方では将来の日本のキリスト教会が欧米諸教会の『出店』に終わらず、世界教会史における自己形成の道を開拓するために、その時勢に対処するうえで触発し促進された必然的な路線である。ここに植村正久の神学的な戦いは教派的論争神学に赴かず、また単なる伝道者牧師の教育手段をもって満足せず、あくまで『真理』そのものを問題としながらいつまでも異教相手の護教論に踟蹰することなく、その一生を通じて変わらず終焉の日まで衰弱を示さなかった彼の好学精神をいよいよ『真理への愛』へと導いたのであろう。」（熊野、1966、232）

　このように植村正久は、近代日本のキリスト教が直面した二つのフロントにおいて、主体的に生き、思想的形成を行った人物であり、明治のキリスト教思想の批判的検討を行う上で、最適の人物と言える。本章では、植村が 26 歳で出版した主著『真理一斑』（1884 年）を中心に、植村のキリスト教思想の検討を行いたい。[5]『真理一斑』は、植村自身の処女作であるだけでなく、日本における「宗教哲学の先駆」（石田慶和）というべき書物

であり――清沢満之の『宗教哲学骸骨』（1886 年）や姉崎正治『宗教学概論』（1903 年）にも先立つ――、しかも本章で以下論じるように、内容的にもきわめて水準の高い議論が展開されている。また、植村が若くして公刊したこの著書における宗教理解は、その後の植村の思想においても、その基礎として保持されており、[6] こうした点から、『真理一斑』を中心に植村のキリスト教思想を論じることは適切であると思われる。

　以下、本章では次の順序によって、議論が進められる。まず、第二節では『真理一斑』の内容を、宗教論、神の存在論証といったポイントにしぼって概観し、続く、第三節では、植村のキリスト教弁証論を二つのフロントの関連において批判的に検討する。そして、最後に以上の議論を通して、日本におけるキリスト教思想の可能性を論じることによって、むすびとしたい。

二　キリスト教弁証論としての『真理一斑』

　本節においては、キリスト教弁証論として解される『真理一斑』の構成と内容を概観した上で、いくつかのポイントについて考察を行ってみたい。

　『真理一斑』は、第一章「宗教を総説す　その一」、第二章「宗教を総説す　その二」、第三章「宗教の真理を論究するに必要なる精神を論ず」、第四章「神の存在を論ず　その一」、第五章「神の存在を論ず　その二」、第六章「神と人間との関係を論じ併せて祈祷の理を説く」、第七章「人の霊性無究なるを論ず」、第八章「イエス・キリストを論ず」、第九章「宗教学術の関係を論ず」の、九つの章から構成されている。議論の骨子としては、宗教とは何か、なぜ宗教なのか、を論じる最初の二つの章と、神の存在をめぐる第四、第五章が、本書の中心であり、議論は、宗教一般からキリスト教（第八章と第九章）へと展開される。もちろん、他の各章にも興味深い論述が展開されているが、第三章（宗教理解のための諸条件）は、第一、二章の補足、あるいは第四章以降への導入であり、第六章（祈祷論）と第七章（霊魂論あるいは人間論）は、それまでの議論の具体的展開と解

釈できる。また、第八章までの各章において、キリスト教的立場は様々な点で前提されているものの、取り上げられる実例がキリスト教以外の東洋思想やギリシャ思想まで広範に及んでいることからもわかるように、[7] 考察は基本的に宗教一般について行われており、宗教一般からキリスト教へと議論を展開するという植村の意図は明瞭である。こうした論述のパターンは、伝統的な自然神学、あるいは近代の宗教哲学（とくに英語圏の）において多くの前例が存在しており、本書はまさに西欧近代の伝統に即しているという意味で「伝統的」である。[8] 本書がこうした論述のパターンを採用していることについては、さらに掘り下げた検討が必要であるが、これについては、次章で論じることにして、ここでは以上について指摘するにとどめたい。

　次に、本書の内容について、いくつかのポイントに絞って検討を行ってみよう。

（一）宗教論──宗教とは何か、なぜ宗教か──

　先に述べたように、この著書において植村は、宗教一般から議論を始めることによって、キリスト教の弁証を試みている。つまり、議論の出発点は人間にとっての宗教の意味であり、植村は形成途上にあった現代宗教学の諸研究をも参照しつつ議論を行っている。[9] したがって、この書における植村の出発点は、「人間は本性的に宗教的である」（植村、1884、10）という命題にまとめることができる。たとえば、人類史においては、「宗教の発育が十分」ではないために、「残忍愚蒙の所為をもって毫も愧ずべきことと做さ」ない事例──「慈母にして愛子を猛火に投」じるなど──が見られるが、植村は、これは宗教が非難されるべきものであることの証拠ではなく、むしろ、「蓋し人類は宗教的の動物」であり、「宗教の人心に切要なるを証」（同所）するものであると主張する。これは、第一章という本書導入の議論であるが、この段階において、植村は体系的な論証を行うのではなく、宗教が人生の重要な問題（「至大の問題」）であることについて──「我いずれの所よりか来たれる、我何のためにしてか存する、我いずれの所にか行く。この三問題は人類をして吾人の講究せざるを得ざるものなり」

（同書、13）――、古今東西の思想家に言及するとともに――「古より東西諸国には多くの聖賢世々に輩出し、宗教の真理を講究して人生の疑題を解説せんと企てたり」（同書、22）――、次のように、読者の実感（「意識の実験」）へ訴えようとするのである。

> 「読者は世上の事物煩擾なるに紛れ、……謹厳なる人生の疑題を究察せざるがゆえに、この宇宙に住みて宇宙を知らず。ゆえにかかる思想を理会せざることもあらん。しかれども暫くの間、危座、正念して、自己の状況を静思せよ。」（同書、15）

こうして明らかになるのは、人間はその有限性ゆえに、理性を超えた無限なるものや永遠なるものを求めざる得ないということに他ならない。すなわち、「吾人の脆弱、短命なるを悟るときは、全能なる永住者を想わざるをこと能わず」、「無限者にあらざれば、わが心の望み遂ぐるに足らざるなり。この無限なるものとは何ぞや。この絶対なるもの、いずれの所に在るや」（同書、18）。植村の議論は、有限な人間存在に無限への問いが内在していることを論じるものであって、したがって、問題は、この無限なるものへの接点がどこに見いだされるのかということになる。

この書において植村は人間の本性に属する宗教あるいは宗教的問いについて具体的にどのように考えているのであろうか。

> 「人類の良心及び罪悪の観念は宗教を生起するにおいて、大いに力ありしものなりと論ず」（同書、20）、「万物の原因を探るを本色とする宗教の起これる一原因なり」、「宇宙の原因論に直進して止まず。」（同書、21）

このように、植村が注目するのは、宇宙の起源・原因と人間の良心という二つの問いであり、この点で、植村は西洋の自然神学の伝統的議論に多くを依存している。この点については、次に具体的に検討することになるが、植村が自然神学的な議論についての広範かつ確実な知識を有していた

第五章　植村正久と弁証神学　　171

ことは注目すべきであろう。

（二）神の存在あるいは存在論証

　神の存在は、宗教の基礎であり、宗教を論じる場合、神の存在の問題は議論の中心に位置付けられねばならない――「神の存在は天下万教の基趾なり」（同書、50）――。『真理一斑』において植村は、宗教を論じた後に（第一章～第三章）、「神の存在」（有神論の大要）へと論を進めるが、この部分は、質量共にまさに本書の中心をなしている。つまり、キリスト教の弁証は、神の存在の弁証を不可欠のステップとするのである。しかし、植村の議論の特徴は、伝統的な神の存在論証を中心に議論を展開するだけでなく、有神論の主たる論敵を無神論、懐疑論、唯物論に絞り込み、そしてそれらの問題点を集中的に論じる際に、それに先行して有神論の倫理性へ言及している点に認められる――これは、後に論じるように、19世紀の西欧のキリスト教思想の状況だけでなく、明治期の日本の思想状況をも反映しているように思われる[10]――。したがって、以下においては、まず神の存在論証に相当する議論の前に置かれたこれらの問題を先に考察しておきたい。

　植村は、「天下神なしと言うほど難きこと有らざるなり」（同書、51）、「無神論を唱うること有神論に比ぶれば、更に困難なるものありと言わざるを得ず」（同書、53）と述べ、無神論が論理的に困難であることを指摘することから、議論を開始する。その理由は次の通りである。

> 「神の存在を証せんには、僅かに宇宙の一小局部にてもその証拠とすべきものあらば足れり。しかれども純然たる無神論を左証せんと欲せば、その際涯を究めがたき宇宙をことどとく究察せざるべからず。」（同書、52-53）

　これは、或る存在者が「存在しない」ということの完全な検証にはしばしば無限の時間と能力が必要になるのに対して、その反証は「存在する」という一つの事実を指摘すれば十分である、という存在論証の持つ特性に関

わる議論であり、一見、理屈に走りすぎているとの印象を受けるかもしれない。しかし、植村の意図は、「吾人もし真正の無神論を唱うるに至らば、敢えて生命をも物憂く思うべきはずなれど、その実際は仮面の無神論者にして、口に論ずるほど心には確と神なしと思うにあらず」（同書、51）とあることからわかるように、しばしば安易になされる無神論的な言明（「仮面の無神論者」）に対して、議論が真剣になされるべき実存的な問いであることの自覚を読者に促す点にある。植村が、神の存在をめぐる議論は、思想的な流行や風潮に乗って気楽な気分でなされるべきものではないと考えていることは、これに続いて、「有神論の倫理を論ず」という表題の付いた議論がなされる点からも確認できる。つまり、有神論と無神論をめぐっては、論証の論理性だけなく、次のように、論者の倫理性が問われねばならないのである。

　まず、有神論の立場に立てば、神を愛するのは当然の義務であって、「有神論の倫理は極めて明らかなるもの」である。すなわち、

　　「蓋し上帝は天地の主、先民の大父にして、吾人は昼となく夜となく、断えずその愛育を被ぶるものなるがゆえに、これをして果して存在せしめんか、すなわち心を竭し、精を尽くしてこれを愛すべきこと、もとより論ずるを待たず。」（同書、54）

　しかし問題は、神の存在を知らない場合に、神を敬愛する義務はどうなるのか、ということである。[11] 植村は、或る人が他人から恩義を受けた場合、もし、その他人の所在を知らないとしても、その人の恩義に感謝するのは当然であって、もし、恩を恩とも思わないならば、その罪を非難されるべきである、という例を挙げながら、「吾人はすでに未知の上帝に対して不虔の罪を負うこと必ずしもこれなしと言うべからず」（同書、55）、神の存在を明示的に知らないからといって、神への義務が無くなるわけではないと主張する。したがって、有神論と無神論の論争は論理的レベルにとどまらず、むしろ「最も切迫なる倫理上の義務」に関わっているということになる。植村は、伝統的な自然神学の問題を、「未知の神」に対する倫理的

責任として捉えようとしているわけであり、これは植村が神をいかなる事柄として理解していたかをよく表している。「神は、必ず無神論者を審判するにその論の由って起これる事情を酌量して、これを責罰することならん」（同書、56-57）。

　以上の準備をした上で、植村はいよいよ「神の存在」の問題へと論を進めてゆく。その際に、植村がまず注目するは、有神論あるいは自然神学の起源と歴史である。

　　「紀元前六百年の頃より、諸国の人民究察の精神を発揮し、理学の思想大いに興起せり。……六百年の頃に至り、徒に皮相の知識を有するに安んぜず、事物の理由及びその由来を講究することを始めたり。」（同書、68）

　この紀元前600年頃の人類の思想的転換を体現した人物として、植村は、インドの釈迦、中国の孔子、ペルシアのゾロアスターを「ほとんど同時代の人」として挙げる。こうした議論はヤスパースの「基軸時代」（Achsenzeit）説にも通じるものであり、[12] その点からも興味深いが、植村が、本格的な思想史的な視野の中で、有神論の問題を取り上げていることに留意すべきであろう。こうした思想的転換（合理的倫理的な思惟の成立）から、「宇宙原始論」（万物の起源の探究）は開始されるが、「許多の成績を生じたるものは、ギリシアの哲学に如くはなし」と言うように、植村は、とくに古代ギリシャの自然哲学から始まる哲学的思惟の発展を高く評価している。古代ギリシャの思惟は、西洋における宇宙の起源探究の出発点であり、その後、「西欧の学術世界には天地の原因を論ずるもの絶えず」（同書、70）、その影響は植村が生きる現代（19世紀）に及んでいるのである。

　こうした西洋の自然哲学あるいは自然科学における宇宙起源論に関する植村の説明の要点は、次の二点にまとめられる。まず、第一点は、宇宙には原因（第一原因）が存在することである。

174　第二部　近代日本とプロテスタント・キリスト教

「今の学術の開示するところによれば、天地の現状はもとより始めあり
しものなり」（同書、71）、「吾人は開端の原因無きものの連鎖は真正
の原因にあらざるを記憶せざるべからず。」（同書、72）

　つまり、宇宙内部の諸存在や諸出来事はすべて、因果律によって原因と結
果の連鎖の中に組み込まれているが、その場合、開端の原因（第一原因）
の存在を認めざるを得ない。これが科学（学術）の示す事実であるという
のが、植村の主張である。「宇宙の現象をして原因の無数なる連鎖承続に依
らしむるものは、天地に原因無しと言うに同じ」（同書、72）という議論
は、トマス・アクィナスの『神学大全』にも見られる有名な議論であり、
(13)植村が自然神学の伝統的議論に依拠していることは明らかである。
　また植村は、第一原因の存在の主張を補強するために、カントやライプ
ニッツなどの西洋哲学の代表的な議論へ言及する。「カント曰く」、「究極
に至れば独立自在の原因に遡らざるを得ずと。人心はこの高点に達せざれ
ば、決して満足するものにあらず」、「蓋し物の原因なるものは結果を生ず
るに合当なる資格を具有するを要す。ライプニッツは、これの理を名づけ
て合当理由の法則と言う」（同書、73）。もちろん、こうした議論が宇宙全
体に適応できるかは自明ではなく――カント解釈として問題的――、また
当時の自然科学において宇宙の永遠性の問題が解決済みの問題だったわけ
ではないとしても、少なくとも膨張宇宙論によって描かれるようなこの宇
宙の原初状態（超高温高密度）が『真理一斑』刊行当時に科学的に示され
ていたわけではない。しかし、科学的知見が第一原因の存在を支持してい
るという植村の主張は明瞭である。
　それに対して、議論の第二点は、「第一原因は神である」という主張で
ある。ここに論理の飛躍があるのはその通りであるが、(14)ここでも植村の
議論の内容は独創的で詳細な自然神学を提示するというよりも、伝統的な
自然神学の概略を自らの目的に沿って示すにとどまっている。その目的と
は、次節で論じる唯物論的な無神論や懐疑論の論駁であり、それを通して、
神の存在を思惟することの蓋然性を読者に理解させることに他ならない。
議論の多くは論敵とされた思想的立場への反論に向けられている。とくに

興味深いのは、宇宙の究極的な原因探究（第一原因に関わる第一の論点）が、有神論と無神論との共通の思惟方法として位置づけられている点である。つまり、「天地原始論」は、有神論者だけでなく、無神論的な進化論者ティンダルも「ベルファースト演説の開端」で論及した問題であって、「スペンサーのいわゆる宇宙に係われる先天の解説に外ならず。彼の無神論者といえどもまたこの範囲のうちに在るものとす」（同書、71）。このような共通前提の下で、無神論者との論争は進められるわけであるが、この点については、次節で検討することにして、ここでは、第二の論点に関わる宇宙論的な自然神学を補強する議論として、カントの実践理性批判（実用理性）——道徳的命法（無上大法）、徳と福の一致、良心論——が引用されることを指摘しておきたい。「カント他の事物より、神の存在を証するに付いては、多少異議を唱えたれど、良心の証左を確信して疑わず」、「良心は上帝の存在を明らかにすと」（同書、98）。

　以上の二つの論点から得られた結論は明瞭である。すなわち、「吾人はこの天地人物の経綸を観察して、上帝の聖徳を少しく窺い知ることを得べし」（同書、74）、「そもそも天地は上帝が自叙の伝記なり」（同書、75）。

（三）祈祷論

　植村は、神の存在の議論からキリスト教信仰へと直ちに論を進めるのではなく、神と人間の関係論をその間に挿入する。というのも、神の存在についての理論的な知識だけでは、キリスト教信仰へ到達するには不十分だからである——「余は前章において、すでに神の存在を略説したり。本節においては、神と人との関係を論ぜんと欲す。蓋し単に上帝の知りたるのみにては、人心の要求を満足するを得ず」（同書、108）——。このような理由から、キリスト教信仰へと進む前に、植村は、次の三段階で構成される「神と人間の関係論」を論じるのである。

　　「人類の上帝を求め、その存在を究知する順序を示せるなり。先ず第
　　一に、吾人は天地人生の情況を観察して、その理由を求め、その解説
　　を探らざるを得ず」、「次に良心醒覚して、霊性の渇望を刺激し」、「第

三に、親しく上帝と交和し、父子ただならざるの念を提起するは、実に神を獲たるものと言わざるを得ず」、「実験を得たりと思考す。」（同書、109）

　しかし、ここでは、以上の「神と人間の関係論」の全体を検討するのではなく、こうした議論の具体例として論じられた、祈祷論を紹介することにしたい。植村が宗教を人間の本性に属するものと捉えていた点については先に確認したとおりであるが、これは、まさに祈祷にも当てはまる。すなわち、「蓋し、祈祷は人類の天性に発したるものなり」、「人は祈るところの動物なり」（同書、115）。祈祷とは、「その第一の主意は、上帝の徳を慕いてこれを交親し、相思、相愛の情を通ずるに在」るが、神の存在を知的に認めることから進んで、神と人格的な交わりを得るに至るとき、そこに祈祷という体験（実験）が成立する。

　祈祷は、感謝、祈願、懺悔、取り成しなどの諸要素を含んでいるが、とくに、祈願との関係で、古代から様々な仕方で議論がなされてきた。[15] 植村は、祈祷を論じるにあたり、キリスト教祈祷論の古典的な問題を取り上げる。つまり、神仏に頼る（祈る）ことは弱さのしるしか、聞き届けられない祈りについてどのように考えるか、という二つの問題である――これらは、明治日本においても、おそらく祈祷をめぐり問題化していたものと思われる――。

　まず、祈祷と弱さの問題であるが、祈祷が神に祈願という要素を持つことから、しばしば祈祷は神への依存性（すがる、頼る）、つまり弱さの現れであると議論される。心身の強い人間、自律的な人間は神に祈る必要はないという主張――祈祷に限らず、宗教全般についても、投げかけられる批判であるが――に対して、植村は歴史上の人物（たとえば、物理学者ファラデー）に言及しつつ、「真正の英雄は非常に信ずるところありて、その勢力と気力とを上天より受けたるものなり」（同書、117）と反論する。もちろん、これは「祈る＝真の強さ」の証明ではないものの、「祈る＝弱さ」の反証としては説得力がある。「自修自進の道によって、正善の域に達せんとしたる者」は少なくないが、「かくのごとくして養成したる品性は、秀美の

第五章　植村正久と弁証神学　177

最高等なるものにあらず」（同書、116）。むしろ、「高貴なる品性とは、自遜に基づくものなり」（同所）。「祈祷は人の心を寧静、純良、勁健ならしむるものなり。またよく困難を軽うし、憂愁を解き誘惑に勝つの力を与え、罪悪に抗するの勢いを得せしむ」（同書、117）。祈祷は人間の弱さのしるしであるどころか、人間は神に祈ることによって、悪に打ち勝つような真の強さを得ることができる。これが植村の結論である。

　次に、祈りの聞き届け、聞き届けられない祈りの問題。この問題は、そもそも祈りにおいて何を祈るべきなのかということに関わるいわば祈祷論中の難問である。この問題に答えるに当たって、植村は祈願の内容を、個人の利害を超えた社会正義や道徳に関わるものと、個人の利害や損得に関わるものとに分けて議論を行う。すなわち、「道徳上に係る事物に就きて祈るときは、それを誠実に求むれば、必ずわが乞うがごとくに応験あること疑うべからず。しかれども世間生平の事物につきて祈るときには、然らず」（同書、118）。植村は、社会正義や道徳的な事柄について、神が人間の心からの祈りに応えることは疑いもないと述べる――もちろん、神の応えが人間が欲する仕方においてであるかどうか、また祈りが直ちに応えられるかは別にして――。問題は、個人的な事柄（「世間生平の事物」）についての祈りの場合である。道徳上の事柄の場合と異なり、個人の利益損得に関わる願いには様々な心の歪みや欲望が反映する恐れがあり、もし個人的な願いのそのままの実現を求める場合には、神との人格的交わりとしての祈りは呪術と等しいものになる。これについて、植村は、「あにわが浅薄、疎漏なる意見に拘泥して、上帝の措置を指揮するを得べけんや」（同所）と指摘する。かと言って、個人的な事柄について祈るべきではないということではない。そうではなく、「確乎として信ずきところなれど、果してわが祈れるごとく応験あるや否やを知るべからず」（同所）という点を、わきまえておく必要があるということなのである。したがって、この問題に対する最終的な答えは、次のようになる。「ゆれにわが一切の利益を神に委ね、死生命あり」（同所）、「順境、逆境の別なく、我はただその境において、上帝を信ず」（同書、120）。

（四）キリスト論──聖書のキリスト像──

　神の存在、そして神と人間の関係についての議論を経て、いよいよ植村の論述は、キリスト教信仰へ到達し、宗教一般からキリスト教へという弁証論のプロセスは完結を迎える。『真理一斑』において植村はキリスト教についての論述を、聖書テキストに基づくキリスト理解（聖書のキリスト像）をめぐって展開する。植村は後に、新神学問題や海老名弾正との論争では、伝統的教義的な聖書解釈とそれに基づく自らのキリスト理解を主張することになるが（本書第三章参照）、『真理一斑』におけるキリスト理解は、内容的に見て、後の議論の原型と言えよう。つまり、その結論は「キリストの神たること明らかなり」（同書、164）ということであって、この結論を導くために、植村は次の五つの論点において、聖書のキリスト像の特徴を整理する。

　　「第一　キリストの過誤罪悪無きを弁じ、その聖徳実に至れるを明らかにす。」（同書、150）
　　「第二　キリストの聖徳は、完全美備、普く万世万国に通じて、吾人の標章模楷となすべきものなるを論ず。」（同書、155）
　　「第三　キリストの品性は衆美を兼ね、衆徳に具有して、過不及の跡を見るべからず。」（同書、156）
　　「第四　キリストの常に自ら覚知し居りたることは、最も驚くべき事実なり。」（同書、158）
　　「第五　イエス・キリストは許多の酸苦に遭いて、ついに十字架に釘せられたるを論ず。」（同書、159）

　つまり、聖書において描かれるキリストは、十字架に至る苦難を受けつつも、罪や悪を完全に免れており、あらゆる徳と美を完全に過不足なく具現している点で、歴史上の他の優れた偉人や聖人に勝っている。まさに、キリストは全人類の模範であって、キリストはこのような自らのあり方をはっきり自覚している。植村は、こうした聖書のキリスト像については、聖書を素直に読むならば、否定できる者はいないと主張する。すなわち、

「宗教がこの人をもって人類の理想、模範となしたるは選む所を錯らざるものと言うべし」、「非キリスト教徒といえども、これに反対するを得ざるなり」（同書、153）。

　もちろん、こうした植村の聖書解釈については、海老名との論争がそうであったように、近代聖書学の方法論を承認する立場から、当然批判が投げかけられざるを得ないが、『真理一斑』において、植村はこうした問題点には言及することなく、議論を進める。その点で、聖書のキリスト像を論じる第八章の論述は、それまでの各章の論理的な論述態度と比較して、やや異質であるとの印象を受けざるを得ないであろう。それは、この章が、「その聖名は世々無究に崇められるべきものなり。アーメン」と締めくくられている点にも表れている。植村にとって、イエス・キリストに関わる信仰内容の論述は、それに先行する、宗教から神の存在、そして神と人間の関係という議論とは質的に異なる性格を有していると言うべきかもしれない。

　しかし、こうした問題点が存在するとしても、聖書のキリスト像を認めるならばキリストが神であることについても論理的に認めざるを得ないという植村の議論はきわめて興味深い。つまり、聖書が描くような特質を有するキリストという存在者は、神でないとするならば、「己れを欺くの愚人か、もしくは人を欺き、世を瞞着するの悪人たらざるべからず」。したがって、「キリストは実に神か、はた天地の容れざる悪人か」のいずれかであって、その判断は読者の責任に委ねられている。「読者は二者のいずれかの点に己れの論拠を取らんとするや。イエスをもって真正の君子万世の儀表なりなどと明言しつつ、なおこれが神なるを認めざるものは論理上の罪人なり」（同書、164）――有神論の倫理性――。こうして、聖書のキリスト像を認める人は、「キリストの神たること明らかなり」（同所）という点も受け入れざるを得ないという結論が導き出されるのである。

　なお、植村は聖書のキリスト像を論じる中で、進化論の問題にも言及しているが――人類の宗教的問い（預言）に対する預言の成就としてのキリストの出現は、進化の過程の中に位置づけられる――、この点については、最後の第四節で論じたい。

180　　第二部　近代日本とプロテスタント・キリスト教

三　二つのフロントとキリスト教弁証論

（一）二つのフロント

　前節では、『真理一斑』の議論（植村のキリスト教弁証論）の展開の大筋を、宗教論からキリスト理解まで辿り、その特質を論じた。本節では、第一節で論じた植村のキリスト教弁証論を規定する二つのフロントに注目することによって、さらに植村の思想の分析を深めてみたい。弁証論とは、弁証を試みる相手あるいは論敵の思想的立場を想定しつつ、自らの思想内容の説明（弁明）あるいは主張を試みるものであって、そのことから弁証論の内容は、こうした論争の場（フロント）によって、規定されることになる。したがって、弁証論の分析は、それを規定するフロントとの関係を念頭になされることが必要であって、植村のキリスト教弁証論の場合は、これまでの考察からも明らかなように、西欧近代（とくに 19 世紀）の思想状況と明治日本という二つのフロントが問題になる。そこで、以下においては、まず西欧近代の思想状況というフロントが植村の議論にどのように反映されているかについて、懐疑論・不可知論・唯物論への反論と進化論への対応を取り上げ、次に明治日本の状況との関連へと議論を進めることにしたい。

（二）懐疑論・不可知論への反論─人間は無限を知りうるか─

　懐疑論・不可知論・唯物論については、前章で見た「神の存在」との関連で、多くの頁を使って反論が試みられている。植村のキリスト教弁証論は、西欧の伝統的な自然神学の議論を基礎にしており、西欧の思想史的文脈に位置づけられる。有神論的自然神学の主要な論敵は、懐疑論・不可知論・唯物論であり、したがって、植村がこれらに対して徹底的な反論を行っているのも当然と言えよう。

　まず、懐疑論や不可知論──神の存在については人間の理性では知り得ない、神の存在についての知識は疑わしい──への反論を見ることにしよ

第五章　植村正久と弁証神学　181

う。有限な人間理性は無限な神の存在について知り得ないという議論は、自分の知識の限界を認める点で、一見すると謙虚な態度のように思われるかもしれない。植村は、真正の謙遜と偽りの謙遜、真正の懐疑と虚妄の懐疑を区別することによって、この問題に答えようとする。

> 「人の尊貴なるを知らしめずして、その禽獣に近きを見せしむると。その微弱なるを示さずして、その尊大なるを知らしむると、二者大いに異なりといえ、その害なること一なり」（同書、25）、「謙遜とはいかなることぞや」（同書、26）、「真正の謙遜は造化無尽蔵の真理に関し、妄りに是非を断言することを好まざるものなれど、また、妄りに真理を放擲するにあらざるなり。」（同書、27）

　植村は、不可知論や懐疑論が全面的に間違っていると主張しているのではなく、「真正なる疑い」「疑惑」の意義を認めている。しかし、それは、懐疑が真理へ至る道の入り口であるという点に関してであって――「疑惑は哲人の至らんと期する最後の極所にあらず、すなわち明確なる真理を覚知する門路のみ」（同書、34）――、懐疑に安易に止まるのは、「偽りの謙遜」「虚妄の懐疑」「不正なる精神」と言わねばならない。問われるのは、「懐疑の質」なのである。懐疑論への反論――「極端の不可識論は到底維持し難き説なり」（同書、76）――についても、植村は西洋の哲学的伝統（アウグスティヌス、ヘーゲル）を参照している。[16]

> 「アウグスティヌス曰く、我己れの存在せるを確知す」「もし我をして欺かれしむるも、わが存在は動かざるなり」、「何となれば、存在せざるものは欺かれるべきはずなし」（同書、76）、
> 「蓋し不可識論は知識に関したる一種の解説なり。ヘーゲル曰く、人もしこれを超越するにあらざれば、欠点もしくは制限をも覚えざるなりと。……我もしわが信じる所虚妄なりといわば、これすでに知れるところの真正の知識と比較して判別したるものなり」（同所）、「哲学者が我物の現象を知れども物自らを知らずと言うは、すでに物自らを知り

て、その現象と区別したる上の見解なり。」(同書、77)

　次に、植村の唯物論批判へ考察を進めよう。この点をめぐる植村の議論は、大きく言って、前節でも見た二点に集約できるように思われる。まず、第一点は、伝統的な自然神学においてもっとも中心的な議論であり、運動などの自然現象の原因をめぐるものである。これについて、唯物論の立場は次のようになる。すなわち、「その論に曰く、天地の現象は必ずしも一つの原因無かるべからず。我物質をもってこれに充つ」(同書、79)、と。自然現象は因果律によって規定されており、原因の連鎖を辿ることができるという点では、有神論も唯物論も一致している。違いは、原因連鎖の発端に現象を説明するための基本原理としておかれるのが、物質であるのか、あるいは、「超理の一大原因」とでも言うべき精神的知的存在者であるか、ということにある。これに対して、植村はマックスウェルやハーシェルなどの自然科学者の論を参照しつつ、「物質は無始のものと断言すべきものにあらず。余は正当なる心をもって考察せば、何人といえども物質をもって必ず無始なりと言うべき証跡を得難しと信ずるなり」(同書、80)と主張する。もちろん、現代の自然科学においても、この問題については諸説が存在している。しかし、運動や力は物質から説明できず、したがって、自然現象は物質という第一原因に還元できないということ、また進化の過程として見いだされるような現象の変化の方向性の存在は物質によっては説明できないということ、これらの植村が挙げる論点は、それ自体決して非合理的ではない。[17]

　　「吾人は運動の起原せる所以の解説を求めざるべからず」(同書、82)、
　　「この勢力に弁別の力及び自ら方向を選び、事を決するの力ありとせん
　　か、これ上帝にあらずして何ぞ」(同書、84)、「これが全体を運用支
　　持するもの無かるべからず」、「吾人は造化の運行をもってこれを超理
　　の一大原因に帰せざるを得ず。」(同書、85)

　唯物論への反論の第二点目は、「人心の現象」、つまり心の問題(心身問

第五章　植村正久と弁証神学　　183

題、心脳問題）であり、唯物論の弱点として取り上げられる代表的な論点である。[18] 唯物論は、生物について、「物体の力、奇遇によりてかかる美妙の工事を成就し得たり」（同書、92）と主張するのと同様に、心や思考に関しても、物質、この場合は脳に還元することによって説明しようとする——「唯物論は、思想の顕象をもって一に頭脳の作用に帰せり」（同書、94）——。

> 「頭脳をして思想の働きをなさしめんと欲せば、最も巧妙なる方法をもってこれを構造せざるべからず」、「計画無く、目的無き盲目の物体が少しにても秩序の紛乱することあれば、その工を成し難き細密複雑の機関を作らんがために、衆多の局部を湊合するを得たりとは、最も解し難き説なり。」（同書、94-95）

　心や思考の複雑な秩序を考えるとき、唯物論の主張、つまり、「許多の細胞が互いに応和し、且つよく外界と契合して、正当の思想を生じるに至る」（同書、95）という議論は信じがたい奇跡と言わねばならない——「ホメロスの詩」をはじめ、文学作品がランダムな操作の繰り返しによって偶然生じるとすれば、「あに驚くべきことにあらずや」（同所）——。もちろん、心と脳との関係も、それ自体が現代の脳科学や心の哲学における争点であって、未だ決着のついていない問題ではあるが、こうした論点の延長線上で、植村は再度、カントの良心の問題に言及する。

> 「カント他の事物より、神の存在を証するに付いては、多少異議を唱えたれど、良心の証左を確信して疑わず」、「道徳の命令」「良心は上帝の存在を明らかにすと。」（同書、98）

　植村は、独自の自然神学を構築することによって、無神論の論駁を試みているわけではなく、むしろ、西洋の伝統的な議論に学び、それを反復するに止まっている。しかし、宇宙論的な自然現象から、生命現象、心を経て、良心、道徳に至る一連の議論を展開し——「余は先ず天地の開端元因の

184　第二部　近代日本とプロテスタント・キリスト教

存在を説き、次に造化の経綸を究めて神の聡明なるを示し、第三に、良心に就きて上帝の公義を証明せり」（同書、107）——、しかも、同時代の多くの科学的知見を的確に参照することに示された植村の思想的な力量は、高く評価されるべきであろう。100年以上を経過した現代においても、植村の議論は決して古くなっていないように思われる。[19]

（三）宗教と科学の関係論、そして進化論への対応

植村が19世紀末時点における自然科学的な知見に驚くべきほど精通していたことは、『真理一斑』の議論から十分にうかがい知ることができるが、植村において注目すべきは、断片的な科学的知識に言及することができたにとどまらず、「宗教と科学」の関係について、独自の見解を有していた点に認めることができる。とくに、進化論に関する植村の見解は、現時点でも十分に注目に値する。ここでは、「宗教と科学」との関係全般に関する植村の見解をまとめ、進化論の議論へと考察を進めることにしたい。

19世紀末は、西欧においても、ドレーパーやホワイトの著作を通して普及した「宗教と科学の対立図式」が定着する時期であるが、植村は、このドレーパーの名を挙げながら、対立図式が宗教と科学の関係史の実情に合致しないことを、様々な事例——例えば、「ニュートンが、その原理篇の末に述べたる言に曰く」、「宇宙の主として、これを統御するなり」（同書、172）——を挙げつつ強く主張している。もちろん、ガリレオ裁判を始め、キリスト教会が科学と対立した例は存在しないわけではない。しかし、「少数の例」（同書、173）をもって、キリスト教会が科学と常に対立するかのごとく語るのは、大きな誤解であって、「キリスト教とキリスト教会とは実に殊別なるものなればなり。教会の非挙を摘示して、その道を難ぜんと欲するは、あたかも東京の学士会院の失策を挙げて、学問を非難するに異ならず」（同書、174）。さらに言えば、キリスト教会と科学との対立は、キリスト教会の過ちであったとしても、ここで教会とキリスト教とは区別されねばならない。「教会が昔学術と抗争したることあるは事実なれど、論者の言いはやすほどにはあらず。たとえかくのごときこともあるも、これ教会の罪にして、キリスト教の責に帰すべきものにあらざるな

第五章　植村正久と弁証神学　　185

り」（同書、180）。

　歴史の事実を公平に見るならば、ローマ帝国滅亡後に古代の自然学や文化遺産を保存し、学問の復興に寄与したのはキリスト教会であったし、近代科学の成立に際してキリスト教（ピューリタンなど）が果たした役割は決定的なものであったことを、植村は指摘することを忘れない。とくに、特筆すべきは、古代のギリシャやローマと異なり、キリスト教が使役労働や工作労働の価値・尊さを認めていたことについて、植村が述べている点である――「キリスト教は直接にこの誤見に反対し、大いにこれを改むるの感化を普及せり。キリスト自ら僕の状に来たり、もってローマ、ギリシアの文明に反して、使役労働を愧とせざるの精神を発揮せり」（同書、177）、「吾人は工作労働を恥とすることあるべからず」（同書、178）――。これは、近代科学の成立を理解するにあたって、重要な意味を有している。[20]

　以上の考察に基づいて、植村は、宗教と科学とが対立しないだけでなく、さらには哲学を含めた三者が相互に緊密かつ積極的に関わり合っている、との結論に至る。[21]

　　　「人智の三大区域は互いに交渉するところあるものとす」、「加うるに学
　　　術も哲学もこれを尋繹して、次第に至極の地に至れば、究竟神学宗教
　　　の部内に進入せざるを得ず」、「学問の道は現象を見聞、類別するに安
　　　んぜず。ついに天地の由来を極め、無限のものを考察せんと欲するも
　　　のなり。」（同書、186）

　この宗教、科学、哲学の関係理解に関しても、植村は西洋の思想的伝統に依拠している。すなわち、「ベーコンいわく、神よ汝の受造物はわが書なりき。しかれども汝の聖書は我最もこれを重んず」（同書、188）とあるように、宗教と科学との積極的な関係性に関して、植村の念頭にあるには、「二つの書物」（聖書という書物と自然という書物）論なのである。[22] こうした伝統的な自然神学を 19 世紀末の思想状況において提示する際に、最大の問題となったのは、ダーウィンの進化論であり、植村はこの点を意識しつつ次のように議論を展開している。つまり、ダーウィンの進化論とキ

リスト教的有神論は対立するどころか、むしろ合致するという主張である。
(23)

> 「近時ダーウィンの唱え出せる進化説は、未だ学術上確実なる事実にあ
> らずといえども、極めて信然なる設理に近しとす。しこうしてその意
> 義を正当に解釈すれば、毫も有神論及びキリスト教の組織と相背ける
> ものにあらず」（同書、181）、「吾人が神が数多の順序を踏みて、万物
> を造成せりと言える進化説も、敢えて聖経に戻ること無く、また有神
> 論に背戻するところなきを知る。」（同書、184）

したがって、植村にとって問題なのは、進化論と創造論の対立ではなく、
両者を対立するかのように主張する進化論者と創造論者ということになる。

> 「しかるに学者或いは進化説をもって宗教を駁するの料に充て、これに
> よりて無神説を唱えんとするものあり。ヘッケル、フォークトの如き
> これなり。進化説は夙に彼らの妄用するところとなりしがゆえに、事
> 情に疎き或る教家は知らず識らず無神説と進化説とを同視するに至れ
> り。」（同書、181）

こうして、植村のキリスト教弁証論の課題は、進化論を反駁するのではな
く、むしろ、進化論を初めとした近代科学とキリスト教信仰との関係をめ
ぐる誤解を解くことに置かれることになる。しかし、植村の論に従えば、
これは、キリスト教信仰を近代日本において弁証するだけでなく、近代科
学自体にとっても重要な意味を持つと言わねばならない。それぞれの「本
色」「己れの区分」にしたがった宗教と科学の正しい関係は、科学の「その
進歩今日よりも迅速」（同書、182）にするものとなるからである。「論者
望むらくは無神説及び唯物論と学術を混同せしむるなかれ」（同所）。

（四）明治日本の状況 (24)

これまでの本節の考察によって、植村の『真理一斑』が西欧近代の思想

状況において、無神論・唯物論を論駁し、近代科学との関係を調停することを通して、キリスト教の弁証を目ざしたものであったことが、またこの点で西欧近代のキリスト教が置かれた文脈において、西欧キリスト教の伝統に依拠しつつ展開されていることが、明らかになった。しかし、『真理一斑』は日本語で日本人に向けて書かれた書物であり、その背景には、明治キリスト教の置かれた近代日本の文脈が存在することを見逃すことはできない。[25] この点は、先に見た、進化論の取り扱いにも反映しており、次に、こうした本書に表れた明治以降の日本の宗教状況へ考察を進めよう。

　『真理一斑』を読むとき、一見すると、植村は日本の宗教状況をあまり意識していないかのような印象を受けるかもしれない。日本の状況については、ほんのわずかな言及が見られるのみである。もちろん、『真理一斑』においては、東洋思想についての漢文での引用が随所でなされていることからもわかるように、植村が漢文の素養のある明治日本の知識人（旧武士階層など）を念頭に、議論を展開していることは明らかであり、植村の日本的状況の取り扱いの背景には、植村自身の日本の状況についての判断が存在することは疑いもない。たとえば、西欧化としての近代化に伴う明治日本の宗教状況については、次のような発言が見られる。

　　「近頃わが日本の形成俄然として変動を生じ、天下の事物大いに改りて、制度典章等また旧日の態にあらず」、「邦人がしきりに宗教を軽侮するの傾向を呈したるは、更に驚くべきにあらず」、「思うに神仏の二教が辛うじてその存在を今日の世界に維持し得るは、蓋し慣習の庇陰に倚り、姑息の余沢を被ぶり、二つには世人がその思想を形体上の事にのみ用いて宗教を度外視するによれり。」（同書、9）

　明治日本の近代化は、西欧の啓蒙的近代をモデルとして推進された。西欧近代における宗教批判が自明なものとして導入されることによって、キリスト教的伝統はもちろん――「今やキリスト教のわが国に行なわれんとするにあたり、世の哲学、或いは浅薄なる見解を立て、キリスト教は学術とすこぶる反対せるもののごとく思惟し、知識いよいよ開くれば、宗教漸

188　第二部　近代日本とプロテスタント・キリスト教

くにしてその跡を滅すと妄想するもの少なからずと聞けり」（同書、169-170）──、日本的な宗教的伝統に対しても、無理解と蔑視がとくに知識人の間に蔓延することになった。植村がキリスト教の弁証を試みたのは、こうした状況下だったのである。[26] おそらく植村は、明治日本におけるキリスト教の弁証でまず考慮すべき相手が、啓蒙的近代の宗教批判を無反省に受け入れている知識人であると考えたのではないだろうか。この状況判断は、明治のキリスト教指導者に共通したものとして、一定程度理解できるものであるとしても、しかし、現時点から見るならば、日本の宗教的な伝統と明治の新たな民衆的な宗教運動を視野に入れることができなかったという点で、限界を有していたことは否定できない。この点は、明治以降の日本キリスト教自体の決定的な限界であったように思われる。[27]

　以上のような限界を有するとしても、植村の近代日本に対する次のような批判的洞察には、なおも学ぶべき点が多くあり、植村の批判的な継承は現代のキリスト教思想の課題と言わねばならない──次節を参照──。

　　「ペーン、ヴォルテール者流の議論すなわちこの範囲に属す。西欧にてはかかる非キリスト教的論全くその跡を斂めたるにはあらねど、人智の分限を知覚すること昔日に勝れりと言わざるをべからず。世に、わが日本国においては、宗教の議論は大抵ヴォルテールとペーン等の範囲に在るを見る」（同書、25）、「今やわが邦人が宗教の弊に懲りてこれを度外に措くの傾向あるは、いずくんぞその軽蔑する宗教の迷妄よりも更に大なる迷妄ならざるを知らんや。」（同書、10）

四　おわりに

　以上考察を行ってきた植村のキリスト教弁証論は、どのように評価できるであろうか。すでにこれまでの議論においても触れた問題ではあるが、最後にまとめをおこなっておきたい。日本・アジアにおけるキリスト教の弁証に対して、西欧近代のキリスト教思想の単なる紹介であることを超え

て、日本固有の歴史的そして宗教的状況と正面から向き合うことが、またそのような仕方でのキリスト教思想の独自な仕方での具体化が要求されるとするならば、前節の最後において指摘したように、この点で『真理一斑』における植村の議論は、日本の伝統との切り結ぶことに関してなおも不十分なものであったと言わねばならない。西欧的近代合理主義（とその宗教批判）と日本的伝統という二つのフロントとの関係で言えば、植村ではこの二つがいわば一つに重ね合わされることによって――近代日本における西欧合理主義――、後者のフロントの固有性が十分に扱われないままに終わったと言わざるを得ない。[28]

しかし、以上の点を考慮しつつも、植村の議論には、今後の日本におけるキリスト教思想の形成にとって、参照すべき点を指摘することができる。それは、すでに論じたキリスト論と進化論との関連で提出された、「宗教的問いに対する答えとしてのキリスト教」という議論である。『真理一斑』において、議論が、人間は本来宗教的な存在であるとの主張から開始され、聖書のキリスト像へと進められたことは、すでに確認した通りであるが、これは、キリスト論的に、「問いと答え」の関係性において捉え直すことができる――詳細は本書第三章を参照――。

> 「天下の人ことごとく一つの理想を慕いまた一つのキリストを設けざるは無し。偶像を拝し、或いは特殊なる思想に心酔してこれを楽しみ慕いて、一生を送るがごときは皆キリストを求むるより起これり」、「吾人は彼の偶像教のうちにも、キリスト降世を預期するものあるを見るべし」（同書、165）、「ここにもキリストかしこにもキリストと言うものあるは、キリストの需求実に人性の需求なるを知るべし。しかれども人性の需求は必ず応験を有するものなり」、「キリストを求むるの念は自然に備わり排除するを得ず」、「キリストは万国民の渇望するところなり。」（同書、166）

宗教的問いが人間存在に固有のものであるということは、救済あるいは救い主（メシア、キリスト）への期待と渇望が人類に普遍的に備わってい

るということであり、それはキリストの問いの普遍性と解することができる。したがって、偶像崇拝を含めて、歴史的な諸宗教はすべて、人間における救済の問いに基づくという点で、キリストの問いに関係づけられるべきものなのである。キリスト教は、この人類が待望してきたキリストがナザレのイエスとして現れたことを信じる宗教であり、人類普遍の宗教的問いに対して、イエス・キリストという答えを指し示す宗教に他ならない。『真理一斑』第八章の「イエス・キリストを論ず」における聖書のキリスト像についての論述が示すように、植村は、キリスト教が信仰するイエス・キリストという答えが有する普遍的意義と卓越性を強く主張しており、まさにこの点においてキリスト教の弁証の最終目標が端的に表明されている。なお、宗教の神学において用いられる類型で言えば、『真理一斑』における植村の立場は、包括主義と評することができるであろう。[29]

　さらにこの点で興味深いのは、植村は以上のキリスト待望とイエス・キリストという問いと答えの関わりを、進化論——キリスト教的には救済史——と関連づけている点である。

　　「進歩の順序は常に特選の一個人より始めるものなり」、「宇宙の傾向は、或る最も特殊にして善尽くして、美尽くしたる形状を出すに在りと断定せざるべからず」（同書、168）、「万物は皆キリストを待ちて、その出現の預言をなせりと言わざるを得ず。キリストは万物の依って立つところ天地の帰向する所、人世の歴史ついにキリストの一身をもって集中となす、万物皆その国の隆盛を翼賛し、古今人の経営する所、ことごとくその栄に帰せんとす。」（同書、169）

　以上の「問いと答え」の関係論から見たときに、キリスト教と日本的伝統との関わりはどのように論じることが可能であろうか。日本におけるキリスト教の弁証を、日本の宗教的伝統との関係で積極的に遂行しようとする場合、「問いと答え」の内容を具体的にどのように展開するかが問題になる。もちろん、これについては様々な可能性が考えられるが、筆者としては、祖先崇拝を核とする家の宗教という観点から、日本の宗教文化に内

在する問いを解明することが重要であると考えている。[30] 日本における伝統的な家・家族構造——これはほかの東アジア諸地域との共通のものであるが——は、近代化以降、とくに近年において、急激な変動を示している（家・家族の危機）。それと共に、この家を基盤とした日本の伝統的な宗教も大きな変化に直面し、ここに現代日本における宗教的問いが具体的に現れていると言える。このような近代以降の歴史的文脈において、キリスト教の弁証を遂行しようとするならば、家・家族という視点から日本の宗教的問いを分析することは不可欠の作業であり、それによって、この問いへの答えとしてのキリスト教的な家・家族理解の提示も可能になるのである。これは、生命の連続性に理解に基づく家・家族概念の変革と宗教的多元性の下での新しい日本的精神性の構築という文脈におけるキリスト教思想の具体化となるであろう。植村のキリスト教の弁証論はこうした点に踏み込むものではないが、『真理一斑』に示された議論の批判的展開は、こうした思想形成を可能にするものと思われる。

注

(1) キリスト教思想と弁証論との関わりについては、芦名（1995、25-38）を参照いただきたい。

(2) キリスト教思想研究における「フロント」概念については、芦名（1995、26、51）の説明を参照いただきたい。本書第一章の地平モデルでは、アジアのキリスト教思想を二つの地平の相互作用・融合において論じたが、この思想形成の焦点となるのが、本章で論じる「思想のフロント」なのである。

(3) 近年出版の植村正久についての研究書としては、佐藤（1999）、武田（2001）、大内（2002）（2008）、崔（2007）、雨宮（2007）（2008）（2009）、木下（2013）が挙げられる。なお、論集内の一つの章で植村を論じた文献となると、鵜沼（1988、41-70）（2000、37-55）、近藤（2000、393-425）（2014、194-217）など、多数にのぼる。本書ではこれらすべてをカバーすることはできないが、近藤の論考など、重要な植村研究が含まれていることを指摘しておきたい。

(4) 「戦いの神学」という表現は、「戦い」に伴う影の面についても、まさに植村の基本性格に合致するものと言える。つまり、「戦い」には敗者が存在するということである。佐藤敏夫は、その植村研究書の「第一四章 植村の傳道局支配」において、

「日本基督教会において植村が絶大な権力をもつようになるのは結局伝道局を握っ
たからだという見解がある」（佐藤、1999、1-5）という点について論じているが、
確かに、「絶大な権力」は、「宣教師に支配されない教会を造る」（同書、118）ため
に必要な「剛腕」であり、その「努力」の積極的な光の側面は正当に評価する必要
がある。しかし、松尾重樹が石原量研究（『近代風土』に 1980 年から 1990 年にか
けて、掲載された「石原量の生涯」など）という視点から論じている植村像が果た
して、「宣教師と協力しつつ、日本人の主体性を失わず、日本人による日本の教会を
建設しようとした」「努力と苦心」（同書、125）という仕方で解し得るものである
かは、さらなる解明を要すると思われる。植村を始め、明治の指導的なキリスト者
について、今後なされる研究は、その影の面をも公平に論じるものでなければなら
ないであろう。

(5) 『真理一斑』については、『近代日本キリスト教名著選集　第 I 期　キリスト教思想
篇』（日本図書センター、2002 年）の第一巻によって、その初版（警醒社書店より
出版）を利用することが可能であるが、本章では、『植村正久著作集』（新教出版社）
の第 4 巻（1966 年）に所収の版（現代表記に近い形に改めている）から引用する
ことにした。また、植村に関連した基本的な資料や諸文献を収録したものとして、
佐波亘編『植村正久と其の時代』（全五巻、補遺・索引、新補遺。教文館）はきわめ
て重要であるが、『真理一斑』に関しては、第五巻の「七」（188-199 頁）で扱われ
ている。
　　なお、『真理一斑』全体を論じ、さらに東京神学社の講義録「系統神学」まで分析
を行っている研究書して、木下（2013）が存在する。

(6) 宗教理解の一貫性は、本章で取り上げた『真理一斑』の第一、第二章の宗教理解
と、その 40 年後に書かれた「宗教とキリスト教」（『植村正久著作集 5』新教出版
社、130-141）とを比較すれば、明瞭である。たとえば、「第一宗教は世界の至ると
ころ、人間共通の事実である。それは人の天性に出ずるからである。宗教は自然で
あり無宗教は不自然である」（同書、130 頁）は、『真理一斑』の宗教理解の要点に
他ならない。

(7) この点は、たとえば、第二章で言及される人名をリストアップするだけでも、一目
瞭然である。名前のみの言及としては、コロンブス、ソクラテス、プラトン、ペー
ン、ヴォルテール、ヒューム、ハミルトン、コント、ユスティノス、ネアンデルら
が、また引用や思想内容の説明とともに挙げられる人名としては、ミル、スペン
サー、ケアド、釈迦、孔子、荘周、白居易などが確かめられる。なお、『真理一斑』
では、聖書のかなり長い引用が漢文でなされている（第一章ではローマの信徒への
手紙 7 章 15-24 節、第二章ではヨブ記 28 章 1-23 節など）。

(8) 『真理一斑』については、本章で使用した版が収められた『植村正久著作集 4』の
「解説」（同書、502）で、熊野義孝が高坂正顕の言葉として引用している次の指摘
はまさに的確なものと言える。「今我々が『真理一斑』を読んで痛感することは、当

第五章　植村正久と弁証神学　　193

時にあってよくこれだけ内容の豊かな、潤いの多い書物が書けたものだという驚嘆の念である」（高坂正顕『明治文化史』＜四・思想言論編＞所収）。しかし、同時に『真理一斑』から感じられるのは、植村の思想史理解の背後にある思想研究の伝統である（おそらくは英語圏の）。植村の「宗教理解」「神の存在」などの扱い方は、英語圏における宗教哲学の著作と類似しており、植村がどのような先行研究に依拠しているかということは、植村の思想形成を理解する上で、重要な研究テーマとなるように思われる。たとえば、次の文献は現代の英語圏における宗教哲学の全体像を理解する上で有益なものであるが、植村の『真理一斑』との類似性は明白である。

Philip L. Quinn and Charles Taliaferro (eds.), *A Companion to Philosophy of Religion*, Blackwell Publishing, 2008 (1997).

(9) ここで言う「現代宗教学」とは、経験科学の方法論を用いた宗教現象の研究として、1880年代頃に開始された新しい諸宗教研究を意味しているが、植村の『真理一斑』はまさにこうした新しい実証的な宗教研究の成立期に重なっている。たとえば、第四章の「三　有神論の起源いずれの所に在りや」（同書、五七—六七）では、有神論の起源をめぐる学説を、「進化説」（ヒューム、コント、スペンサー）、「天啓説」「推究の説」（スマイス）、「天然の傾向」（ヘンリー・ビー・スミス）と整理する中で、現代宗教学の知見を取り上げている―― 59頁に見られる、「原始拝物教」「原始一神教」「多神教」との関連で一神教の起源を論じる議論など――。

(10) 近代日本の宗教思想において宇宙論的問題設定の希薄さについて、筆者には実証的な指摘を行う用意がないものの、こうした認識は一定程度共有されていると考えている。たとえば、科学史研究者・横山輝雄は、日本における「科学と宗教」問題を論じる中で、「もともと仏教（引用者補足。近代日本の仏教）には世界観問題や世界像問題に無関心な要素がかなり強かったこともあった・・・」（ポール・スワンソン監修『科学　こころ　宗教――第一三回南山シンポジウム　科学から見る「こころ」の意義』南山宗教文化研究所、2007年、40頁）と指摘している。この日本宗教の性格は、明治の日本人キリスト者にもある程度共有されたものであり、それは明治から大正期に移る中でむしろ強化されたように思われる。その点で、賀川豊彦は例外的と言える（この点についても、横山は前掲書42-44頁）。

(11) 「有神論の倫理」に関する植村の議論は、神の律法が被造物を通してユダヤ人だけでなく異邦人にも現れており、律法を知らないという弁解は通らない、という「ローマの信徒への手紙」の有名なパウロの議論を思い起こさせる。このパウロの議論は、しばしばキリスト教的自然神学の源泉と評価されるものであるが、『真理一斑』の第一、第二章での宗教論は、人間本性における宗教性という議論を立てる点で、パウロの議論を、19世紀末の思想状況でやり直したものと言えるかもしれない。

(12) これは、ヤスパース『歴史の起源と目標』の有名な議論であるが、その内容の概略については、芦名 (1993、10-11) を参照。

(13) 「しかしこの系列を追って無限にすすむことはできない。なぜならその場合には、何

か第一の動者は存在しないことになり、したがってまた他のいかなる動者も存在しないことになるからである」（山田晶責任編集『トマス・アクィナス』中央公論社、1980 年、130-131 頁）。

(14) 「第一原因は神である」ということの問題性は、植村自身は唯物論の立場として紹介している、「第一原因は物質である」という論理的可能性を考えれば、明らかであろう。そもそも、神概念と第一原因という概念が同一であるとの議論は自明ではないし（キリスト教的な自然学・自然哲学では、自然な推論とも思われるが）、また宗教経験における「神」が第一原因と言いうるかはさらに疑問である。「神の存在」の議論と「イエス・キリスト」の議論の間に、祈祷論を含む、神の人間の関係性の議論を入れたということから、植村もこの点に気づいていたと推測することができるかもしれない。

(15) こうした祈祷論の古典としては、オリゲネスの祈祷論（小高毅訳『祈りについて・殉教の勧め』創文社、1985 年）を挙げることができるであろう。オリゲネスの祈祷論では、植村が扱う第二の問題、何を祈るべきか、祈りは聞き届けられるか、を中心に展開されており、宿命論的決定論との対論という古代の状況がその背後にあることがわかる。

(16) 懐疑論論駁の伝統と神の問題の結びつきについては、日本における優れた研究書から知ることができる。

    山田晶『アウグスティヌスの根本問題』創文社、1977 年、特に「四　求める神の知り方——どのように神を知れば十分か」（92-38 頁）。

    小林道夫『デカルト哲学の体系——自然学・形而上学・道徳論』勁草書房、1995 年。特に、第一部第三章「神の存在証明——結果からの証明」（175-222 頁）、第五章「神の存在論的証明の構造」（245-268 頁）。

(17) たとえば進化論と自然主義との関わりをめぐるプロセス神学における議論は、植村の見解が決して時代遅れでないことを示している。次の拙論を参照。

    芦名定道『自然神学再考——近代世界とキリスト教』晃洋書房、2007 年、特に第六章「自然神学の生命論と進化論」（191-229 頁）。

(18) 植村は、心・思惟の問題をめぐる唯物論批判を、霊魂論との関わりにおいて展開している——「蓋し人類が己の無究に存するを信ずるは、その自然に出るものとす」（植村、1884、123）、「冷淡なる唯物論も、固陋なる飲食学も未だかつてこの信仰を全く人間に絶滅すること能わざりしなり」（同書、124）——。それは、おおよそ、次のような仕方で進められる。まず、心は身体（脳）に還元できない、心は身体とは別の実体であることを論じ（Ⅰ）、次に身体や脳から区別される別の実体としての霊魂を規定する（Ⅱ）。そして、人間存在の意味や価値が現実世界では完結しないという点から、未来世の必要性を導きだし（Ⅲ）、霊性の無究性の結論に至る（Ⅳ）。以下、この議論の各ステップに関わる代表的なテキストを引用しておきたい。

    Ⅰ：「「心裡上の現象と生理上の現象と互いに相伴うといえども、これによりて

二者同一なりと言わばもっての外の論なるべし。何となれば、常に相伴うもの
は必ずしも同一な理と言うを得ざればなり」(同書、127)、「心裡の現象は運動
にあらず」、「物質的の運動などをもって心上の事物を説き去らんするは未だ己
れの問題なる心の何なるかを察せざるものと言わざるを得ず」(同書、130)、
「頭脳は一種の機械にして思想にあらざるなり」、「思想などが運動にあらざるが
ゆえに思想となりたる勢力は、結局立ち消えの状に陥らざるを得ず」(同書、
131)、「記憶と脳中の記銘との間にも同一の隔離天地もただならぬものあるを
認む。」(同書、132)

Ⅱ：「以上論弁せるごとく、心裡の現象は、物質の現象に帰するを得ず。到底心
の作用と物質の作用とは氷炭異類のものたること明らかなれば、これをもって
同一実体なりとするは、大いなる誤謬なるべし」、「かくのごとく性質の異なれ
るより、別種の実体を立つるは、もとより学術の法則に適えることなり」(同
書、136)、「心の現象は物質の作用にあらずして全くこれと殊別なる実体に属
す。すなわちこれを名づけて霊と称す。身と心は決して同一のものにあらざる
なり。果してしからばたとい形質に属する体躯死して敗壊するも、霊魂必ずし
もこれとともに滅亡すべきの理無し。」(同書、141)

Ⅲ：「心性の志望を究察するに、未来世存在の拠となすべきものあり。蓋し人生
は完備の境にあらず。現実の世界は理想の世界にあらざるなり」(同書、143)、
「造化は必ず自家撞着の事を行なわず。その措置や首尾貫徹して、照応符節を合
するがごとし」、「心霊の帰趣は、その性質によりて知るべし。その性質を観る
に、永生の資力を具う。ゆえに造物者これを造るの目的は、これをして永久に
保存せしめんがためなり。」(同書、144)

Ⅳ：「死は人生の一段落のみ。決して全局を結ぶものにあらず。その佳境は遠く
死後に在りとす。これ霊性の無究なるべき一証にあらずや。」(同所)

(19) 植村の『真理一斑』における弁証神学は、現代の自然神学や宗教哲学、たとえば、
マクグラスにおける自然神学の新しい展開に至る思想史的系譜に位置づけることが
できるであろう。

　　　Ａ・Ｅ・マクグラス『「自然」を神学する――キリスト教自然神学の新展開』教文
　　　館、2011 年。(Alister E. McGrath, *The Open Secret. A New Vision for Natural
　　　Theology*, Blackwell Publishing, 2008.)

(20) 近代科学の成立に関して、数学的形式化と実験的方法との統合の意義が指摘される
が(伊東俊太郎『近代科学の源流』中央公論社、1978 年、303 頁)、この近代科学
における「実験」という方法の受容には、キリスト教における工作、労働の意義の
評価が関わっている。この点から見ても、この文脈での植村の議論は興味深い。

(21) 神学、哲学、科学の三者の関係性についての現代神学における代表的な議論として
は、ギルキーによる「相互に区別されながらも相互に結合し合った解釈学的探究」
という議論が存在するが、こうした観点からも植村の「宗教と科学」関係論は再評

196　　第二部　近代日本とプロテスタント・キリスト教

価できるように思われる。ギルキーの議論については、次の拙論を参照いただきたい。

芦名定道「キリスト教と形而上学の問題」（京都大学基督教学会『基督教学研究』第 24 号、2004 年、1-23 頁）。

(22)「二つの書物」論については、次の芦名（2007）を参照。

(23)『真理一斑』成立の背景にある時代状況について、『真理一斑』が収められた『植村正久著作集 4』の「後記」において、大内三郎は次のように指摘している。「全体として、明治十年代の東京大学には進化論を中心とした不可知論・実証主義・唯物主義・無神論などが風靡していて、それがまたわが国において初めて組織立ったキリスト教攻撃となり、キリスト教側から応戦がなされたが、『真理一斑』もまたそうした仕方でこころみられたキリスト教弁証論である」（同書、513 頁）。本章の考察が示すように、この大内の指摘は適切であって、植村は、いわば明治日本に投影された同時代の西欧近代の論争状況の中で議論を展開していると言える。『真理一斑』が執筆された時期の日本における進化論受容（E.S. モースの東京大学での講義とその影響）に関しては、武田（2001、118-142）で論じられている——横山輝雄『生物学の歴史——進化論の形成と展開』（放送大学教育振興会、1997 年、108-111 頁）も参照——。しかし、武田の論考では、それが植村正久についての著書の中の一つの章であるにもかかわらず、植村については必ずしも十分な考察がなされていない。むしろ、植村の自然科学観や進化論との関わりについては、佐波亘編『植村正久と其の時代』の第五巻の 115-162 頁に、関連資料が収録されており、参照できる。

(24)本書に収録できなかったが、筆者は次の論文で植村正久の日本論（国家、進歩としての近代化、日本近代のモデルとしての立憲君主制、セキュラリズム、キリスト教の社会問題への関与・国粋主義・愛国心、教育勅語、不敬事件、伝統宗教、武士道、天皇制などをめぐる議論）について詳細な分析を行った。

芦名定道「植村正久の日本論（１）」（現代キリスト教思想研究会『アジア・キリスト教・多元性』第 6 号、2008 年、1-24 頁）、「植村正久の日本論（２）」（現代キリスト教思想研究会『アジア・キリスト教・多元性』第 7 号、2009 年、1-20 頁）。

(25)明治キリスト教については優れた通史的な記述を含む研究書を参照することができる。本章においても、次の文献を参照した。

海老沢有道・大内三郎『日本キリスト教史』日本基督教団出版局、1970 年。
土肥昭夫『日本プロテスタント・キリスト教史』新教出版社、1980 年。
『日本プロテスタント・キリスト教史論』教文館、1978 年。
『歴史の証言　日本プロテスタント・キリスト教史より』教文館、2004 年。
中央大学人文科学研究所『近代日本の形成と宗教問題』中央大学出版部、1992 年。
高橋昌郎『明治のキリスト教』吉川弘文館、2003 年。

(26) こうした明治期知識人の宗教理解に関しては、『明六雑誌』に関わった知識人を典型的なものとして挙げることができるであろう。明六社同人の「愚民観」について、小股憲明「西洋思想の摂取——明六社の「文明開化」」(西田毅編『近代日本のアポリア——近代化と自我・ナショナリズムの諸相』晃洋書房、2001年、36-62頁)を、また、これを「宗教」概念(キリスト教思想家を中心とした)に関連づけたものとして、星野(2004)を参照。

(27) この問題に対して、本書では民衆という視点の重要性を論じることを試みているが(第二章など)、こうした植村らの限界を乗り越えるものとして、マーク・マリンズの「メイド・イン・ジャパンのキリスト教」を挙げることができるかもしれない。マーク・マリンズ『メイド・イン・ジャパンのキリスト教』トランスビュー、2005年。

(28) 植村が、日本的伝統というフロントにおいてキリスト教をどのように論じているかについては、『植村正久著作集』第一巻(新教出版社)に収録された日本論を分析することが必要なる。この点については、注24を拙論も参照。

(29) 包括主義は、ジョン・ヒックの宗教多元主義との関わりで注目されることが多い類型であるが、次の諸文献を参照。

　　古屋安雄『宗教の神学——その形成と課題』ヨルダン社、1985年。
　　芦名定道『ティリッヒと現代宗教論』北樹出版、1994年、197-246頁。
　　ジョン・ヒック『増補新版　宗教多元主義——宗教理解のパラダイム変換』法藏館、2008年。

(30) 次の拙論を参照。

　　芦名定道「東アジアの宗教状況とキリスト教－家族という視点から－」(現代キリスト教思想研究会『アジア・キリスト教・多元性』創刊号、2003年、1-17頁)。
　　芦名定道「韓国キリスト教の死者儀礼」(『東アジアの死者の行方と葬儀』(アジア遊学)勉誠出版、2009年、96-104頁)。
　　芦名定道「東アジアにおける宗教的寛容と公共性」(紀平英作編『グローバル化時代の人文学　対話と寛容の知を求めて　【下】共生への問い』(京都大学文学部創立百周年記念論集)京都大学学術出版会、2007年、279-301頁)。

むすび ―研究史を展望する―

一　改めて、日本キリスト教思想に向けて

　「日本キリスト教」を思想研究の対象にすることをめぐって、本書では、さまざまな可能性を論じてきた。しかし、そのために参照すべき先行研究はすでにかなりの数にのぼっており、本書で取り上げたものはその一部に過ぎない。しかも、取り上げた諸研究についても、その扱いは部分的かつ断面的なものであって、決して十分な検討を経たものとは言えない。こうした点から、本書は、いまだ「序論的研究」にとどまっている――実際、本書の副題について「序論的研究」にするという案も検討された――。したがって、本書をむすぶにあたり、本書の成果を列挙するのではなく、いくつかの議論を確認した上で、むしろ、今後の研究に向けた展望を簡単に論じることにしたい。

　本書の目的の一つは、日本キリスト教思想研究の方法論を提示し、その有効性を検討することであった。第一部の「序論的考察」において論じた方法論は、続く第二部において、いくつかの問題連関に即して展開された。方法論の要点は、次の二点にまとめられる。

　第一点は、「日本キリスト教」を論じるために、二つの地平（日本とキリスト教）とその焦点としての「近代」という解釈学的な方法論的枠組みを設定したことである（第一章）。方法論自体の理論的掘り下げについては、少なからぬ重要課題が残されているものの、議論を整理し、研究の方向付けを行うには、十分であったと思われる。「日本キリスト教」を「日本」と「キリスト教」という二つの地平にわけることによって――あまりにおおざっぱであるが――、たとえば、問題を次のように立てることが可能になる。

　まず、「日本」という地平に即して言えば、日本キリスト教思想を追求するにあたり、日本にとってキリスト教の存在意味は何か、特に日本の近代化にお

むすび　199

けるキリスト教の役割をどのように理解するかが、問われねばならない。たとえば、無教会キリスト教は近代日本の政治的状況に対してどのような意味を有しているか、非戦論は日本の平和思想の展開に何をもたらしたのか、という問いであり、[1] 同様の問いは、海老名や植村に対しても問われねばならない。こうした問いを論じることによって可能になるのが、近代日本（さらには現代日本）をキリスト教との関わりから批判的に分析することである。日本においてキリスト教は少数者として存在してきたが、少数者はしばしば多数派が陥っている問題を鮮やかに分析する視点を提供するものとなる。日本キリスト教を思想的に研究することの意義の一つは、この近代日本を批判的に分析することにあると言えよう。無教会キリスト教の視点から日本を見るということは、まさにこのような作業となるはずである。

　しかし、「日本キリスト教」は「キリスト教」というもう一つ地平との関わりにおいて議論を組み立てることも要求する。それは、キリスト教にとっての日本の存在意義という問いであり、「日本的キリスト教」とは、こうした問題意識を具体化したものと理解されねばならない。日本にキリスト教が存在することになったという事実は、キリスト教自体から見てどのように評価できるのか、それは歴史的な偶然であり、キリスト教史の周辺的な話題に過ぎないのか。あるいは、日本のキリスト教には、キリスト教自体に対して何らかの固有の寄与をなし得る可能性を見出すことができるのか。本書で扱った明治のキリスト者たちはこの問いに対して積極的に然りと答えた。明治のキリスト者たちの答えは、現代の視点から振り返ることによって、どのように評価できるだろうか。こうした議論は、近代キリスト教を日本という視点から批判的に見ることに繋がる。キリスト教を日本にもたらした西欧近代キリスト教を、その受け手である日本（あるいは東アジア）から見るとき、その歪みや限界について、どのような議論をなし得るだろうか。本書でも論じた「日本的キリスト教」の議論の中に、西欧キリスト教に対する鋭い批判を見出すことは困難ではない。[2]

　　二つの地平とその焦点としての近代という解釈学的な方法論的枠組みから提起されるべき以上の諸問題について、本書はどれほどの議論を行うこ

とができたであろうか。

　次に、本書第一部の方法論の要点として挙げるべき第二点は、近代日本のキリスト教思想を規定する文脈の多様性に関してである（第二章）。本書では、まず、ラカプラによる現代の思想史研究についての議論を取り上げ、そこから、日本キリスト教思想あるいは思想史を研究するための方向性を探った。思想を解釈するには、何らかの文脈を設定することが必要であるが、多様な諸文脈のいずれか一つのみが特権的な位置を占めているわけでもなく、諸文脈は相互に排他的なわけでもない。文脈の選択は研究者の問題設定にしたがって、さまざまなあり方が考えられる。たとえば、日本のキリスト教は地理的には近代の東アジアという文脈に位置しており、また、キリスト教史は日本の近代化という視点から政治史や経済史、そして宗教文化史と関連づけることができる。これらいずれの文脈にどの程度注目するかは、研究者の選択しだいである。なお、近代キリスト教思想の文脈における日本キリスト教思想の分析は本書でも繰り返し試みたが、本書でほとんど論じることのできなかった重要な文脈として、キリスト教宣教史とキリスト教教育史や社会福祉史の意義を強調しておきたい。

　しかし、本書について特筆すべきことは、評伝研究の意義を確認した上で、資料的に評伝的文脈が不明確な思想をどのように研究するかについて、ラカプラに従ってハイデッガーの「未思惟の思考」を参照しつつ、波多野のテキストの脱構築的読解を試みた点である。これも設定可能な文脈の一つと言うべきであろう。これに対して課題として残ったのは、日本キリスト教を論じる際の民衆の視点、あるいは日本キリスト教思想史を民衆史と関連づける問題である。これについては、イデオロギーとユートピアという社会的構想力の問題を掘り下げることなど試みられるべき課題が少なくない（本書第二章を参照）。しかし、そもそも「民衆」自体についてさらなる解明が必要であろう。おそらく、「民衆」は実体概念として理解されるべきではなく、研究の方法論的概念と考えるべきと思われるが、多くは今後の課題として残されている。[3]

　以上が、本書の方法論的な議論の要点であるが、今後の研究について追求すべき、あるいは正確には、筆者が追求したいと考えている研究の展望

むすび　201

は、次のようになる。

①文献研究とフィールド調査を有機的に統合した総合的研究。

　これまで筆者は、東アジアのキリスト教についてフィールド調査を行い、それに基づいていくつかの研究論文を執筆してきた。[4] 東アジア、特に日本は、日本の研究者にとって、最も身近なフィールドであり、思想史研究における中心的方法である文献資料に基づく研究とフィールド調査との統合という発想はそれほど奇抜なことではないであろう。しかし、日本キリスト教思想研究では、こうした研究はまだ実現途上の状況にあり、今後の課題というべき段階にとどまっているように思われる。フィールド調査を継続するともに、ここでも必要なことは、方法論の深化発展である。[5]

②多様な文脈の柔軟な結合をめざした研究プログラム（共同研究）の構築。

　先に確認したように、思想研究の文脈は多様に設定可能であり、諸文脈を複合的に組み合わせることによって豊かな展望が開かれてくる。しかし、こうした諸文脈の複合的な組み合わせが実りあるものとなるには、しっかりした研究プログラムが必要であり、それはしばしば単一の研究者の手に余るものとなる。そこで必要になるのは、研究者のネットワークの形成であり、可能ならば、多くの専門分野の研究者が共同研究を持続的で行うことのできる「研究所」の設立である。日本キリスト教研究に関しては、こうしたネットワークや研究所が実際に研究を推進する役割を果たしてきたが、[6] 近代日本のキリスト教思想研究を次の段階に進めるには、よりいっそう充実した研究体制を欠くことができない。

③日本キリスト教思想研究の基礎論としての哲学的考察。

　本書のこれまでの議論から明らかになった事柄の一つは、宗教あるいは思想とは、人間的生の現実に根ざすものであるということであった。したがって、東アジアの宗教思想を理解するには、その根本にある東アジアの生の現実にふさわしいアプローチが必要になる。問題は、これまでもっぱら西欧社会の文脈を意識的あるいは暗黙的に前提してきた思想研究が提供する枠組みが、果たして、東アジアの宗教を論じるに適切かということである。たとえば、西欧近代の政教分離的社会構造を背景に構築された「宗教と文化」の二分法的な概念構成は、東アジアの宗教的状況を分析する上

で、かなりの限界を有している。こうした方法論的反省から、宗教概念や宗教理論を再構築する試みはすでに開始されており、東アジアの問題状況を捉えるには、「宗教と文化」ではなく、「宗教文化」という視点が有効であろう。[7] しかし、こうした方法論的な議論を行う際に不可欠なのは、哲学的思索と呼ぶべき作業である。現在求められているのは、断片的な思いつきではなく、現実の宗教的状況を直視しつつ厳密で徹底的な思考を働かせることではないだろうか。[8]

二　解放の問い・記憶とキリスト教

　これまでの本書における考察を振り返るとき、問われるべきは、そもそも思想研究は何のためになされるべきなのか、なぜ日本のキリスト教思想を論じるのか、という問題である。これは、方法論的な問いとも無関係ではないものの——方法論的な問いはこの「何のため」「なぜ」の問いから本来切り離せない——、これ自体として、繰り返し問い直されねばならない根本的な問いにほかならない。こうした点を自覚的に踏まえた研究として、宮田光雄『日本キリスト教思想研究』を挙げることができる。[9] 宮田が、「日本キリスト教思想史」という論集を刊行した意図については、おそらく、「終章　《日本教徒》と《非日本的日本人》」から読み取ることができるだろう。そこで宮田は、《非日本的日本人》を説明するために、《非ユダヤ的ユダヤ人》というアイザック・ドイッチャーの議論を紹介することから論を始めている。[10]

　　本書の結論。「だから私はユダヤ人も他の民族もともに、《一民族のための国家》などというものが究極的な妥当性を欠いたものであることを自覚し、かつてユダヤ的なものを超越したユダヤ系の天才たちが残した倫理的・政治的遺産に立ち帰ることをのぞんで止まない。それは普遍的な人類の解放というメッセージに他ならない。」（宮田、2013、366）

むすび　203

続いて、宮田は、《非日本的日本人》としてペトロ岐部を、そして《日本教徒》として不干齋ファビアンを取り上げる。この対比の後に、宮田は《非日本的日本人》について次のように結論づける。

　　「《非日本的日本人》として生きるとは、こうした自民族中心主義的な
　　ショーヴィニズムを越えて、《非国民》呼ばわりされることを恐れない
　　冷徹な視座に立つことであろう。」(同書、375)

　ここに、なぜ日本キリスト教思想史なのか、に対する一つの答えを見出すことができる。《非日本的日本人》として生きた日本人の思想から普遍的な人類の解放というメッセージを取り出し、明確な仕方で提示すること、これが宮田にとって日本キリスト教思想史に取り組む理由であり、それは、無教会主義キリスト教とボンヘッファーがこの論集の中心を成していることに端的に示されている。

　以上の点に留意しつつ、本書における議論より、ここで再度取り上げたいのは、波多野『時と永遠』における「未思惟の思考」として論じた問題である。それは次のような議論であった。『時と永遠』のテキストには、同時代の日本の歴史的状況への直接の言及は確認することはできない。[11] しかし、波多野による文化的生批判を、近代批判として読み解くことによって、波多野の批判の射程は近代日本に延長することはできないのか、という問いが浮かび上がってきた。波多野のテキストを脱構築することによって、そこに、未思惟の思考、つまりテキストの未来として、近代日本の没落の運命の指し示しを読み取ることは、一つの思想史研究として可能である（戦争批判としての『時と永遠』）。これが本書の主張である。波多野が実際にそのように意識的に思惟したか、あるいはテキストに密かに書き込んだかは別にして、テキストから「未思惟の思考」と言うべき意味の層を掘り起こすことは、それにふさわしい文脈を設定することによって可能な作業となるのである。

　テキストの「未思惟の思考」とは、いわば過去のテキストの実現されざ

る未来というべきものである。文脈を設定するのが研究者の役割であることを念頭におけば、ここで問われる時間性は、「研究者の現在にとって過去に属するテキスト（テキストの現在）の未完の未来」と分節可能であり、これを開く研究者の問題設定は、研究者の現在の未来ということになる。
(12) 思想研究の決定的な特徴は、思想を紡ぎ出すこの複合的で循環的な時間性に存するのであり、これが思想史を社会史に還元することを不可能にしているものなのである。解放の問い・記憶は、こうした時間性の中で繰り返し現在化することを要求しているのであって、解放をめざし挫折した「過去」は無に帰したわけでも消滅したわけでもない。抑圧され忘却されたかに見えて、過去の未来は現在がその未来を構想する中で再度生き返ることを求めているのである。未思惟の思考を読み取ることによってはじめて、過去において存在した解放の問いを現在において活性化することも可能になるのである。おそらく、聖書テキストを読むことにおいて可能になるキリストとの「同時性」とはこうした時間性において生成するものなのではないだろうか——これは思惟の終末論的構造にほかならない——。この「過去の未来」を顕わにすることが、思想史研究の重要な課題となるのである。

　こうしたテキストの時間性に匹敵するのが、宮田光雄が、「未克服の過去」と呼ぶものである。先に挙げた『日本キリスト教思想研究』の「5　日本社会における福音宣教」の「三　現代日本における《未克服の過去》」において、宮田は戦争責任の問題を「現代日本における《未克服の過去》」として論じている（宮田、2013、174）。「戦争責任」の問題が、繰り返し問い直しを要求するものとして立ち現れてくるのは、「過去」が過ぎ去ったものであるにもかかわらず、その未完の未来を現代人の口を通して、いまだ「未克服」であると、責任を果たすようにと語り始めるからである。この過去の未来が現在の未来を介して現在へと蘇ってくる時間性は、思想を生み出す「伝統」の時間構造に比することができるかもしれない。それは、単線的に一方的にのみ進行する時間ではなく、飛躍し中断しつつ新たな思想を生み出しつつ未来へ接続してゆく時なのである。

　このように、「未思惟の思考」、「未克服の過去」は、わたしたちに時間を

むすび　205

めぐる哲学的思索を要求する。先に研究を展望する中で、「思想研究の基礎論としての哲学的考察」に触れたが、思想の時間性についての思索は、この哲学的考察の一つなのである。

　たとえば、第二章第一節（4）では、ティリッヒの「現在とは過去である、現在とは未来である、そして現在とは永遠である」との言葉を手がかりに、思想の時間性を論じた。また、本書で言及した波多野精一の宗教哲学は人間的生の時間論（他者としての将来が存在を贈与するという時間性）を基礎にしており、それは、現在を「記憶としての過去の現在」、「予期としての未来の現在」という広がりで理解したアウグスティヌスの時間論を前提として構築されていた。こうした時間をめぐる思索は、「思想とは何か」の基礎論となるべきものなのであるが、この点で興味深いのは、モルトマンが近代的な「進歩としての歴史」（「過去→現在→未来」と描かれる単線的な時間図式）を超えるものとして、アウグスティヌスの意識の内的時間を踏まえて提示した複合的で多重的な循環関係としての時間論である。[13] その具体的な検討は、今後の研究課題とされねばならないが、その中で、「未思惟と思考」と「未克服の過去」とは再度論じ直されることになるであろう。

注

(1)　無教会キリスト教あるいは内村鑑三の非戦論をめぐっては多くの研究が存在するが、本書著者もこれまで次のような研究を公にしてきた。
　　　芦名定道「東アジアのキリスト教とナショナリズム——内村鑑三の非戦論との関連で」（現代キリスト教思想研究会『アジア・キリスト教・多元性』第12号、2014年、75-91頁）。

(2)　日本的キリスト教についての本書著者の研究としては、次のものが存在する。
　　　芦名定道「日本的霊性とキリスト教」（明治聖徳記念学会『明治聖徳記念学会紀要』復刊第44号、2007年、228-239頁）。
　　　芦名定道「日本的霊性とキリスト教——キリスト教土着化論との関連で」（北陸宗教文化学会『北陸宗教文化』第24号、2011年、1-18頁）。

(3)　「民衆史」に関して本書でも参照してきた、安丸良夫は、『現代日本思想論——歴史意識とイデオロギー』（岩波現代文庫、2012年）で次のように述べている。

206

「『民衆』・『大衆』という用語を明確に定義したり、実態存在として規定したりすることは難しい。国民、市民、平民、庶民、常民などについても同様で、実態的には似たような存在を念頭におきながらも、用語の選びかたのなかに記述者の立場と戦略が表現されている」（安丸、2012、61）」、「『民衆』や『大衆』は、実体的というよりも方法的概念であり、研究者が対象としている社会や歴史についてあるまとまったイメージを描くさいに不可欠な構想力にかかわる概念だといった方がよいだろう。」（同所）

(4) 本書著者は東アジアのキリスト教について次のようなフィールド調査に基づく研究を行ってきた。

　　芦名定道「東アジアの宗教状況とキリスト教－家族という視点から－」（現代キリスト教思想研究会『アジア・キリスト教・多元性』創刊号、2003 年、1-17頁）。

　　芦名定道（金文吉との共著）「死者儀礼から見た宗教的多元性－日本と韓国におけるキリスト教の比較より－」（『人文知の新たな総合に向けて（21 世紀 COE プログラム「グローバル化時代の多元的人文学の拠点形成」）』第二回報告書 Ⅲ[哲学篇 2]　2004 年、5-23 頁）。

　　芦名定道「韓国キリスト教の死者儀礼」（『東アジアの死者の行方と葬儀』（アジア遊学）勉誠出版、2009 年、96-104 頁）。

(5) この点については、次の文献を参照。

　　Christian Scharen, Anna Marie Vigen (eds.), *Ethnography as Christian Theology and Ethics*, Continuum, 2011.

(6) 日本における代表的な研究所としてまず挙げるべきは、1974 年の創設以来、宗教文化に関わるさまざまな研究プロジェクトや共同研究を担ってきた、南山宗教文化研究所（南山大学）であろう。また、本書著者が関わってきた、現代キリスト教思想研究会も、様々な研究領域を専門とする研究者が討論することによって、すでに多くの研究成果を発信している

　　(https://sites.google.com/site/kyotochristianstudies/home)。

(7) 「宗教文化」概念を用いて日本のキリスト教を論じている先駆的な研究として、土屋博『宗教文化論の地平――日本社会におけるキリスト教の可能性』（北海道大学出版会、2013 年）が挙げられる。この著書では、キリスト教教育論、スピリチュアリティ論、教典論など、幅広い問題領域において宗教文化論の豊かな洞察が示されている。

(8) この点について、本書著者は、継続的に批判的実在論あるいは象徴論から宗教を論じる可能性に取り組んでいる。比較的最近の研究成果としては、次の研究論文が挙げられる。

　　芦名定道「宗教的実在と象徴――波多野とティリッヒ」（現代キリスト教思想研究会『近代 / ポスト近代とキリスト教』2012 年、3-21 頁）。

むすび　207

芦名定道「キリスト教思想と宗教言語——象徴・隠喩・テキスト——」(京都大学キリスト教学研究室『キリスト教学研究室紀要』第3号、2015年、1-18頁)。

(9) 宮田光雄『日本キリスト教思想研究』(宮田光雄思想史論集3)、創文社、2013年。

(10) ここで宮田が取り上げているのは、アイザック・ドイッチャー『非ユダヤ的ユダヤ人』(岩波新書、アンコール復刊、2012年)である。

(11) 本書著者は本書第二章との関連で、次のような研究論文を公にしてきた。

芦名定道「日本の宗教哲学とその諸問題——波多野、有賀、北森」(現代キリスト教思想研究会『アジア・キリスト教・多元性』第9号、2011年、89-111頁)。

芦名定道「宗教的実在と象徴——波多野とティリッヒ」(現代キリスト教思想研究会『近代/ポスト近代とキリスト教』2012年、3-21頁)。

芦名定道「波多野宗教哲学における死の問い」(京都大学キリスト教学研究室『キリスト学研究室紀要』創刊号、2013年、1－17頁)。

(12)「テキストの現在の未来」と「研究者の現在の未来」の循環を介したテキストと研究者との対論という点では、本書第二章で見た、ガダマーの地平融合の一例と言えるであろう。

(13) Jürgen Moltmann, *Gott in der Schöpfung. Ökologische Schöpfungslehre*, Chr.Kaiser, 1985, S.135-150. (J・モルトマン『創造における神——生態論的創造論』新教出版社、1991年、191-211頁。)

文献表

　本書において繰り返し引用される文献に関しては、（著者、刊行年、頁）という表記が用いられた。この文献表には、本書に登場する文献を網羅的に記載するのではなく、（著者、刊行年、頁）という形式で引用される文献を中心に、主要な文献についてのみ収録するという方針がとられた。

A. 日本語文献（邦訳からの引用文献を含む）

芦名定道『宗教学のエッセンス―宗教・呪術・科学』北樹出版、1993 年。

芦名定道『ティリッヒと弁証神学の挑戦』創文社、1995 年。

芦名定道「東アジアにおける宗教的寛容と公共性」（紀平英作編『グローバル化時代の人文学　対話と寛容の知を求めて【下】共生への問い』（京都大学文学部創立百周年記念論集）京都大学学術出版会、2007 年、279-301 頁）。

芦名定道『自然神学再考――近代世界とキリスト教』晃洋書房。

芦名定道「ティリッヒと宗教社会主義」（現代キリスト教研究会『ティリッヒ研究』第11 号、2007 年、1-19 頁）。

雨宮栄一の評伝シリーズ（新教出版社）

・『青春の賀川豊彦』『貧しい人々と賀川豊彦』『暗い谷間の賀川豊彦』2003-2006 年。

・『若き植村正久』『戦う植村正久』『牧師植村正久』2007-2009 年。

・『評伝　高倉徳太郎　上』『評伝　高倉徳太郎　下』2010-2011 年。

・『評伝井上良雄―キリストの証人』2012 年。

ハンナ・アーレント『精神の生活　上　第一部・思考』岩波書店、1994 年（Hannah Arendt, *The Life of the Mind. The Groundbreaking Investigation on How we think. One/Thinking*, A Harvest Book,1971）

飯沼二郎、韓晳曦『日本帝国主義下の朝鮮伝道』日本基督教団出版局、1985 年。

五十嵐喜和「植村正久」（同志社大学人文科学研究所編、土肥昭夫／田中真人編著『近代天皇制とキリスト教』人文書院、1996 年、276-296 頁）。

植村正久『真理一斑』1884 年（『植村正久著作集』第 4 巻、新教出版社、1966 年）。

植村正久『武士気質』1900 年（『植村正久著作集　第 1 巻』新教出版社、1966 年）。

内村鑑三「武士道と基督教」1916 年（『内村鑑三全集 22』岩波書店、1982 年）。

鵜沼裕子『近代日本のキリスト教思想家たち』日本基督教団出版局、1988 年。

鵜沼裕子『史料による日本キリスト教史』聖学院大学出版会、1992 年。

鵜沼裕子『近代日本キリスト者の信仰と倫理』聖学院大学出版会、2000 年。

海老名弾正『基督教本義』1903 年（『近代日本キリスト教名著選集　第 I 期 キリスト教受容篇　五』日本文書センター、2002 年）。

海老名弾正「内界のキリスト」1909 年（『日本の説教 1　海老名弾正』日本キリスト教団出版局、2003 年）。

大内三郎・海老沢有道『日本キリスト教史』日本基督教団出版局、1970 年。

大内三郎『植村正久──生涯と思想』日本キリスト教団出版局、2002 年。

大内三郎『植村正久論考』新教出版社、2008 年。

大木英夫『終末論』紀伊国屋新書、1972 年（1994 年）。

大木英夫「植村ルネサンス──現今の教会の社会倫理との関連において」（『歴史神学と社会倫理』ヨルダン社、1979 年、107-121 頁）。

大木英夫・古屋安雄『日本の神学』ヨルダン社、1989 年。

大木英夫『組織神学序説──プロレゴーメナとしての聖書論』教文館、2003 年。

北森嘉蔵「日本のキリスト教」1963 年、「『日本の神学』ということ」1963 年（『日本のキリスト教』国際日本研究所、1967 年）。

木下裕也『植村正久の神学理解──『真理一斑』から「系統神学」へ』一麦出版社、2013 年。

金承哲「アジアの宗教的多元性とキリスト教──日本キリスト教における他宗教との対話を手がかりとして」（芦名定道編『比較宗教学への招待──東アジアの視点から』晃洋書房、2006 年、144-167 頁）。

金文吉『近代日本キリスト教と朝鮮──海老名弾正の思想と行動』明石書店、1998 年。

京極純一『植村正久──その人と生涯』新教出版社、2007 年（1966 年）。

工藤英一『日本キリスト教社会経済史研究──明治前期を中心に』新教出版社、1980 年。

熊野義孝「植村正久における戦いの神学」1966 年（『熊野義孝全集　第十二巻』新教出版社、1982 年、216-260 頁）

熊野義孝「海老名弾正の『思想の神学』」1967 年（『熊野義孝全集　第十二巻』新教出版社、1982 年、145-180 頁）。

熊野義孝「「国家と宗教」の問題」（『熊野義孝全集　第十二巻　日本のキリスト教』新教出版社、1982 年、700-738 頁）。

栗林輝夫「アメリカのアジア神学と日系神学（上）──オリエンタリズムからポストコロニアルへ」（『関西学院大学キリスト教と文化研究』第 11 号、2010 年、59-90 頁）

神代真砂実他『神学とキリスト教学──その今日的な可能性を問う』キリスト新聞社、2009 年。

近藤勝彦『トレルチ研究　上』教文館、1996 年、52-65 頁。

近藤勝彦「植村正久における国家と宗教」（『デモクラシーの神学思想──自由の伝統

とプロテスタンティズム』教文館、2000 年、393-425 頁）。

近藤勝彦「「愛国心」教育の落し穴」（『キリスト教の世界政策――現代文明におけるキ
　　リスト教の責任と役割』教文館、2007 年、148-161 頁）。

近藤勝彦『贖罪論とその周辺：組織神学の根本問題 2』教文館、2014 年。

佐藤敏夫『植村正久』新教出版社、1999 年。

佐波亘編『植村正久と其の時代』（全五巻、補遺・索引、新補遺。教文館）

島薗進「神道と国家神道・試論――成立への問いと歴史的展望」明治聖徳記念会『明
　　治聖徳記念学会紀要』復刻第 43 号、2006 年、110-130 頁。

島薗進「国家神道はどのようにして国民生活を形づくったのか？――明治後期の天皇
　　崇敬・国体思想・神社神道」（京都仏教界監修、洗建・田中滋編『国家と宗教　上
　　巻――宗教から見る近現代日本』法蔵館、2008 年、243-284 頁）。

鈴木貞美『日本の文化ナショナリズム』平凡社新書、2005 年。

隅谷三喜男『近代日本の形成とキリスト教』新教出版社、1961 年。

隅谷三喜男『日本プロテスタント史論』新教出版社、1983 年。

關岡一成「海老名弾正の『神道的キリスト教』とは何か――金文吉氏の近著に接して」
　　（『福音と世界』1999 年 3 月号、54-57 頁）。

徐正敏『日韓キリスト教関係史研究』日本キリスト教団出版局、2009 年。

高橋昌郎『明治のキリスト教』吉川弘文館、2003 年。

武田清子『土着と背教』新教出版社、1967 年。

武田清子『植村正久――その思想史的考察』教文館、2001 年、18 頁）。

田中美知太郎「ひとつの私的回想――波多野先生と古典研究」（松村克己・小原國芳編
　　『追憶の波多野精一先生』玉川大学出版部、1970 年、61 頁）。

崔炳一『近代日本の改革派キリスト教――植村正久と高倉徳太郎の思想史的研究』花
　　書院、2007 年。

土肥昭夫『日本プロテスタント・キリスト教史』新教出版社、1980 年。

土肥昭夫『日本プロテスタント・キリスト教史論』教文館、1987 年。

土肥昭夫『歴史の証言――日本プロテスタント・キリスト教史より』教文館、2004
　　年。

土肥昭夫『天皇とキリスト――近現代天皇制とキリスト教の教会史的考察』新教出版
　　社、2012 年。

新渡戸稲造『武士道』1900 年（佐藤全弘訳、教文館、2000 年）。

野呂芳男『キリスト教と民衆宗教――十字架と蓮華』（日本基督教団出版局、1991 年）

波多野精一『宗教哲学』1935 年（波多野精一『宗教哲学序論・宗教哲学』岩波文庫、
　　2012 年、に所収）。

波多野精一『時と永遠』1943 年（波多野精一『時と永遠　他八篇』岩波文庫、2012
　　年、に所収）。

古屋安雄・大木英夫『日本の神学』ヨルダン社、1989 年。

古屋安雄・土肥昭夫・佐藤敏夫・八木誠一・小田垣雅也『日本神学史』ヨルダン社、1992 年。

古屋安雄「武士道とキリスト教」(『日本のキリスト教』教文館、2003 年、78 頁。

星野靖二「文明から宗教へ——明治 10 年代から明治 20 年代にかけての植村正久」(『東京大学宗教学年報』XVIII、2001 年、115-131 頁)。

星野靖二「『宗教及び文藝』に見る明治末期のキリスト教の一側面」(『東京大学宗教学年報』XX、2003 年、55-71 頁)。

星野靖二「「宗教」の位置をめぐって——明治前期におけるキリスト教徒達に見る」(島薗進・鶴岡賀雄編『〈宗教〉再考』ぺりかん社、2004 年、228-253 頁)。

洪伊杓「海老名弾正の神道理解に関する類型論的分析」(現代キリスト教思想研究会『アジア・キリスト教・多元性』第 12 号、2014 年、1-17 頁))。

洪伊杓「海老名弾正をめぐる「神道的キリスト教」論争の再考察」(現代キリスト教思想研究会『アジア・キリスト教・多元性』第 13 号、2015 年、53-65 頁)

宮田光雄『国家と宗教——ローマ書十三章解釈史＝影響史の研究』岩波書店、2010 年。

宮田光雄『日本キリスト教思想研究』(宮田光雄思想史論集 3)、創文社、2013 年。

宮本武之助『波多野精一』日本基督教団出版部、1965 年。

松山壽一『ニュートンとカント——力と物質の自然哲学』晃洋書房、1997 年。

森田雄三郎『現代神学はどこへ行くか』教文館、2005 年。

森本あんり『アジア神学講義——グローバル化するコンテクストの神学』創文社、2004 年。

安酸敏眞「村岡典嗣と波多野精一——饗応する二つの「学問的精神」——」(『北海学園大学人文論集』(北海学園大学人文学会) 39 号、2008 年、199-238 頁。)

安酸敏眞「「思想史」の概念と方法について——問題史的研究の試み」(『北海学園大学人文論集』(北海学園大学人文学会) 46 号、2010 年、97-145 頁。)

安酸敏眞『歴史と探求——レッシング・トレルチ・ニーバー』聖学院大学出版会、2001 年。

安丸良夫『現代日本思想論——歴史意識とイデオロギー』岩波現代文庫、2012 年。

吉馴明子『海老名弾正の政治思想』東京大学出版会、1982 年。

ラカプラ『思想史再考』平凡社、1993 年。(Dominick Lacapra, *Rethinking Intellectual History. Texts, Contexts, Language*, Cornell University Press, 1983.)

リクール『イデオロギーとユートピア——社会的構想力をめぐる講義』新曜社、2011 年。(1976 年　シカゴ大学。1986 年出版。)

レヴィナス『全体性と無限——外部性についての試論』国文社、1989 年。(Emmanuel Lévinas, *Totalité et Infini. Essai sur l'Extériorité*, Martinus Nijhoff, 1961.)

B. 欧文文献

James H. Cone, *God of the Oppressed*. The Seabury Press, 1975.（J.H. コーン『抑圧された者の神』梶原寿訳、新教出版社、1976 年。）

John B. Cobb, Jr., *Beyond Dialogue. Toward a Mutual Transformation of Christianity and Buddhism*, Fortress Press, 1982.（ジョン・B・カブ・Jr.『対話を超えて――キリスト教と仏教の相互変革の展望』延原時行訳、行路社、1985 年。）

Terry Eagleton, *Literary Theory. An Introduction*, Blackwell, 1983.（イーグルトン『文学とは何か――現代批判理論への招待』岩波書店、1985 年。）

Robert P. Ericksen, *Theologians under Hitler*, Yale University Press, 1985.

John Hick, *The New Frontier of Religion and Science. Religious Experience, Neuroscience and the Transcendent*, Palgrave Macmillan, 2006.

Hans Küng und Julia Ching, *Christentum und Chinesische Religion*, Piper, 1988.（ハンス・キュング、ジュリア・チン『中国宗教とキリスト教の対話』森田安一他訳、刀水書房、2005 年。）

Raimon Panikkar, Religious Identity and Pluralism, in: Arvind Sharma, Kathleen M. Dugan (eds.)*A Dome of Many Colors. Studies in Religious Pluralism, Identity, and Unity*, Trinity Press, 1999, pp.23-47.

Aloysius Pieris, S.J., *An Asian Theology of Liberation*, T & T Clark, 1988.

Friedrich Daniel Ernst Schleiermacher, *Über die Religion. Reden an die Gebildeten unter ihren Verächtern*, 1799 (Philosophische Bibliothek Bd.255, Felix Meiner 1985).（フリードリヒ・シュライアマハー『宗教について――宗教を軽蔑する教養人のための講話』春秋社、2013 年。）

Paul Tillich, *Die religiöse Lage der Gegenwart* ,1926 , in: *Paul Tillich MainWorks* 5, de Gruyter, 1988.（ティリッヒ「現在の宗教的状況」、『ティリッヒ著作集』第八巻、白水社、91-132 頁。）

Paul Tillich, *Die sozialistische Entscheidung*, 1933, in: *Paul Tillich. MainWorks* 3(Writings in Social Philosophy and Ethics). de Gruyter, 1998, S.273-419.

Paul Tillich, *Systematic Theology*. Volume One, The University of Chicago Press, 1951, pp.59-66.（ティリッヒ『組織神学　第 1 巻』新教出版社、1990 年。）

Paul Tillich, *Dynamics of Faith* ,1957, in: *Tillich MainWorks*. vol.5, de Gruyter.

Ernst Troeltsch, Ueber historische und dogmatische Methode in der Theologie, 1900, in: *Gesammelte Schriften* Bd.2, Scientia Verlag Aalen, 1981, S.729-753.（「神学における歴史的方法と教義的方法」、『トレルチ著作集 2 』ヨルダン社、1986 年、5-36 頁。）

Ernst Troeltsch, Was heißt >>Wesen des Christentum<< ? ,1903, in: *Gesammelte Schriften* Bd.2, Scientia Verlag, 1981, S.386-451.（「「キリスト教の本質」とは何か」、『トレルチ著作集 2 』ヨルダン社、1986 年、39-121 頁。）

Ernst Troeltsch, *Die Soziallehren der christlichen Kirchen und Gruppen*, 1912 in: *Gesammelte Schriften* Bd.1, Scientia Verlag, 1981.

芦名 定道（あしなさだみち）

1956年生まれ。京都大学大学院文学研究科博士後期課程
（キリスト教学）修了。京都大学博士（文学）。大阪市立大
学講師・助教授を経て、現在、京都大学大学院文学研究科・
教授（キリスト教学担当）。
主な著書：『宗教学のエッセンス——宗教・呪術・科学』
（1993年、北樹出版）、『ティリッヒと現代宗教学』（1994年、
北樹出版）、『ティリッヒと弁証神学の挑戦』（1995年、創文
社）、『自然神学再考——近代世界とキリスト教』（2007年、
晃洋書房）、など。

キリスト教研究叢書
近代日本とキリスト教思想の可能性
—二つの地平が交わるところにて—

2016年2月29日　初版発行

著　　者	芦名 定道
定　　価	本体価格 2,300円＋税
発 行 所	株式会社　三恵社
	〒462-0056 愛知県名古屋市北区中丸町2-24-1
	TEL 052-915-5211　FAX 052-915-5019
	URL http://www.sankeisha.com

本書を無断で複写・複製することを禁じます。乱丁・落丁の場合はお取替えいたします。
ⓒ2016 Sadamichi Ashina　　　　ISBN 978-4-86487-490-8 C3016　¥2300E